电子商务法原理与实务

Theory and Practice of
the Electronic Commercial Law

第二版

齐爱民 徐亮 著

武汉大学出版社

WUHAN UNIVERSITY PRESS

图书在版编目(CIP)数据

　　电子商务法原理与实务/齐爱民,徐亮著. —2 版. —武汉：武汉大学
出版社,2009.1
　　ISBN 978-7-307-06609-0

　　Ⅰ.电… 　Ⅱ.①齐… 　②徐… 　Ⅲ.电子商务—法律 　Ⅳ.D913.01

　　中国版本图书馆 CIP 数据核字(2008)第 164325 号

责任编辑:范绪泉 　　　　责任校对:王　建 　　　　版式设计:马　佳

出版发行：武汉大学出版社 　　（430072 　武昌 　珞珈山）
　　　　　（电子邮件：cbs22@whu.edu.cn 　网址：www.wdp.com.cn）
印刷：武汉市宏达盛印务有限公司
开本：720×1000 　　1/16 　　印张:19.5 　字数:370 千字 　插页:2
版次：2000 年 11 月第 1 版 　　2009 年 1 月第 2 版
　　　2010 年 8 月第 2 版第 2 次印刷
ISBN 978-7-307-06609-0/D·842 　　　　定价:28.00 元

电子商务法畅想

（代序）

　　电子商务法学是一门崭新的主流学科。电子商务法产生多少年，我对它的研究就有多少年了。本书的第一版于 2001 年出版，系我国学界系统研究电子商务法学的第一批著作。然而，伴随社会信息化转型，电子商务和电子商务法都在疾驰的列车上全速前行，稍不留意，便会发觉眼前的景色依然全新。于是，我痛下决心，着手第二版的写作。

　　电子商务叩开了人类社会政治经济生活的大门，正在改变着世界的面貌。最早提出电子商务概念的 IBM 公司（国际商用机器公司），也未必能预测到电子商务的现在模样。今天，无论我们如何赞誉电子商务将给人类社会带来的新希望，都不算过分。然而，法律规则的一度缺失，曾制约了电子商务的进一步发展，也几乎毁掉人们对互联网的信任。当泡沫退却，对电子商务的理性取代了狂热和梦幻，人们发现互联网并非神话，但人们同时也发现无论是生产还是生活都已经离不开它。由于人类理性的投注，在电子商务神话破灭后，电子商务并未消亡，反而作为一种独特的经济形式获得了新生。电子商务的立法和学者对电子商务法的研究也正在成熟。《电子商务法原理与实务》(第二版）就是关于电子商务法成熟思考的产物。

　　电子商务法是核心法。

　　有人认为电子商务法是边缘法，意即没有什么理论价值，学与不学问题不大。这种认识产生的原因在于研究电子商务法的学者还不算成熟，电子商务法学领域的成果较之传统民商法还显得青涩稚嫩，根由是没有看到电子商务的今天和未来。成熟终究会来的。电子商务将逐步取代传统民商事活动的核心地位，而成熟的电子商务法必然在私法领域中独领风骚。

　　电子商务法是行为法。

　　有人认为电子商务法是技术法，因为它是建立在技术之上的。我认为，之所以如此突出技术，是我们对它还不熟悉之故。试想，为什么不认为合同法建立在技术之上呢？难道合同法的书面传统，不是建立在造纸术的前提之下？签名不是建立在笔的制造技术之下？因为这些技术的个性已经被我们熟知，成为了我们生活的一部分。迟早，电子商务也一样，充满了各种技术名词的电子商务法也不是技术法，而是规则，是提供人们进行电子商务的规则。因为那些只有工程师才关注的技术细节，有时并不具备法律上的意义。在人们研究电子商务，赋予电子商务技术以法律意义的同时，人们就以主观改变了客观，其中，金子般闪亮的正是人的理性构建的电子商务规则，而非使用的技术。

电子商务法是民事特别法。

曾经有人认为电子商务法是知识产权法，这确实是一个误解。电子商务法调整的是平等主体之间通过电子行为进行的民商事活动，因此属于民事特别法。但却不是调整知识财产之上的关系的法律，因此，电子商务法绝对不是知识产权法。鉴于电子商务法的基本性格，私法的基本原则如意思自治、诚实信用等基本原则仍然有效。可以说，电子商务法属于私法的范畴，是一种民事特别法。电子商务法仅适用于民事主体通过电子行为进行的民商事活动，是一种民事特别法。

自由是网络的灵魂，理性是电子商务法的成熟标志。在全国实行信息化战略和知识产权战略的今天，电子商务法的积极作用必然得到凸显。我们要做的，是认真对待电子商务法。

祝愿中国电子商务法以自己独有的特色贡献于世界电子商务法的发展和传统民商法的进步。

齐爱民

重庆大学法学院教授

博士生导师

戊子年于巴渝古城

目 录
CONTENT

绪论：电子商务法的诞生

一

美国未来学家阿尔温·托夫勒在其《第三次浪潮》一书中，把人类历史上的文明划分为三个时期：即第一次浪潮，农业经济文明时期，时间大约为公元前8000年到公元1750年；第二次浪潮，工业经济文明时期，时间约为1750~1955年；第三次浪潮为现在开始的阶段，称为信息经济文明阶段。而1995年，一个以互联网为代表的网络热潮，在全球计算机领域掀起了一股强大的冲击波。一个以网络为中心的计算机新时代，正在取代以个人计算机为代表的计算机时代，并成为信息社会全面登上历史舞台的显著标志。这一年被称为"互联网络年"（year of internet）。

所谓计算机网络，是指将地理位置不同，并具有独立功能的多个计算机系统通过通信设备和线路连接起来，以功能完善的网络软件（即网络通信协议、信息交换方式及网络操作系统等）实现网络中资源共享的系统。而因特网是全球计算机信息和通讯资源的综合体，是"网络的网络"。其作为一个无中心的全球信息媒体，它所组成的网络空间将全世界人们、机构、组织、企业、政府联系在一起，使用户可以远程登录，共享数字化文件，网上讨论，电子出版，查询信息，发送电子邮件，用户可以通过计算机网络向特定主体、某个群体，甚至整个世界即时地发布信息。网络为人们的生活提供传统媒体技术上无与伦比的优势和便利。

互联网的产生触动的不仅仅只是社会历史发展的技术层面，而是像一把利刃划进传统社会的腹地，深层次地改变了整个社会的基本形态。当代计算机和通讯网络的普及发展已经开始对人类传统的社会经济活动产生深远的影响，构造出一个与以往有着革命性不同的新的经济形式。

信息革命带来的电子商务有两种涵义：若从微观经济学的角度来讲，电子商务属于部门经济的范畴,是信息产业中的一类部门经济,即指现代通信网络、电子计算机网络等各种网络部门及部门内的一切经济活动。它的内容包括网络建设的费用及收益,网络商品的生产、交换与消费,网络资源的供给与需求及合理开发和利用等。但这只是狭义上的电子商务,不是本书所讨论的内容。若从广义上来理解,电子商务是指建立在由现代通讯网络、电子计算机网络及各种资源配置网络所形成的综合性全球信息网络基础之上的一国乃至世界范围内的一切经济活动,不仅包括物质的,也包括非物质的。主要表现为银行网络化、国际商务网络化、国际金融活动网络化、国际生产网络化、资源配置网络化等。简而言之,电子商务是指网络上进行的商务,即商务活动的网络化实现方式。

二

电子商务的兴起极大地改变了传统社会的经济形态,并进而改变着社会方方面面的现实。从人们的衣食住行到五光十色的社会活动,从外在的活动方式到内在的价值观念、思维方式等都发生着前所未有的巨大变化。传统社会赖以存在的联系纽带、生活脉搏、运动节奏都不再一成不变。一个崭新的社会形态——"虚拟社会"在传统社会的胚胎中孕育成长,并崭露头角。

任何社会的发展都赖于以正义为内核的秩序的存在。"无规矩无以成方圆",没有稳定的秩序,信马由缰的社会只会陷入停滞不前的混乱状况,最终损害个体的生存利益。而作为行为规范的法律规则正是社会关系的调节器,是社会对秩序需求的反映。但法律规则只是社会大系统中的一个重要组成部分,当整个社会的大厦或快或慢地发生变化,特别是作为其中根基的经济形态转型时,作为上层建筑的法律形式也随之发生相应变化。

比较于丰富多彩、瞬息万变的社会内容而言,作为其外在表现形式的法律规则显示出相对稳定与理性的一面。一般而言,与复杂易变的社会经济形态相比,法律制度的发展总是显得缓慢而迟缓。当一种现存的经济形态发生变化时,与原有的经济形态相适应的法律形式变化却要迟钝而滞后得多,使得许多新的社会现实游离于传统法律框架之外。但这一状况不会长期存在,法律必须适应社会现实基础的规律促使着法律制度向前不断发展变化。在此之前,变化了的社会经济形态对滞后的法律制度形成一种前所未有的冲击与挑战。

如前所述,电子商务是一种在传统经济土壤中产生成长并成熟起来的,又在很大程度上区别于传统经济的新经济形态。围绕着电子商务而形成的虚拟社会与传统社会也有着巨大的差异,可以说,电子商务与虚拟社会的出现与逐步发展是人类历史上颇具革命性的变化。这些深入骨髓的转变也必将对传统社会秩序、法律制度产生巨大的冲击与挑战。概而言之，电子商务对在传统经济背景下形成的现行法律制度，至少在如下几方面产生深刻的影响：

第一，主体身份的虚拟化及其影响。一方面，在现代经济生活中，信用是商贸往来的联系纽带，是人们进行交易活动的基础。没有信用的存在，正常的交易安全与稳定的市场秩序都成了空中楼阁。特别是在越来越讲究快捷效率的现代经济生活中，人们更需要加强对各种交易信息，特别是交易对象信息的了解与掌握。可以说，信用的缺乏势必会毁损市场经济存在的根基。然而另一方面，在网络空间，主体活动消隐了现实生活中真实生动的形象，而代之以冰冷苍白的数字符号，透过这些数字信息，一方能从多大程度上了解交往对象的真实身份殊值怀疑。在电子商务活动中，身份虚拟化在丰富了人们活动方式的同时，也从某种意义上减损了网上交易的可信性，甚至使网络活动的信用降至冰点。这显然与一个诚实信用的市民社会的要求相距甚远。于是加强电子商务主体的身份信息管理，建立身份登记、认证制度成为发展电子商务的一个必要前提，也是现行法律面临的当务之急。值得注意的是，网络空间主体身份的虚拟化，也给主体的人格利益的保护带来诸多困难。

第二，行为的电子化及其影响。行为的电子化不仅是一个形式问题，而且直接影响到了行为的效力的确认。电子行为是以电子信息传输为手段进行的活动，其骨干内容是电子合同。电子合同在形式上已完全脱离传统纸面合同的范畴，诸如"签字"、"书面"、"原件"这些概念在网络技术条件下变得模糊不清，而对于新的表现形式，以纸面活动为着眼点的传统法律也难以找到恰当的内容予以规范。

第三，网络的"非中心化"及其影响。网络空间剧烈的利益冲突与网络的"非中心化"及分散式管理方式之间的矛盾，使法律对虚拟世界的调控凸显其重要性，但又困难重重。电子商务的产生发展，打破了原有的利益平衡，众多利益个体面临着"重新洗牌"的机遇和挑战。为争夺和瓜分新的"利益蛋糕"，相互间的冲突与碰撞难以避免。但另一方面，网络空间的"非中心化"的特点和自由的价值观又使建立一个统一、集中、有力的管理体系异常艰难。

第四，网络空间的技术性特征及其影响。电子商务中产生的利益纠纷带有明显的网络技术特点的烙印，在客观表征、证据特点上均区别于传统案件纠纷，这给以传统司法实践为中心建立起来的法律适用体系带来冲击与挑战。对纠纷的司法解决，在程序上会经历对管辖权的确定、证据的判断处理、法律的选择等一系列过程，而网络纠纷由于其或多或少地脱离了传统的现实基础，使得这一过程各阶段赖以进行的法理根据找不到现实的落脚点（如传统侵权行为引起的纠纷案件归侵权行为地管辖，但侵权行为地在网络空间根本就难以确定），从而变得举步维艰。这种矛盾的根源在于传统法律的利益考量建立在现实物理基础上，对网络技术条件下产生的虚拟空间缺乏相应的预见。这就需要在法律调整缺失的情况下，重新根据新的现实进行利益衡量，寻找新的理论根据，从而建立一套适应网络特点的争议解决机制。这又是对传统法律制度的一大挑战。

电子商务对传统法律制度的冲击是全方位的，有些甚至是根本性的。略显迟滞的传统法律制度在新的社会经济条件下可谓窘态百出。摆脱这一局面的唯一途径是根据新的现实修正法律和制定新的法律，建立起与电子商务生活条件相适应的法律体制。

三

本书的写作正是力图根据电子商务的特点，通过对传统法律在新经济条件下所面临困境的实证分析，根植于日渐增多的电子商务立法，以期从宏观上建立起一套严谨、科学的电子商务法体系。本书的写作框架为：

第一章电子商务法概述。电子商务法总论的基本内容为电子商务概述和电子商务法概述，阐释了信息技术与网络的原理以及法律意义上的电子商务。在此基础上，本章分析了电子商务法的概念与特征、性质与作用、地位与体系以及技术中立、功能等同和信息安全等电子商务法的基本原则。

第二章电子商务主体。电子商务主体又称电子商务法律关系主体，是电子商务活动的基本细胞。本章探讨了电子商务主体的概念和分类，重点阐释了电子商务特殊主体制度，包括网络服务提供者的分类与责任、网络交易服务提供者的类型划分与地位和责任以及政府对网上交易服务提供者的监管和网上交易服务提供者的行为规范等基本内容。

第三章个人信息保护法律制度。个人信息保护法律制度包括个人信息的定性、分类、个人信息保护的基本原则、个人信息权、个人信息处理行为以及国家机关处理个人信息的要件、非国家机关处理个人信息的要件、个人信息的跨国传输和侵害个人信息的法律责任等基本内容。

第四章电子合同法律制度。电子合同是电子商务的关键和基础。这一章重点分析了电子合同的基本原理、规则及电子信息合同的履行等问题。

第五章电子金融法律制度。金融是天然利于在网络上发展的。这一章的主要内容包括网络银行与电子货币、美国的电子资金划拨法律制度以及韩国的电子金融交易法整体立法研究等内容。

第六章电子商务的法律规则。在从微观上思考电子商务活动的法律规制的同时，加强对电子商务的宏观监管和规制也不容忽视。这一章则主要从国家通过一定的公力介入，从宏观上监督与调控电子商务，保证电子商务的稳定、协调、持续发展，同时维持虚拟世界各方的利益平衡。在内容上，本章主要论述了网络空间的基础运营管理、信息资源监控、市场交易秩序、税收管理、金融与信用保障等方面的法律制度。

第七章电子商务犯罪。这一章主要集中探讨了网络空间违法行为的根源、特性、表现形式以及相应的处理模式与防范措施。

第八章法律适用与电子商务诉讼。这一章主要从法律程序上探讨了在新的经济社会条件下，对争议纠纷的解决机制。其涵盖以下内容：第一，电子商务中的法律解释与适用；第二，电子商务诉讼的司法管辖；第三，电子案件的证据规则；第四，网络空间的冲突法规则；第五，计算机及其网络对法律运用的辅助。

以上是笔者基于电子商务的发展的现实和电子商务的最新立法的实际情况，在建立电子商务法律体系方面的一个基本思路。需要指出的是，电子商务作为一个新型的经济形态，还处于发展的不成熟阶段。随着社会的不断进步，电子商务也会随之不断发展变化，展现出更为丰富的内容，与此同时，法律也必须适应新的社会现实。我国于2004年颁布了《中华人民共和国电子签名法》（以下简称《电子签名法》）。该法为我国的电子商法，对电子商务进行统一规范。

第一章　电子商务法概述

第一节　电子商务的法律概念和分类

现代信息技术广泛地渗透到人们的生活和生产之中，并改变了人类生存的社会环境。目前，全世界许多国家都制订了本国的"信息高速公路"计划，大多数国家都积极推动本国的社会信息化转型。在全球社会信息化转型的浪潮的之下，人类的经济模式的诸多方面受到了现代信息技术的强烈的冲击，经济发展正面临着新的发展契机。这些契机中最重要的一个方面就是电子商务的产生和实践。

一、电子商务的法律概念

（一）国际组织和企业界的观点

世界技术信息与服务联盟认为，电子商务是指以数据化手段提供货物、服务或信息的任何商业性交易，或任何帮助上述交易实现的数据化中介职能。经济合作与发展组织（OECD）认为，电子商务是指商业交易，它包括组织与个人基于文本、声音、可视化图像在内的数字化数据传输与处理方面的商业活动。企业界对电子商务的理解以 IBM 公司为代表。国际商会（ICC）1997 年在巴黎举行的"世界电子商务会议"认为，电子商务是整个贸易活动的电子化。从涵盖的范围方面看，电子商务是指以电子方式而非面对面方式进行的任何形式的商业贸易；从技术方面看，电子商务应用了多种信息技术，是一种多技术的集合体，包括交换数据（如电子数据交换、电子邮件）、获得数据（如共享数据库、电子公告牌）以及自动捕获数据（如条形码）等。世界贸易组织（WTO）认为，电子商务是以电子方式进行的商品和服务的生产、分配、市场营销、销售或支付。① 欧

---

① WTO, Electronic Commerce and the Role of the WTO, 1998, p1.

共体理事会在向欧洲议会提交的关于电子商务的白皮书中指出，电子商务就是通过电子手段来进行的商务活动。世界上著名的电子商务公司 IBM 认为，电子商务是在互联网上进行的一种交易各方相互关联、互动的动态商务活动。狭义的电子商务指电子交易，而广义的电子商务是包括电子交易在内的，一切利用 Web 进行的全面商业活动，如市场调查分析、财务核算、生产计划安排、客户联系、资源调配等，所有这些活动涉及企业的内外。

从以上定义可以看出，"电子商务是商务活动的电子化"，这是国际组织和企业界的核心观点。可以看出，国际组织和企业界均是围绕经济运作模式展开对电子商务的界定。这对于经济学和管理学而言，无疑是正确的，但是对从法律角度来理解电子商务而言，帮助不大。

（二）法律意义上的电子商务

在最开始面对电子商务，法律专家几乎原封不动地把企业界的定义搬到了法律领域。美国电子商务法律专家 Benjamin Wright 则从电子 + 商务这一最广义角度来理解这一概念，他认为：电子商务可以追溯到电报发明之时，在其年鉴型专著《电子商务法》里，他将电子商务划分为 EDI 电子商务与 INTERNET 电子商务。① 美国学者 K. Harris 与 C. Middlehurst 认为：电子商务是通过使用通信与计算机技术来交换和处理电子化商业信息与交易文件的自动化商业交易。② 澳大利亚学者认为，电子商务是一个非常广泛的概念，它包含了任何以电子方式所进行的商业活动，这些方式包括传真、电传、电子资料交换、互联网和电子资金转账。我国台湾学者黄三荣认为：电子商务系指由于电脑科技与通信技术之结合，当事人之间通过电脑与电脑的连线，以电子化方式，藉由网路所从事之商业活动。③

对电子商务的不同解释将导致对电子商务法的定义和调整对象的不同理解，进而影响电子商务法的独立性及其在我国法律体系中的地位。因此，研究电子商务法的前提是以法律的视野对电子商务予以科学界定。笔者认为，从法律的角度看，电子商务可以分为狭义电子商务和广义电子商务。狭义电子商务是指通过电子行为进行的商事活动。这种观点以 1996 年《联合国电子商务示范法》为代

---

① Benjamin Wright & Jane Winn. The Law of Electronic Commerce. N. Y. : Aspen Law & Business, 1998: Chapter 2.

② K. Harris & C. Middlehurst. International Legal Issues and Resources on the Internet. presented at Oct. 12, 1996, California State Bar Annual Meeting.

③ 黄三荣. 电子商务泛论. 万国法律，1997，4：14.

表。广义的电子商务是指通过电子行为进行民商事活动。商事活动的范围被民商事活动所覆盖。商事活动是以盈利为目的、具有营业性的民事行为，而民商事行为的外延显然大于商事行为，它不仅包括商事行为，也包括非商事主体之间的民事活动。事实也是如此，电子商务中的"商务"并非名副其实，它不仅包括"商事行为"，也包括非商事行为，例如自然人之间的电子商务。因此，我们赞成广义说。

二、电子商务的发展阶段

电子商务（electronic-commerce）已成为当代商业尖端模式和未来主要的民商事活动形式。与电子商务（electronic commerce，简写为 e-commerce）相近的词有：电子商业（electronic business）、电子交易（electronic transaction）、电子贸易（electronic trade）、网络购物（cybershopping）等。从广义的角度理解，电子商务是指通过现代电子手段所进行的民商事活动。

电子商务的发展已经经历了以下三个阶段：

第一个阶段，从19世纪末至20世纪70年代，是电子商务的萌芽期。其标志是电话、传真机等电子工具在商业领域的应用，第一次实现了现代民商事活动与电子技术的结合。

第二个阶段，从20世纪70年代至90年代，是电子商务的初级应用阶段。其标志是 EDI（electronic data interchange，电子数据交换）系统在企业间的应用。企业运用 EDI 方式传送和接收订单、收货通知单和货物托运单、保险单、转账发票和付款等报文信息，EDI 使企业实现了"无纸贸易"。这个阶段 EDI 仅限于封闭的系统（主要是通过增值网络 VAN）中进行运作，EDI 电子商务仅局限于在先进国家和地区以及在大型企业的范围内应用，在全世界范围内得不到广泛的普及和发展，大多数中小企业难以应用 EDI 开展电子商务活动，而普通的公众就更加望其项背了。[①]

第三个阶段，从20世纪90年代至今，是以国际互联网为技术平台发展电子商务的高级阶段。1991年美国政府宣布因特网（Internet）向社会公众开放。Internet 费用低廉，赢得了企业和公众的普遍参与。Internet 的出现及其与商业的融合标志着现代意义的电子商务的产生[②]，是电子商务发展史上的里程碑，也是迄今为止电子商务的最高发展阶段。1995年因特网上的商业信息量首次超过了科技方面的信息量，这是因特网产生爆炸性发展的标志，也预示着电子商务从此进

[①] 陈科鹤. 电子商务实务教程. 北京：清华大学出版社，2002：13.

[②] 齐爱民，万暄，张素华. 电子合同的民法原理. 武汉：武汉大学出版社，2001：1.

入了大规模、迅速发展的时期。

三、电子商务的法律分类

不同的学科会根据不同的标准对电子商务进行分类，而法学应依据法律上的实质意义为基本着眼点对电子商务进行分类，而非简单照搬经济学上的分类。唯有如此，才能了解相关电子行为的法律后果。

（一）以主体为标准进行的划分

1. 商业机构之间的电子商务

商业机构与商业机构间的电子商务（business to business，简称 B2B）是发生在商业机构之间的电子商务，而非发生在消费者和商业机构之间的电子商务。虽然消费者和商业机构之间进行的电子商务数量巨大，但从质量上看，商业机构之间的电子商务是主角。一般而言，商业机构之间的电子商务总额占全部电子商务总额的 80% 左右。

这种分类的意义在于使消费者与商业机构之间的电子商务区分开来，消费者与商业机构之间的电子商务，适用消费者权益保护法的规定，而商业机构之间的电子商务并不适用消费者权益保护法的规定。

2. 商业机构与消费者之间的电子商务

商业机构与消费者之间的电子商务（business to consumer，简称 B2C）是指交易方一方为消费者，而相对方为商业机构的电子商务。商业机构与消费者之间的电子商务类型要求交易方一方是消费者，而另一方必须是商业机构。唯有如此，才有适用消费者权益保护法的余地，否则不能适用消费者权益保护法。

3. 个人之间的电子商务

个人之间的电子商务（natural person to natural person，简称 P2P）是指个人之间进行的电子商务。此种交易模式直接来源于传统的跳蚤市场。在跳蚤市场中，买卖双方可以进行一对一的讨价还价，只要双方同意，立刻可以完成交易。从事网络拍卖的 eBay 率先采用了这种方式，任何人都可以在 eBay 买卖商品，首次实现了一种梦幻般的理想市场理念。这种分类在经济学上称为消费者之间的电子商务（consumer to consumer，简称 C2C），经济学上的这个称谓在法律上却是一个错误的概念。因为在法律上，消费者一定是消费者权益保护法上的概念，而根据消费者权益保护法，在同一交易关系中，消费者一定是和商业机构对应的，可以说如无商业机构就无消费者。当交易双方都为"消费者"时，法律意义上的消费者就不存在了。因此，我把这种分类称为个人之间的电子商务。个人之间的电子商务不适用消费者权益保护法的规定，因为一方随时可构成消费者，但是向对方却不是商业机构，因此无论买卖任何一方都不能主张适用消费者权益保护法。我国《商务部关于网上交易的指导意见（暂行）》（简称《网上交易指导》）并没有采用经济界的 C2C 提法，而是使用了个人间交易。我国《网上交易指导》规定：网上交易是买卖双方利用互联网进行的商品或服务交易。常见的网上交易主要有：企业间交易、企业和消费者间交易、个人间交易、企业和政府间交易等。

电子商务这种分类的法律意义主要在于确定法律的适用。我国商业机构之间的国内电子商务，适用合同法和电子签名法的规定；消费者与商业机构之间的国内电子商务优先适用消费者权益保护法的规定，可以补充适用合同法和电子签名法的规定；而商业机构之间的国际电子商务，则适用联合国贸易法委员会通过的《联合国国际合同中使用电子通信公约》的规定。

（二）以电子化程度为标准进行的划分

1. 完全电子商务

完全电子商务是指合同的缔结和履行及其一切相关活动都可以利用电子方式实现和完成的电子商务。完全电子商务，不仅要求交易方式的电子化，而且要求商品或者服务亦可以通过电子方式在线提供，并且还要同时适用电子支付手段。一些无形商品和服务，如计算机软件、娱乐项目（电影、音乐、游戏）的联机订购、付款和交付，以及全球规模的信息服务（图像、图书、报刊）等，可以完全在信息网络上完成交易活动，成为完全电子商务。

2. 不完全电子商务

不完全电子商务是指合同的缔结或者履行或者其他任何相关活动环节，至少有一项不是通过电子方式在线完成的电子商务。不能完全通过电子方式实现和完成的电子商务，主要是合同缔结或者合同履行中有一项不能或者不是通过电子方式进行的，即合同的缔结采用传统形式，或者合同的履行采用传统的形式。如所有非信息的商品交易，都是不完全电子商务，因为其履行中的一部分——商品交付，无法以电子方式在线完成。

此种分类的法律意义在于：明确不同类型的电子商务所适用的法律，对于完全电子商务，全部适用电子商务法；对于不完全电子商务，分别适用电子商务法或者传统法。

（三）以国界范围为标准划分

1. 国内电子商务

国内电子商务是指发生在一国内部的电子商务活动。国内和涉外电子商务的区分，不能以网络为标准，因为互联网是一个开放网络，本身并无疆界，是全球性的。判断一个电子商务是否属于国内电子商务，仍然是从传统的国内与涉外民事法律关系的判断标准出发，以当事人（是否外国人、无国籍人、外国法人），民事关系的标的物（是否在外国领域内），产生、变更或者消灭民事权利义务关系的法律事实（是否发生在国外）为标准，上述三项均未涉外的，为国内电子商务。

2. 涉外电子商务

涉外电子商务是指当事人、标的物或者法律事实中有一项是发生在国外的电子商务。我国最高人民法院《关于贯彻执行〈中华人民共和国民法通则〉若干问题的意见》（简称《意见》）第178条规定："凡民事关系的一方或者双方当事人是外国人、无国籍人、外国法人的，民事关系的标的物在外国领域内的，产生、变更或者消灭民事权利义务关系的法律事实发生在国外的，均为涉外民事关系。"

此种分类的法律意义在于：国内电子商务，性质上属于一国领域内的民事活动，适用该国国内法的规定；涉外电子商务，性质上属于涉外民事活动，适用国际条约、国际公约或者国际管理的有关规定。

四、电子商务的法律特征

（一）商务环境的改变与新法的产生

一般而言，传统的社会生活中，我们并不能跨越物理时空。而在网络时代，我们的生活环境已经改变，我们的生活和生产越来越多地得以在网络空间进行。网络在信息生成、处理和传递方面的巨大功能，使网络在社会上得到极其广泛的应用。网络已经渗透到社会的各个领域：信息处理与服务、信息交流与讨论、社会活动自动化、金融商贸电子化、教育、科研与医疗保健远程化、文化娱乐网络化等。传统上，人们将人类赖以生存的以地理疆界为划分标准的生存空间称为物理空间（physical world）。随着网络技术的逐步稳定化和网络在全球范围内的扩展，形成了一个全新的空间——网络空间（Cyber space）。首先，网络是一个技术概念，网络侧重的是网络技术；"所谓计算机网络，是指将地理位置不同，具有独立功能的多个计算机系统通过通信设备和线路连接起来，以功能完善的软件（即网络通信协议、信息交换方式及网络操作系统等）实现网络中资源共享的系统。"①但网络空间是一个社会概念，侧重的是网络中的各种事物之间的关系。

---

① 齐爱民，徐亮. 电子商务法原理与实务. 武汉：武汉大学出版社，2001：1.

网络空间就是用比特——0－1数字方式去代码（表达和构成）事物以及事物之间的关系，从而形成的一个独立于现实世界又具有实在性的数字化的社会空间。

从这一点看，我们应该为电子商务制定新的法律，而不能简单使用传统法律。当然，在制定新的法律时，应该尊重和学习传统法律的理念、原则和制度，并保持这些方面的一致性。

（二）信息传递的电子化与新的规则

传统的民商事法律是以信息传递的纸面化为社会生活基础来制定规则的，一般而言，传统的社会生活中，我们大多用纸张传递信息，从而缔结合同进行交易。在网络时代，我们的生活环境已经改变，由纸张传递信息的社会基础已经发生动摇，大量的信息传递不是通过纸张，而是通过电子方式进行的。从这一点看，我们应该为以电子方式传递的信息制定新的规则，而不能简单适用传统的、适用于纸面方式传递信息的规则。这些新规则包括发出、到达、有效性等。

（三）电子商务主体的虚拟化与交易安全

与传统的民商事活动相比，电子商务的主体具有明显的虚拟化特性，这大大加重了交易风险。传统民商事活动中，当事人通过面对面协商进行交易。面对面的协商的第一个好处就在于它使得双方当事人可以相互了解。在电子商务中，主体仍然是一个现实存在，但是表现出来的却不是一个具体的物理性存在，而是建立在比特概念上的虚拟的存在，并且往往无法通过网络表现而判断其有无、资质和履约能力。在电子商务中，主体已经由一个个活生生的人演化为虚幻的"数据或字符"。在完全电子商务中，自始至终交易主体并不在物理世界中现身，完全是通过电子行为缔结合同、履行合同，甚至当事人可以通过预先设定的自动信息系统，缔结合同并做出实际履行。整个过程不仅当事人始终是虚拟化，而且当事人本人也许并不知情。

主体的虚拟化使得主体的确认、意思表示的归属以及合同履行的确认等一系列交易安全环节都容易出现问题。于是，新法律通过电子签名和电子认证制度从技术上和法律效果上，对主体的身份作出辨认，对电子意思表示和履行的归属作出确认。

（四）涉外性因素与连接点的确定

在电子商务中的行为实质是敲击键盘、使用鼠标等操纵计算机创制并发出数据电文的行为。由于网络空间是一个无领域疆界（territorially based boundaries）

的空间，在网络空间中，地理上的国界已经消失，因此主体的电子行为（electronic actions），其效应本身而言就是全球性的。电子商务主体的计算机只要与互联网相连，一个坐在家中的敲击键盘或点击鼠标的电子行为，往往可以使自己"越界"和"出国"。电子商务的涉外色彩，给电子商务活动的法律适用带来了重大影响。国际私法在解决法律适用问题时，采取的是"分配法"，通过对有关的争议进行识别，选择适当的连接点，然后决定相关的问题适用哪一个国家的法律。传统国际私法采用的连接点如国籍、住所、物之所在地、行为地等往往与一定的地理位置有关，这些连接点只适用于物理空间。电子商务的涉外性方面，涉外因素具有自身特点，当事人的行为地等连接点在网上往往难以查明，并且有时候即便查明了，也会发现这些连接点对网上活动并无太大意义。因此，除了依照当事人自由选择准据法外，大多数国家的法律直接规定，当事人的营业地和惯常居住地为电子行为的发送地，以此作为案件所适用的准据法确定的依据之一。

第二节　电子商务法的概念与特征

一、电子商务法的概念和分类

（一）电子商务法的概念

商务环境的革命性改变，必然会导致新法的产生。电子商务法就是在信息技术广泛应用于商务活动之后而产生的一个崭新的部门法。电子商务法是指调整平等主体之间通过电子行为设立、变更和消灭财产关系和人身关系的法律规范的总称。

这个概念具有以下特征：

第一，电子商务法调整的是财产关系和人身关系。所谓财产关系，是指人们在财产的生产、交换和利用过程中形成的具有经济内容的关系。电子商务法调整的财产关系，属于民法调整财产关系的一部分，可以分为财产归属关系和财产流转关系。财产归属关系主要是信息财产（完全电子商务的客体）的归属关系；财产流转关系是指财产在交易中发生的关系。人身关系，是指因民事主体的人格利益而发生的社会关系。电子商务法调整的人身关系为民法调整人身关系的一部分。民法调整的人身关系，是与人身不可分离、以人身利益为内容、不直接体现财产利益的社会关系，可以分为人格关系和身份关系两类。

第二，电子商务法调整的是平等主体之间的财产关系和人身关系。电子商务法调整平等主体之间的财产关系和人身关系，这就决定了参加电子商务活动的主体地位平等，互相独立，互不隶属。同时，由于主体地位平等，决定了主体的权利和义务也是对等的。

第三，电子商务法调整的是通过电子行为进行的民商事活动，因而非通过电子行为进行的民商事活动不属于电子商务法范畴。通过传统的行为方式，如书面和口头进行的民商事活动由传统的民商法予以调整，而通过电子行为进行的民商事活动，则由电子商务法调整。这是电子商务法区别于民法的特有特征。

（二）电子商务法的分类

电子商务法是我国法律体系中最新的部门法之一。根据不同的角度，人们将电子商务法划分为不同的类别。

1. 形式意义上的电子商务法和实质意义上的电子商务法

首先，电子商务法可分为形式意义上的电子商务法与实质意义上的电子商务法。所谓形式意义上的电子商务法，指编纂成文的电子商务法（在我国即《电子签名法》）。世界上已有一些国家制定了形式意义的电子商务法，如新加坡的《电子交易法》、韩国的《电子商务基本法》、澳大利亚的《电子交易法》、印度的《1998 年电子商务支持法》以及我国香港的《电子交易条例》等。所谓实质意义上的电子商务法，是指一切具有电子商务法性质的法律、法规及判例法、习惯法等。比如，在我国电子签名法之外的《合同法》中关于数据电文的规定等。在我国《宪法》以及其他部门法或者法规中，凡是涉及电子行为引发的民商事问题的法律规定，都是电子商务法的组成部分。

2. 狭义的电子商务法与广义的电子商务法

电子商务法广义和狭义的划分方法有两种：技术手段标准和调整对象标准。

（1）技术手段标准

以进行电子商务所使用的技术手段为标准，电子商务可以分为狭义电子商务和广义电子商务。狭义电子商务是指利用互联网等计算机网络进行的民商事活动，包括利用 Internet、Intranet、Extranet 以及其他广域网、局域网所提供的通讯手段进行的交易活动。狭义的电子商务法重点解决诸如计算机网络通讯记录与电子签名效力的确认、电子鉴别技术的选定及其安全标准、认证机构的确立及其权利义务等方面的问题；广义的电子商务泛指一切利用电子手段进行的民商事活动。与之相对应，狭义的电子商务法是指调整利用互联网等计算机网络进行的民商事活动的法律规范的总和；而广义的电子商务法指调整一切利用电子手段进行的民商事活动的法律规范的总和。

（2）调整对象标准

以电子商务的范围为标准，电子商务亦可以分为狭义电子商务和广义电子商务。狭义电子商务是指通过电子行为进行的商事活动，而广义的电子商务是指通过电子行为进行的民商事活动。与之相对应，狭义的电子商务法是指调整通过电子行为进行的商事活动的法律规范的总和；而广义电子商务法是指调整通过电子行为进行的民商事活动的法律规范的总和。

联合国国际贸易法委员会 1996 年颁布的《电子商务示范法》采取狭义的观点。联合国《电子商务示范法》的第 1 条规定："本法适用于商业活动使用的、以一项数据电文为形式的任何种类的信息。"① 关于商业，示范法做出了下列解释："对'商业'一词应作广义解释，使其包括不论是契约性或非契约性的一切商业性质的关系所引起的种种事项。商业性质的关系包括但不限于下列交易：供应货交换货物或服务的任何贸易交易；分销协议；商业代表或代理；客账代理；租赁；工厂建造；咨询；工程设计；许可贸易；投资；融资；银行业务；保险；开发协议或特许；合营或其他形式的工业或商业合作；空中、海上、铁路或公路的客货运输。"② 其调整对象是通过各种电子行为所进行的商事活动，其中最主要的是合同行为。本书对于以上两个分类，均采取广义说的观点，以便对整个电子商务活动进行规范。

二、电子商务法的特征

电子商务法的特征是指电子商务法本身所固有的根本属性与基本特征。这种性质与特征取决于电子商务的特征，反映了电子商务的发展方向。电子商务法的特征同时也是网络时代的社会条件在民商事法律制度层面的反映，因此必须从网络社会的基本特点与社会需要出发，并结合法律规范自身的规律探求电子商务法的特性。与传统民商事法律制度相比，电子商务法具有以下特征：

（一）技术特征

与传统民商法相比，电子商务法的技术特征明显。电子商务是通过电子行为而进行的民商事活动，传统的行为方式已经被改变，并且，这种改变将是革命性的。这使得电子商务法充满了信息技术规范，如数据电文、电子签名、电子认证规范等都是建立在信息技术规范之上的法律规范。电子商务法作为一种社会行为规范，融入了相当成分的技术规范，表现出鲜明的技术特征。

---

① UNCITRAL Model Law on Electronic Commerce, Article 1.

② UNCITRAL Model Law on Electronic Commerce, Article 1.

（二）开放性特征

计算机等信息技术发展并未停止，也还并不完善，使得电子商务法规范具有了开放性特征。由于通信和计算机技术仍在不断发展和进步，为了给技术的发展预留充分的空间，电子商务法应抛弃传统法对规则永恒性的崇拜，设立开放型的规范，以开放的态度对待各种技术手段和信息媒介，让所有能够促进电子商务发展的技术都能发挥作用。电子商务法的开放性主要表现为电子商务法的开放性原则（技术中立、功能等同等）、开放的基本制度（如电子签名概念与制度的使用）两个方面。目前，国际组织及各国在制定电子商务法时，都大量使用开放性条款，以促进网络技术的发展与应用。

（三）国际性特征

"网络无国界"，网络中进行的电子行为的效应（影响）往往是国际性的。因此，与传统民商法相比，电子商务法表现出国际性特征。这个特征要求，一国电子商务法的制定，既要考虑到国内的适用，又必须以全球解决方案为视角。目前，联合国国际贸易法委员会在电子商务立法方面已经制定了《电子资金传输法》、《统一电子签名规则》、《电子商务示范法》等，对全球电子商务立法已经起到了显著的示范作用。2005 年《联合国国际合同中使用电子通信公约》的颁布，为国际电子商务制定了规则。

第三节　全球电子商务立法沿革

一、联合国的相关立法

（一）联合国电子商务示范法

1. 示范法的起草经过

联合国国际贸易法委员会（UNCITRAL）一直十分关注计算机技术等现代通讯手段的商业应用所引起的法律问题，在 20 世纪 80 年代初就开始了电子商务立法研究工作。国际贸易法委员会的电子商务立法工作开始于对电子合同的法律规范。联合国国际贸易法委员会认为，鉴于世界上很多国家对数据电文的使用已有法律明文规定，不同法系国家的法律也不可能很快协调完善，为适应当前国际上对电子合同统一法的迫切需要，统一法应采取较灵活的"示范法"（model law）形式。1995 年，第 28 届会议通过了《电子数据交换（EDI）及有关的数据传递手段法律事项示范法》(The Draft UNCITRAL Model Law on Legal Aspects of Electronic Data Interchange (EDI) and Related Means of Communications)。1996 年 5 月，国际贸易法委员会召开了第 29 届会议，大会认为示范法草案通过以来，国际贸易形势发生了很大的变化，一种在开放式计算机网络基础上的开放式数据交换比 EDI 得到更广泛的应用，所以大会决定，统一法的标题中不再使用"电子数据交换"（EDI）一词，而代之以"电子商务"（Electronic-commerce）。同年 12 月，联合国大会通过《联合国国际贸易法委员会电子商务示范法》（UNCITRAL Model Law on Electronic Commerce，以下简称"示范法"）。①

2. 示范法的目的

示范法制定的目的主要在于在解决发展电子商务三个主要法律障碍的基础上，为电子商务活动创造一个安全的法律环境和提供一套可以被国际社会接受的法律范本。电子商务的发展遇到的三大障碍为："首先，许多法律行为属于要式行为，需要有书面形式，电子形式如何构成书面形式并受到法律的承认和保护；其次，在法律有签名的规定时，一段加密的信息能不能构成法律认可的签名？最后，电子证据如何具有证据适格性？"② 对国内法而言，示范法的目的"是要向各国立法者提供一套国际公认的规则，说明怎样去消除此类法律障碍，如何为电子商务创造一种比较可靠的法律环境"。"示范法将大大有助于所有国家增强它们关于无纸化资讯传输的立法，并有助于那些目前尚无这种立法的国家制定这种法律。"③ 对国际法而言，示范法可用来解释、调和现有可能阻碍电子商务发展的国际条约及其他国际文件，弥补国际法的不足；对电子商务当事人而言，"示范法中表述的原则还可供电子商务的用户个人用来拟订为克服进一步使用电子商务所遇到的法律障碍可能所必需的某些合同解决方法"。④

总之，示范法力图提供一个统一法律架构，解决网络空间进行的电子商务可能引发的纠纷。各国在制定电子商务法时，应斟酌自己国情加入补充规定。但应该遵从示范法确定的原则，并保持适用上的弹性。

3. 示范法的内容

示范法由两个部分组成。第一部分总则共三章，规定了电子商务的一般问

---

① Harold S. Burman. Introductory Note of UNCITRAL Model Law On Electronic Commerce, International Legal Materials, No. 6, 1996.

② 齐爱民，刘颖. 网络法研究. 北京：法律出版社，2003：27.

③ UNCITRAL, Guide to Enactmentof UNCITRAL Model Law on Electronic-commerce, Articles 1 and 2. http：//www. uncitral. org/en-index. Htm.

④ UNCITRAL, Guide to Enactmentof UNCITRAL Model Law on Electronic-commerce, Articles 1 and 2. http：//www. uncitral. org/en-index. Htm.

题。第一章规定的是该法的适用范围、术语的定义、对条款的解释以及经由协议变更。第二章共计 7 条，规定的是对数据信息适用的法律要求，即数据电文的法律承认、书面形式、签字、原件、数据信息的可接受性和证据力以及数据信息的留存。第三章包括 5 条，规定的是数据信息的传递。如合同的成立和效力、合同双方当事人对数据信息的承认、数据信息的归属、数据信息的确认收讫以及发出和收到数据信息的时间和地点。第二部分是分则，目前仅有一章，规定了特殊领域的电子商务问题。该部分仅由两个条款组成，只大体上解决了货物运输领域的电子商务问题。

4. 示范法的适用范围

示范法第 1 条规定了该法的适用范围，"本法适用于在商业活动方面使用的、以一项数据电文（data message）为形式的任何种类的信息（information）。"即示范法的适用范围，从示范法英文文本的直译应该为"信息"，指任何在商业活动领域中应用的，以数据电文为表现形式的信息。也就是说，示范法是规范在商业活动中使用电子形式（数据电文）的信息的法律效力等问题。从法律调整活动的范围来看，是调整商业活动，限于商事范畴。

具体内容如下：

（1）示范法中"信息"的范围

根据示范法第 1 条的规定，示范法仅适用于以电子形式的一种数据电文形式表现的信息。示范法第 2 条第 1 款规定："'数据电文'系指经由电子手段、光学手段或类似手段生成、发送、接收或存储的信息，这些手段包括但不限于电子数据交换（EDI）、电子邮件、电报、电传或传真。"由此可以得出两个基本结论：第一，数据电文是信息存在的一种形式，而不是信息本身；第二，数据电文这种形式，"包括但不限于电子数据交换（EDI）、电子邮件、电报、电传或传真"，也就是说，包括了现在的和将来可能产生的全部电子形式。这是一个开放性概念，为纳入将来产生的新形式预留了广泛的空间。在这个意义上可以说，数据电文和电子形式是内涵和外延等同的概念。

（2）示范法中商务活动的范围

示范法在其正文脚注对商务活动作了如下解释："对'商务'一词应作广义解释，使其包括不论是契约性或是非契约性的一切商业性质的关系所引起的各种事项。所谓商务性质的关系包括但不限于如下往来：任何提供或交换商品或服务的贸易往来；分销协议；商务代表或代理；贸易承购；租赁；推定交货；咨询；工程；授权；投资；融资；银行业；保险；开发协议或特许权；合资企业或其他形式的产业或商业合作；空中、海上、铁路或公路的客货运输。"从这一列举可以得出示范法中的商务活动实际上指的全部商事活动，不仅仅限于合同范畴。联合国国际贸易法委员会在示范法的正文脚注中作了特别规定："本法并不废止旨在保护消费者权益的任何法律规则。"即各国有关消费者权益保护的规定优先适用于本法的规定。可以看出，国际贸易法委员会选择的是狭义的电子商务法观念。

5. 示范法的作用

联合国示范法是由联合国专业委员会草拟的法律文本，用以推荐给各国家和地区在进行相关立法时借鉴或采纳。示范法虽不具有国际法的效力，但其重要性不容忽视，它是各国电子商务立法的指导性原则。目前，示范法得到了美国、欧盟、澳大利亚、日本、新加坡、中国等国家的较为一致的支持。例如，以美国为代表的电子商务发达国家公开宣布支持该示范法，建议各国应以该示范法所提供的原则性法律架构为基础，就电子合同中电子文件的效力、书面形式、签名等问题提出规范标准，制定国内统一规范，并建议将示范法升级为国际公约。①

联合国示范法的提出不仅适应了电子商务活动中建立一致性规范的需要，确认了在电子商务活动中建立一致性规范的必要性，更为重要的是，它使得各国在进行国际合作解决电子商务活动中的纠纷时有了一致的立法基础，加速了在电子商务活动中通过国际合作建立全球一致性规范的步伐。

（二）联合国电子合同公约②

2005 年 11 月 23 日，联合国国际贸易法委员会在第 38 届会议上通过了《联合国国际合同使用电子通信公约》（以下简称《电子合同公约》）。《电子合同公约》自 2006 年 1 月 16 日至 2008 年 1 月 16 日在纽约联合国总部开放，供各国签署。我国于 2006 年 7 月 6 日在美国纽约召开的联合国国际贸易法委员会第 39 届年会上，商务部条约法律司副司长吴振国受权代表中国政府签署了《电子合同公约》。《电子合同公约》秉承了示范法和联合国《电子签名示范法》的基本原则，在基本规范方面与上述两个示范法保持了高度一致。该《电子合同公约》的目的在于消除国际合同使用电子通信的障碍，消除现有国际贸易法律文件在执行中可能产生的障碍，加强国际贸易合同的法律确定性和商业上的可预见性，促进国际贸易的稳定发展。

1. 适用范围

《电子合同公约》分为四章。第一章"适用范围"，包括适用范围、不适用

---

① http：//www. whitehouse. gov/wh/new/commerce/read-plain. Htm.

② 笔者曾作为中国政府代表团顾问出席联合国贸法会电子商务工作组第四十届会议，参与公约的缔结工作。

情形、当事人意思自治。《电子合同公约》第1条规定，适用于与营业地位于不同国家的当事人之间订立或履行合同有关的电子通信的使用。当事人营业地位于不同国家，但这一事实只要未从合同或当事人之间的任何交往中或当事人在订立合同之前任何时候或订立合同之时披露的资料中显示出来，即予以考虑。在确定本公约是否适用时，既不考虑当事人的国籍，也不考虑当事人和合同的民事或商务性质。《公约》还规定了不适用的几种情形。第3条是关于"当事人意思自治"的规定，根据该规定，当事人可以排除本公约的适用，亦可减损或更改其中任何一项规定的效力。

2. 基本定义

第二章"总则"，包括定义、解释、当事人的所在地、对提供情况的要求。《电子合同公约》对"通信"、"电子通信"、"数据电文"、"发件人"与"收件人"、"信息系统"、"自动电文系统"①、"营业地"等专门术语下了定义。

3. 主要规则

第三章"国际合同中使用电子通信"，包括对电子通信的法律承认、形式要求、发出和收到电子通信的时间和地点、要约邀请、自动电文系统在合同订立中的使用、合同条款的备查和电子通信中的错误等。《电子合同公约》对国际合同使用电子通信的法律地位与要求进行了明确规定：缔约国应承认国际合同使用电子通信的法律地位。对于一项通信或一项合同，不得仅以其为电子通信形式为由而否定其效力或可执行性。公约不要求当事人使用或接受电子通信，但可以根据当事人的作为推断其是否同意使用或接受电子通信。同时，《电子合同公约》不把电子通信形式特定化，而是规定一项通信或一项合同可以以任何特定形式作出、订立或证明。即使本国法律要求一项通信或一项合同应当采用书面形式的，或规定了不采用书面形式的后果的，只要该电子通信所含信息可以调取以备日后查用，即满足了该法律规定的要求。

《电子合同公约》规定了电子通信的签字方法——电子签名。"凡法律要求一项通信或一项合同应当由当事人签字的，或法律规定了没有签字的后果的，对于一项电子通信而言，在下列情况下，即满足了该项要求：（一）使用了一种方

---

① 《电子合同公约》最早的草案使用了"电子代理人"这一概念，笔者以中国政府代表团的名义提出异议：电子代理人不是"人"，意即非主体，但使用了"人"这个称谓，容易造成混淆，强烈建议使用"自动信息系统"这一概念。笔者的建议遭到了来自"电子代理人"这一概念发祥地的美国政府代表团的强烈反对，当时的反对理由是"我不用解释什么是电子代理人，但我认为必须保留这个概念！"现在大家看到的公约定稿并没有保留那个"必须保留"的概念。

法来鉴别该当事人的身份和表明该当事人对电子通信所含信息的意图；（二）所使用的这种方法：1. 从各种情况来看，包括根据任何相关的约定，对于生成或传递电子通信所要达到的目的既是适当的，也是可靠的；2. 其本身或结合进一步证据事实上被证明已履行以上第（一）项中所说明的功能。"

同时，《电子合同公约》还规定了"原件"问题。"凡法律要求一项通信或一项合同应当以原件形式提供或保留的，或规定了缺少原件的后果的，对于一项电子通信而言，在下列情况下，即满足了该项要求：（一）该电子通信所含信息的完整性自其初次以最终形式——电子通信或其他形式——生成之时起即有可靠保障；（二）要求提供电子通信所含信息的，该信息能够被显示给要求提供该信息的人。"

《电子合同公约》规定，电子通信的发出时间是其离开发件人或代表发件人发送电子通信的当事人控制范围之内的信息系统的时间，或者，如果电子通信尚未离开发件人或代表发件人发送电子通信的当事人控制范围之内的信息系统，则为电子通信被收到的时间。电子通信的收到时间是其能够由收件人在该收件人指定的电子地址检索的时间。电子通信在收件人的另一电子地址的收到时间是其能够由该收件人在该地址检索并且该收件人了解到该电子通信已发送到该地址的时间。当电子通信抵达收件人的电子地址时，即应推定收件人能够检索该电子通信。《电子合同公约》将电子通信发件人设有营业地的地点视为其发出地点，将收件人设有营业地的地点视为其收到地点。自然人无营业地的，以其惯常居所为准。

《电子合同公约》就要约和要约邀请进行了区分。公约第 11 条规定，通过一项或多项电子通信提出的订立合同提议，凡不是向一个或多个特定当事人提出，而是可供使用信息系统的当事人一般查询的，包括使用交互式应用程序通过这类信息系统发出订单的提议，应当视作要约邀请，但明确指明提议的当事人打算在提议获承诺时受其约束的除外。

4. 最后条款

《电子合同公约》第四章"最后条款"，包括签署、批准、接受或认可、适用范围的声明以及保留、生效、适用时间和退约等。

二、欧盟电子商务法——三大指令

（一）欧盟电子商务法概述

虽然欧盟一再强调规范电子商务，并把为电子商务建立完善的法律环境作为政策目标，但在欧盟的法律文件中，并未使用"电子商务法"这一概念。欧盟

1997 年 4 月发表的《欧洲电子商务行动方案》中采取了广义说的观点，认为"电子商务"包括"通过电子手段来进行的任何商务活动。"目前，欧盟电子商务法的核心是欧盟在信息社会转型过程中，颁布的调整与信息社会的服务有关的立法。根据欧盟的相关立法，"信息社会的服务"被定义为通过电子手段，以有偿的方式提供的一切远程服务。欧盟《关于内部市场中与信息社会服务有关的若干法律问题特别是电子商务问题的 2000/31/EC 指令》（简称欧盟电子商务指令）列举了"信息社会的服务"的外延，电子商务指令把在线销售商品也纳入"服务"的范畴予以规范。值得注意的是，此种规定和传统法上关于服务贸易和商品贸易的划分相冲突。这正是基于此，笔者认为欧盟有关"信息社会的服务"的法律才是欧盟的电子商务法。

（二）欧盟三大指令

欧盟目前与电子商务有关的立法最主要的是下列三个指令：

1. 《远程销售指令》——电子商务消费者保护法

1997 年 5 月，欧盟颁布了《远程销售指令》（Directive 97/7/EC of European Parliament and of the Council of 20 May 1997 on the Protection of Consumers in Respect of Distance Contracts）。该指令可以称为欧盟的电子商务保护指令，指令的目的在于使成员国内规范消费者与服务或商品之提供者（即经营者）之间经由远程缔结合同的法律、法规能逐渐走向一致；而重点则是加强在远程销售中对消费者的保护。所谓"远程合同"指的是以一种或多种远程通信方式缔结的合同。为彰显对电子商务消费者的保护，该指令对商品和服务提供者设定了极为详尽的告知义务，并在附录中对哪些通讯方式符合指令的要求等细节问题进行了明确的规定。① 根据指令，经营者应保障在线缔结电子合同的消费者，并有权获得以下信息：

（1）经营者的身份；

（2）所提供的商品和服务的主要特征；

（3）商品和服务的明确价格（包括运输费用）以及税收负担；

（4）经营者必须赋予消费者对合同的解除权并且明确该解除权的行使；

（5）缔结电子合同过程中适用因特网作为通讯工具的费用的承担等。

2. 《发展电子商务法律架构之指令》

1998 年 11 月 18 日欧盟发布《发展电子商务法律架构之指令》（Legal Framework

---

① 万以娴. 论电子商务之法律问题. 北京：法律出版社，2001：36.

for the Development of Electronic Commerce），其目的在于清除欧盟境内对电子商务造成障碍之不当法律规定。该指令特别要求各成员国调整或修改其国内法律，凡是对使用电子媒介（electronic media）订立合同的缔约方式会造成限制、阻碍或否定其效力的法律，都必须予以检视并修改。①

3.《电子签名指令》

1999 年 11 月 30 日，欧盟电信部长理事会正式通过《电子签名指令》（Directive 1999/93/EC of European Parliament and of the Council of 13 December 1999 on a Community Framework for Electronic Signatures），其立法目的在于降低消除使用电子签名的困难，确认电子签名的法律效力。依据该指令第 13 条的规定，各成员国必须在指令生效之日（2000 年 1 月 19 日）起 18 个月内，也就是在 2001 年 7 月 19 日前，制定出符合指令规范的有关电子签名的内国法律、规则与行政规章。

三、德国和美国的电子商务立法

（一）德国《多媒体法》

1997 年 6 月 13 日，德国联邦下议院通过了世界上第一部规范计算机网络服务和使用的法律——《为信息与典型服务确立基本规范的联邦法》，简称《多媒体法》（das Multimedia-Gesetz）。1997 年 7 月 4 日，德国联邦上议院批准了该法，8 月 1 日，该法正式实施。《多媒体法》最大的特点就是为互联网的应用与行为规范构建了单一的法律框架，使有关电子商务和互联网的法律成为独立的法律部门。该法不但对电子签名等电子合同的内容进行了规定，而且还对网络著作权、电信服务等电子商务活动进行了规范，甚至还涉及刑法等公法的内容。

《多媒体法》共十一章，包括：电信服务法、电信服务资料保护法、数字签名法、刑法的修正、著作权法的修正、违反治安法的修正、价格标志法实施条件中条款的顺序和生效。该法的立法目的是取消德国现行法律对电子商务的种种管制与约束，为各种新兴的电子商务提供特别的规范，明确其法律定位，创造适合电子商务发展需要的法律环境（如电子签名的有效性、隐私权的保护、青少年的保护等），其总目标是把电子商务的发展与德国社会、文化环境相调和。②

《多媒体法》曾受到西方社会的高度评价，认为该法是电子商务领域的一个模范性立法，是信息时代法律建设的一个里程碑。

---

① http：//www. ispo. cec. be/e-commerce/legal. Htm.
② 廖纬民. 德国多媒体法简介. 资讯法务透析，1997，11：35.

23

（二）美国电子商务法

2000 年，美国通过了《统一电子交易法》（Uniform Electronic Transactions Act，简称 UETA），允许在所有的交易中使用电子记录及电子签名。该法案主要内容为以下三个方面：第一，规范电子记录，根据美国 UETA 第 2 条的规定，"电子记录"是指通过电子手段创制、生成、发送、传播、接收或存储的记录，并赋予电子记录以相关法律效力；第二，规范电子签名，该法对电子签名进行了定义，并赋予电子签名以手书签名相同的法律效力，确保"书面"及"签名"的要求将不再成为电子交易的障碍，保证合同及交易不因使用电子媒介而被否认其执行力；第三，规范电子证据，该法使电子记录成为法院接受的证据。①

1999 年 10 月 13 日，美国众议院法制委员会通过了《全球及全国商务电子签章法（草案）》，克林顿政府已于 2000 年 6 月 30 日正式签署并通过该草案，使之成为正式法案。众议院法制委员会指出，在各州尚未依据已通过的 UETA 所规范的标准制定州级电子签名法之前，必须遵守此国家级电子签名立法所颁布的适用规则，各州不得另行制定法规排除其适用。②

四、我国的电子商务立法与指导意见

（一）立法现状

我国的电子商务立法有广义和狭义之分。广义的电子商务立法包括一些有关和涉及电子商务的立法，比如我国《中华人民共和国合同法》中关于数据电文的规定，属于广义的电子商务立法。广义的电子商务立法还包括我国最高人民法院做出的司法解释，这些司法解释主要有：《最高人民法院关于审理扰乱电信市场管理秩序案件具体应用法律若干问题的解释》、《最高人民法院关于审理涉及计算机网络著作权纠纷案件适用法律若干问题的解释》、《最高人民法院关于审理涉及计算机网络域名民事纠纷案件适用法律若干问题的解释》等。狭义的电子商务立法指适用于我国的关于电子商务的基本法，即《中华人民共和国电子签名法》。

（二）《电子签名法》

据中国互联网数据中心估计，2003 年中国电子商务交易额约为 600 亿美元，

---

① http：//www.mbc.com/legis/ncus.html.
② http：//techlawjoumal.Com/intenet/19991014.html.

并还以惊人的速度向前发展。然而，缺乏法律的确定性曾一度成为阻碍我国电子商务发展的重大障碍。有鉴于此，2004 年 8 月 28 日中华人民共和国第十届全国人民代表大会常务委员会第十一次会议通过了《中华人民共和国电子签名法》（以下简称《电子签名法》），并于 2005 年 4 月 1 日起实施。

《电子签名法》被誉为中国的电子商务法。该法具有以下几个方面的主要内容：

第一，明确规定了电子签名具有与手写签名或者盖章同等的效力，并且明确具体条件和电子认证的相关问题；

第二，明确规定了数据电文的法律效力，以及满足书面形式和原件形式的条件；

第三，明确规定了数据电文的证据效力，以及作为证据使用的规则；

第四，明确规定电子签名法的适用范围，既适用于电子商务，又可类推适用于电子政务。

《电子签名法》被认为是我国社会信息化转型进程中的一件大事。但该法的不足也很明显：第一，法律名称与内容不匹配。《电子签名法》应该是关于电子签名和电子认证的法律，而不应涵盖数据电文、电子合同、电子证据等内容。这些内容的加入，的确是调整电子商务的需要，但是以科学的眼光审慎地看待这部法律，就会发现，名称和法律本身内容不相匹配，从内容看，《电子签名法》的名称应该为"电子商务法"。第二，对认证机构的设立条件规定得过于笼统，使认证机构的设立失去应有的监管措施。《电子签名法》虽然对认证机构的设立进行了监管，但是此种监管的力度远远不够。根据《电子签名法》，认证机构的设立应该受到行政机构的审查，但却缺少审查的核心内容要求。一般而言，认证机构的发起人须为法人和专业人员（如律师和公证人员），我国电子签名法对此未做任何规定。另外，认证机构应该是具有法人资格的主体，我国电子签名法也未做出规定，而只有法人才能对外独立承担责任。第三，个别法条出现错误。附则中有关电子签名人的定义出现了错误，这对于立法而言，是一个巨大的遗憾。电子签名法对电子签名人的定义：指持有电子签名生成数据并以本人身份或以其所代表的人的名义实施电子签名的人。从法律关系上看，电子签名人只能是电子签名制作数据的所有人，不能是代理人或者代表人。在代理关系中，本人对代理人的代理行为承担责任，如果代理人代理本人进行签名，签名人仍然是本人，而非代理人，因为签名人承担签名的法律后果。代表关系中，代表人的签名情况也是如此。而根据法条的措辞，我们却可以得出结论：电子签名人包括电子签名制作数据所有人与其代表人，这显然是违背法律常识的。但从总的方向上来看，电子签名法为中国电子商务的发展开辟了道路，增强了当事人进行电子商务的信心，推动了国民经济的进一步发展。

（三）相关指导意见

为推动网上交易健康发展，逐步规范网上交易行为，帮助和鼓励网上交易各参与方开展网上交易，警惕和防范交易风险，依据国务院办公厅《关于加快电子商务发展的若干意见》（国办发〔2005〕2号）以及相关法律法规，商务部于2007年发布了《关于网上交易的指导意见（暂行）》。《关于网上交易的指导意见（暂行）》并不属于立法，只是政府对网上交易的一种指导。但并不是说它就没有强制力，在国家立法没有规定的情况下，法院可以参照《关于网上交易的指导意见（暂行）》进行判决。

《关于网上交易的指导意见（暂行）》的主要内容如下：

（1）确立了三大网上交易基本原则

第一，遵守国家法律法规。网上交易具有特殊性，可以利用互联网和信息技术订立合同和履行合同，但网上交易的参与各方必须遵守国家相关法律法规，遵守国家信息安全等级保护制度的相关规定和标准。

第二，遵守互联网技术规范和安全规范。网上交易以互联网环境为基础。为保证交易的正常进行，网上交易参与各方，特别是网上交易服务提供者，必须遵守国家制定的互联网技术规范和安全规范。

第三，诚实守信，严格自律。网上交易各参与方必须遵守诚实守信的基本原则，严格自律，健康有序地开展网上交易，不得利用网上交易从事违法犯罪活动。

（2）确立了参与方的八大行为规范

第一，认识网上交易的特点。

第二，了解交易相对方的真实身份。

第三，遵守合同订立的各项要求。

第四，依法使用电子签名。

第五，注意支付安全。

第六，依法发布广告，防范违法广告。

第七，注意保护知识产权。

第八，保存网上交易记录。

（3）确立了服务提供者的八大行为规范

第一，具备合法的主体资格。

第二，规范服务，完善制度。

这些制度包括：

（A）用户注册制度

（B）平台交易规则

（C）信息披露与审核制度

（D）隐私权与商业秘密保护制度

（E）消费者权益保护制度

（F）广告发布审核制度

（G）交易安全保障与数据备份制度

（H）争议解决机制

（I）不良信息及垃圾邮件举报处理机制

（J）法律、法规规定的其他制度

第三，信息披露。

第四，维护交易秩序。

第五，维护用户利益，保护消费者权益。

第六，保存交易记录，保证数据安全。

第七，监督平台信息。

第八，维护系统安全。

第四节　电子商务法的性质与作用

一、电子商务法的性质

电子商务法的性质是指电子商务法的公、私法属性。在我国，曾有学者认为电子商务法具有公法和私法相结合的性质。[①] 关于公法和私法划分的标准，历来是学术界争论的焦点，目前尚无统一的定论。我们认为，凡调整不平等主体之间、采取命令与服从、管理与被管理等强制性调整方法的法律部门，属于公法；凡调整平等主体之间、以意思自治为核心的法律部门，则属私法。由于电子商务法调整的是平等主体之间通过电子行为进行的民商事活动，因此属于私法的一部分，私法的基本原则如意思自治、诚实信用等基本原则，仍然有效。因此，可以说，电子商务法属于私法的范畴，是一种民事特别法。所谓的民事特别法是相对于民事普通法而言，是指仅适用于特殊领域、特殊主体、特别的民事活动和特别

---

① 田文英，宋亚明，王晓燕．电子商务法概论．西安：西安交通大学出版社，2000：43；张楚．电子商务法．北京：中国人民大学出版社，2001：25；覃征，岳平，田文英．电子商务与法律．北京：人民邮电出版社，2001：178.

事项或适用时间上有限制的民事法律法规。① 电子商务法仅适用于民事主体通过电子行为进行的民商事活动，是一种民事特别法。

二、电子商务法的作用

电子商务法的作用是指电子商务法对社会所产生的影响，其核心是电子商务法对电子商务主体和电子商务活动产生的影响，以及电子商务法对一国经济产生的影响，是电子商务法功能的外在表现。概括地说，电子商务法是通过规范电子行为，协调和解决其中的矛盾和冲突，保障电子商务的安全，建立和维护电子商务的社会公共秩序，从而促进电子商务和国民经济的发展。

具体而言，电子商务法的作用主要包括以下几个方面：

（一）规范电子行为

法的目的在于影响人们的行为，它通过对人的行为进行引导和约束，使人们的行为符合法律规范所设定和表达的行为模式的基本要求，从而实现其应有的社会作用和价值。电子商务法通过对电子行为的规范，为行为人提供行为指引，使电子商务主体行而有据，使司法机关裁而有度。

（二）保障交易安全

安全是开展电子商务的基础，保障交易安全是电子商务法的核心任务之一。电子商务法通过一些规则来实现交易安全，这和传统民商法的交易安全内涵相比有很大的不同方面，如要求网络服务者 ISP、网络商店、电子银行等有关主体承担保证计算机网络正常运行和系统安全的义务等，从而为电子商务的运行营造一个较为安全的环境。

（三）保护电子商务主体权利

与传统民商事活动相比较，在电子商务活动中，当事人的合法权益，尤其是个人信息权、信息财产权更容易受到侵害，这严重打击了当事人参与电子商务活动的信心。因此，保护电子商务主体的权利成为电子商务法的最直接、最基础的目标。

（四）建立和维护电子商务的社会公共秩序

电子商务法的基础作用在于构筑电子商务的社会公共秩序，建立和维护相应

---

① 余能斌，马俊驹. 现代民法学. 武汉：武汉大学出版社，1995：11.

的社会公共秩序是电子商务法制建设的根本目的。电子商务法通过鼓励诚实信用、公平竞争的网络活动，禁止违法操作，惩治犯罪行为，从而建立良好的电子商务秩序，促进电子商务的快速安全发展。

（五）推动国民经济的协调发展

这是电子商务法在发挥上述作用的基础上，间接产生的更深层次的影响，并且，这种影响也体现了电子商务法的终极目标，当然，这也是各类法律的共同目标。经济与社会的良性运行和协调发展，需要诸多因素的综合影响才能实现，其中，电子商务法调整所产生的上述几个方面的作用，就是不可缺少的必要因素。

第五节　电子商务法的地位与体系

一、电子商务法的地位

任何法律部门的形成都是社会运动的结果，它需要由社会环境造就出具有某种特殊性的人类活动的领域，这是法律部门形成的基础。当客观上出现了某种新的社会活动领域或具有新内容的社会活动，以至国家法律按照一定的宗旨对由该活动进行统一调整的时候，对相关法律法规的结合体，就形成新的"法律部门"。[①] 电子商务法的地位，是指电子商务法在我国的法律体系中处于什么样的位置，即电子商务法是从属于法律体系中的某一个法律部门，还是作为一个独立的法律部门单独存在。电子商务法是一个部门法，其性质上属于民事特别法。民事特别法是指适用于特殊领域、特殊主体、特别的民事活动和特别事项或适用时间上有限制的民事法律法规。[②] 电子商务法仅适用于发生在网络空间、当事人通过电子行为实施的民商事活动，因此，电子商务法是一种民事特别法。电子商务法虽是一种民事特别法，但这并不影响其作为独立的部门法的存在。

二、电子商务法的调整对象

电子商务法的调整对象是平等主体的当事人之间通过电子行为而形成的财产关系和人身关系，统称电子商务关系。电子商务法的调整对象是独立的。电子商务关系区别于其他部门法的调整对象，同其他部门法的调整对象既不交叉，又非

---

① 史际春．经济法的地位问题与传统法律部门划分理论批判//史际春．经济法研究：第 1 卷．北京：北京大学出版社，2000：156.

② 余能斌，马俊驹．现代民法学．武汉：武汉大学出版社，1995：11.

重叠。

电子商务法调整平等主体的当事人之间以电子行为实施的民商事活动，而不包括以非电子行为实施的民商事活动，更不包括非平等主体之间的活动。主体地位的平等性使得电子商务法的调整对象和民商法以外的其他部门法的调整对象相区分。有学者认为电子商务法属于民商法的范畴，因此不是一个独立的部门法。① 笔者并不赞成这种观点。在一个部门法内部，又可以进行部门法的划分，比如将民法分为物权法和合同法等。不能因为民法是一个部门法就否认其体系之内的法律为部门法。

三、电子商务法律关系

（一）电子商务关系与电子商务法律关系

电子商务法律关系是指电子商务法进行调整的结果，或者说是通过电子商务法的调整而形成的权利义务关系。电子商务法学需要一个表示电子商务法调整对象的范畴，笔者称这个范畴为电子商务关系。电子商务法学还需要一个表示电子商务法调整结果的范畴，与调整对象相对应，笔者称这一范畴为电子商务法律关系。调整对象和调整结果的含义不同，电子商务关系和电子商务法律关系是不同的法律概念。电子商务关系是电子商务法调整的对象，包括财产关系和人身关系，而电子商务法律关系是电子商务法调整电子商务关系的结果，是通过调整电子商务关系而形成的权利义务关系。因此，不能说电子商务法的调整对象是电子商务法律关系，只能是电子商务关系。

（二）电子商务法律关系的要素

电子商务法律关系的要素指构成电子商务法律关系的必要因素。所有的民事法律关系都由主体、内容和客体三要素构成，电子商务法律关系也不例外。

1. 主体要素。电子商务法律关系的主体是指参加电子商务法律关系，享受权利和承担义务的具有民事主体资格的人，即电子商务法律关系的参与者，权利的享有者和义务的承担者。电子商务法律关系的主体包括一般的民事法律关系主体，主要有自然人、法人、非法人组织、在特定情况下的国家，以及 ISP、ICP 等特殊主体。从广义上讲，网络在线服务商（On-line Service Provider）包括网络基础设施经营者、电子商务安全机构和金融服务机构。因特网服务提供商（ISP）又可分为三类：因特网接入服务供应商 IAP（Internet Access Provider）、

---

① 刘德良．论电子商务法．东南大学学报：哲学社会科学版，2002，4：53．

因特网联机信息服务供应商 ICP（Internet Content Provider）和因特网服务供应商 ISP（Internet Service Provider），以及其他在线服务经营机构，如以因特网服务方式提供网络信息服务地电子公告牌系统 BBS（Bulletin Board System）站点等。网络在线服务商在电子商务活动中所起到的作用就在于提供设备与服务，使得电子商务得以实现。

2. 客体要素。电子商务法律关系的客体，是主体之间据以建立电子商务法律关系的对象性事物，是主体权利和义务指向的对象。规范意义上的民事法律关系客体主要包括以下几类：

（1）物，指自然人身体之外，能够满足人们需要并且能够被支配的物质实在。

（2）行为，指能满足权利主体某种利益的活动。

（3）知识财产，指人的脑力劳动创造出来的财产，包括专利、作品、商标和非物质文化遗产等。

（4）人身利益，包括人格利益和身份利益。

除此之外，信息财产为电子商务法律关系的特殊客体。信息财产是指固定于一定的载体之上，能够满足人们生产和生活需要的信息。广义的信息财产，应该包括纸面信息、电子信息两大类，狭义的信息财产仅指电子信息。

3. 内容要素。电子商务法律关系的内容是指主体的权利和义务。

第六节　电子商务法的基本原则

一、电子商务法基本原则概述

（一）电子商务法基本原则的概念

电子商务法的基本原则，是指效力贯穿于整个电子商务法律制度和规范之中的根本规则，是指导电子商务立法、电子商务司法和进行电子商务活动的带有普遍指导意义的基本行为准则。电子商务法的基本原则是电子商务法中最高层次的价值准则，它是电子商务法的主导性思想所在。

电子商务与传统的民商事活动相比并无本质的区别，只是行为发生了革命性变化，或者说民商事活动的媒介发生了变化，因此民商法的意思自治和诚实信用等基本原则仍然是电子商务法的基本原则，这些原则也可以称为共有原则。但行为方式的革命使电子商务法产生了新的原则，这些原则是电子商务法的特有原则。电子商务法的特有原则是由行为的电子化决定的，是由网络社会经济生活条件决定的，是网络社会的经济生活条件的法律形式表现。因此，电子商务法的基本原则的确必须与其赖以存在的经济基础相联系，并且与整个电子商务法的内容与功能结合起来。所谓的电子商务法基本原则主要是指特有原则。我们认为，电子商务法的基本原则包括技术中立原则、功能等同原则和信息安全原则。

（二）电子商务法的基本原则的特征

电子商务法的基本原则具有以下特征：

1. 内容的根本性

电子商务法的基本原则必须反映电子商务法的本质属性。电子商务法是网络时代的产物，以通过电子行为实施的民商事活动为主要调整对象，电子商务法的基本原则反映了电子商务活动、电子商务法律关系的本质特征。电子商务法的基本原则是关于电子商务法目的的法律，是准则法；电子商务法规范是维持目的的法律，是技术法，其作用是确保准则法的实施。

2. 最高效力性

在电子商务法体系内部，电子商务法的基本原则具有最高的效力，并且其效力贯彻整个电子商务法律制度和规范的始终，并对电子商务立法、司法和进行电子商务活动有普遍的指导意义。任何与电子商务法基本原则相抵触的电子商务法规范均无效。

3. 规范原则性

电子商务法的基本原则并不给电子行为提供具体的、可操作的行为模式，呈现原则性特征。与电子商务法的基本原则相比，电子商务法规范通过设定当事人之间的权利义务，为人们提供一定的行为模式，具有规范性，而电子商务法基本原则则具有原则性特征。

4. 适用补充性

只有在电子商务法规范对具体的电子商务活动缺乏规定时，电子商务法的基本原则才适用，才发挥行为规范和审判规范的职能。也就是说，电子商务法的基本原则在适用范围内具有补充性特征。

二、技术中立原则

（一）技术中立原则的概念

技术中立原则是指对当事人使用的技术和媒介同等对待，禁止限定特定的技术和媒介而歧视其他形式的技术和媒介。技术中立原则是由民法的平等、公平原则演进和嬗变而来的，它体现了电子商务法的基本目标——在电子商务活动中建立一个公平交易的运行平台，任何人不能恃强凌弱，凭借技术优势而贬抑对方当事人。

（二）技术中立原则的主要内容

从内容上看，技术中立原则可以分为技术中立和媒介中立两部分。

1. 技术中立

技术中立指法律对电子商务活动中使用的技术手段平等的对待，不把特定的技术作为法律规范的基础，从而在事实上造成对其他技术形式的歧视。根据技术中立原则，不论当事人采用何种技术手段（如传统的口令法、非对称性公开密钥加密法以及生物鉴别法等），包括电子的、数字的和光学的等，其行为的法律效力都不仅仅因此而受影响。

技术中立有以下三层含义：（1）技术平等。对所有技术同等对待，不能对任何技术课以高于另一种技术的标准和要求，如不能对生物签名主张比数字签名更高的要求，才使生物签名达到数字签名的效力。（2）禁止技术歧视。不能赋予一种技术比其他技术更高的效力或者待遇。（3）意思自治。根据意思自治原则，法律应允许当事人自由选择进行商务活动的技术。技术中立主要针对的是行为方式中对技术的选择，针对的是电子行为采取的技术形式。

2. 媒介中立

媒介中立指法律平等地对待电子商务活动中使用的媒介，不把特定的媒介作为法律规范的基础，从而在事实上造成对其他媒介的歧视。根据媒介中立的要求，采用了纸面和电子应该具有平等的效力，只要电子形式也可以满足书面要求的实质要件。媒介是指信息的载体，一定的信息传输技术，总是与一定的媒介紧密相联系的。数据电文可通过分属于无线通讯、有线通讯、电视、广播、增殖网络等不同产业部门的各种媒介进行传输，[①] 这就要求电子商务法应以中立原则对待这些媒介体。

媒介中立有以下三层含义：（1）媒介平等。对所有媒介同等对待，不能对任何媒介课以高于另一种媒介的标准和要求，如不能对电子形式提出比纸面更高的要求，才使电子形式达到纸面产生的效力。（2）禁止媒介歧视。不能赋予电子形式或者其他的高科技媒介，或者某一种媒介高于纸面或者其他媒介的效力或者待遇。（3）意思自治。根据意思自治原则，法律应允许当事人自由选择进行商务活动的媒介。媒介中立主要针对的是行为结果的表现形式，如纸面和电子等。

---

① 齐爱民，万暄，张素华. 电子合同的民法原理. 武汉：武汉大学出版社，2002：39.

三、功能等同原则

（一）功能等同原则的概念

功能等同原则是指除法律另有规定外，在电子商务活动中，对与传统民商事活动功能相同的行为或制度赋予同等的法律效力。功能等同原则是联合国国际贸易法委员会为电子商务法创立的原则。它的基本目标是把现代通讯技术（主要指数据电文）赋予传统的纸质文件相同的法律效力，只要二者具备相同的功能。功能等同原则主要解决电子商务中的书面形式、电子签名和原件的效力等问题。

（二）功能等同原则对书面形式的扩大解释

书面形式是指以有形物质载体（如纸面）记载信息的形式。在传统民商事活动中，书面形式具有特殊的意义。对于关系复杂的合同、价金或价款数额较大的合同，各国法律一般要求当事人采用书面形式，否则合同无效。例如英国法规定，没有对价的合同、转让地产或地产权益的合同、转让船舶的合同等三种合同必须采用签字蜡封合同的形式订立，否则无效；[①] 法国法律明确规定，不具备书面形式的集体订立的合同、营业资产买卖合同、房屋推销合同、专利许可或转让合同、私人住宅建筑合同等无效。[②]

传统民商法上，应用最普遍的书面形式为纸面形式。这是由于纸张是便捷和廉价的专门信息传播工具。电子商务本质上要求行为采取电子方式，这在事实上对传统的信息传播工具——纸张进行了排斥。电子商务活动中，当事人进行意思表示或者履行合同，采取的是数据电文形式，而非纸面形式。数据电文是一组电子信息，其赖以存在的介质不是传统的纸张，而是电脑硬盘或软盘等磁性介质。电子形式能否被视为书面形式，在什么情况和条件下，能够被视为书面形式直接关系到电子行为的效力问题。联合国国际贸易法委员会在最初选择采用功能等同原则解决这个问题，即不否定任何一种技术和媒介，而是从功能的角度进行分析，如果电子形式也能够具备纸面形式的功能，既可以获得纸面形式的法律效力，又被视为书面形式。

通说认为，纸面形式具有以下功能：（1）可读性。所谓可读性即指纸面中记载的信息能为人们识读和了解。（2）可保存性。所谓可保存性是指纸张可以长久保存，能够提供经久不变的文件或交易记录。（3）可复制性。可复制性是

---

① 梅绍祖，范小华，黎希宁．电子商务法律规范．北京：清华大学出版社，2000：22.
② 尹田．法国现代合同法．北京：法律出版社，1995：185.

指文件可以被复制，以使各方当事人持有内容相同的副本。（4）可签署性。可签署性是指纸面可以承载当事人的签名，从而将合同项下的权利义务归属于特定的主体。依照功能等同原则，如果某种具体的电子形式具备了可读性、可保存性、可复制性和可签署性的功能，就应该被作为书面形式。数据电文虽然不是直观的，但可以通过电脑屏幕显示，满足可读性；数据电文虽不能采用手写签名的方式，但可以通过电子签名的方式实现手写签名的效果。因此，数据电文具有可签署性的功能；另外，数据电文可以通过技术手段保存，并进行复制。综上，数据电文具备了书面形式的功能，依照功能等同原则，其应被视为书面形式，享有与纸面形式同等的法律效力。

（三）功能等同原则在电子签名制度中的应用

单纯的书面形式不能证明内容的归属，只有将当事人的签名和书面形式结合在一起，才能较完整地达到法律的要求。因此，各国法律对某些合同、文件或单据除了要求当事人采用书面形式外，还要求由当事人亲笔签字或手写签字才能生效。电子商务环境的无纸化使得传统的亲笔签名已不可能，电子签名技术应运而生。电子签名和手写签名不同，它的表现已经不是签署姓名或者名称，而是一个加密手段，这个加密手段是否能够实现传统手写签名的功能，是判断电子签名能否产生手书签名法律效果的基础。签名的功能在于：以"签名的事实"确认内容未被篡改，从而保障合同项下的权利义务真实完整；以"签名的独特性"确认当事人的身份，从而使合同项下的权利义务归属于签名人。依照功能等同原则，电子签名必须具备以上功能，才能享有与手写签名同等的法律效力。而现在使用的电子签名，可以起到以上功能："（1）收件人能够确认并证实发端人的签名，但不能伪造；（2）签名人不能否认他的签名；（3）收件人不能否认他收到签名的信息的事实（4）第三方可以确认这一构成但不能伪造。"[1] 联合国国际贸易法委员会 1996 年的《电子商务示范法》（以下简称"示范法"）第一次运用功能等同原则处理电子签名的法律效力问题。示范法第 7 条规定："如果法律要求有当事人的签字，则对于一项电子意思表示而言，在以下情况下即满足了该项要求：（a）如果使用了一种方法，鉴定了该人的身份，并且表明该人认可了电子意思表示内含的信息；及（b）从所有各种情况看来，包括根据任何相关协议，所用方法是可靠的，对生成和传递电子意思表示的目的来说也是适当的。"实际上，目前电子商务中普遍采用的经过认证的电子签名，与手写签名一样，也能确认一项电子意思表示是由签名者发送的，且电子意思表示的内容自签发到收到为

---

[1] 齐爱民，万暄，张素华. 电子合同的民法原理. 武汉：武汉大学出版社，2002：18.

止未曾做过任何修改，其不但具备了手写签名的功用，而且更安全，更可靠。根据功能等同原则，电子签名应被法律所认可，享有与手写签名同等的法律效力。

（四）功能等同原则在原件上的应用

传统法律将原件定义为初次附着在介质上的信息。① 在民商事活动中，原件与书面和签名一样对于当事人具有重要意义，尤其是证据的证明力问题上更是如此。原件作为原始证据与作为派生证据的复制件，具有不同的证据效力。通常原始证据具有直接的可采性和更高的证明力，只要证明其取得合法即可采用；而派生证据则必须证明原始证据已经灭失、其与原始证据吻合、且采用它不会导致对当事人不公平等前提条件，方能采用。一句话，派生证据的证明力通常弱于、至少不高于原始证据。

在电子商务活动中，传统意义上的"原件"已不复存在，因为通过电子方式，主要是通过计算机网络进行的电子文件的传输，与物理世界纸面文件的传输不同，物理世界的传输一般是指直接实现文件的原件的搬迁，从 A 的手中，到 B 的手中；而电子文件的传输，一般是指通过计算机网络的传输，从计算机网络通信原理角度看，此种传输只能是通过网络传递一份电子版的"复制件"，而无法传输"原件"，尽管这个复印件可以做到和原件一模一样。

从证据法的角度来看，原件之所以具有直接可采性和更高的证明力，原因在于其可以被识读、具有完整性、未被篡改性，因而具有更高的可信性。因此只要能证明一项数据电文的"复制件"能够达到此种要求，就应该赋予它"原件"的法律效力。一条数据电文如果是直接输入计算机的，它本身是原件形式，但是，一经传递，接收人收到的却是副本——原件的"复制件"。传递复制件是计算机网络信息传递的特性，是目前技术无法改变的。因此，只有通过法律制度来把满足一定条件的"复制件"视为"原件"，才能使电子商务得以开展。第一，通过计算机网络传输的"复制件"可以为人所识读；第二，通过计算机网络传输的"复制件"，如果在内容保持完整和未被篡改，即能够满足证据法对原件的要求，因此应该按照功能等同原则认定为"原件"。

四、信息安全原则

民商法的首要任务是保护交易安全，而电子商务所面临的最大问题是信息安全。信息安全原则是指在电子商务活动中，保障主体的个人信息安全和交易信息安全不被非法窃取和泄露的原则。电子商务法中的信息安全包括个人信息安全和

---

① 齐爱民，万暄，张素华. 电子合同的民法原理. 武汉：武汉大学出版社，2002：19.

交易信息安全两大方面。

（一）个人信息安全

个人信息保护法是保障个人信息法律安全的专门法。个人信息保护法从以下几个方面保障个人信息安全：（1）收集、处理和利用个人信息的手段应公平和合法，收集的个人信息的数量应当限制在实现目的所需的必要范围内。（2）收集个人信息的目的应该特定和明确，对个人信息的利用应受该目的的限制。（3）只有在满足法定条件或者有约定时，特定目的之外的使用和披露才是被允许的。（4）个人信息应当保持完整和正确，并及时更新。（5）应当确保个人信息的安全，以防非法披露、破坏、修改或访问。（6）信息主体对自己的个人信息享有权利，主要包括知情权和访问权，这些权利使得信息主体可以控制自己的个人信息，保护其人格利益不受侵犯。（7）个人信息的保存应该限制在一定的时限范围之内。确定时限的标准是处理目的是否实现。时限过长，可能对个人权利构成威胁，而时限过短则有可能对处理目的构成威胁（如根据金融法上的反洗钱的要求，个人信用信息保存的时限就不应被缩短）。（8）侵害个人信息之上的权利，应负法律责任。

（二）交易信息安全

电子商务法应充分考虑电子商务对交易信息安全的需要设定相应的制度确保电子商务活动中主体的可确认性、交易信息的不可抵赖性和其他交易信息的安全。

1. 主体的可确认性和交易信息的不可抵赖性

交易者身份的确定性和交易信息的不可抵赖性是安全电子商务的基本要求。在传统交易过程中，交易双方是面对面的，通过手写的签名和盖章来识别和确认行为主体的身份，并防止抵赖。电子商务是在计算机网络中进行的，面对面的交易方式被网上的非直接交易方式所取代，交易的主体、客体、要约、承诺和合同的履行以及解决纠纷时所使用的证据等都将成为经数字化处理后可在网络终端人机界面上显示的影像。传统交易活动中用以辨识主体身份的手写签名和盖章都已不复存在，为了保障主体的可确认性和交易信息的不可抵赖性，电子签名、电子认证制度在此需求下应运而生。电子签名主要用于保证数据电文的安全性，使之不被否认或篡改；电子认证则主要保障主体身份的确定性。

2. 其他交易信息安全

个人信息是指一切可以识别个人的信息。个人信息保护法保护一切个人信息，无论其是隐私利益的个人信息还是进行交易等财产利益的个人信息。但是，个人信息保护法保护的个人信息仅限于自然人的个人信息，而将法人信息排除在外，因此，加强保护法人的交易信息仍然很有必要。交易信息安全是指信息在采集、存储、处理、传输和运用的过程中，信息的自由性、秘密性、完整性、共享性等都得到良好保护的一种状态。信息安全原则要求电子商务法应设定相应的法律义务和法律责任来确保数据信息传输的安全性，即保证数据信息在传输、存储、交换等整个过程不被丢失、泄露、窃听、拦截、改变等。电子商务法应从以下几个方面进行保障交易信息安全：

第一，技术标准法律化，制定严格的市场准入制度。将合理的技术标准纳入电子商务法的范畴，赋予技术标准以国家强制性，使其具有强制实施的法律效力，是保障网络安全的根本措施。同时电子商务法应对与网络建设密切相关的行业，如网络连接商（IAP）、信息服务提供商（ISP）、信息提供商（ICP）、数字证书认证机构（CA）、密钥管理机构（KM）等服务机构，实行更为严格的特许主义与审查制，对其资金、技术、服务程序等条件作严格的规范性规定①，对只有符合法律规定的技术标准的企业或个人，才允许其进入市场进行电子商务活动。

第二，安全程序的设置和应用。安全程序是在电子商务过程中，当事人之间应设立安全程序，用以证实数据电文的发出或者收到，安全程序可以使用算法或其他密码、确认字符或数字、加密、回呼程序或类似安全的工具。安全程序的作用有两个，第一个是使交易信息受到保护，第二个是使按照安全程序进行操作的一方免除责任。

第三，建立合理的损失分担原则。对于符合法律规定的技术标准的认证机构、银行，只对其由于过错造成的错证行为、未经授权的支付行为所造成的损失承担责任。合理的损失分担制度是敦促当事人履行注意义务、保障电子商务安全的重要途径。

安全原则的价值在于保障电子商务的顺利发展，减少电子商务活动中的不确定性因素，增强人们的安全感和从事电子商务的信心。为保障交易信息安全，应对危害网络安全和信息安全的行为，视情节轻重给予相应的民事、行政或刑事制裁。

---

① 齐爱民，刘颖．网络法研究．北京：法律出版社，2003：104.

第二章　电子商务主体

第一节　电子商务主体概述

一、电子商务主体的概念

所谓电子商务主体，是指参与电子商务法律关系，享有民事权利、承担民事义务的人。从一般意义上讲，电子商务法是民事特别法，电子商务主体属于民商事主体，可以分为自然人、法人和合伙三大类。但是，电子商务主体有两方面的特殊性：第一，电子商务主体必须是实施电子行为的人，而非一般的民事主体，这是电子商务主体区别于一般民事主体的显著特征；第二，电子商务中出现了一类特殊主体，此类主体专门为介入互联网提供接入服务或者为电子商务参与者提供交易服务等。

电子商务主体是随电子商务的发展而出现的一个崭新概念，对它的界定和分类均有一定争议。笔者认为，应从传统民法的角度和电子商务法的特别角度对电子商务主体进行划分。

二、传统法的分类

从民法对主体的分类来看，电子商务主体可以分为自然人、法人和合伙。传统民法将民事主体划分为自然人、法人和合伙。自然人是指基于自然规律出生的人。法人是指具有民事权利能力和民事行为能力，依法独立享有民事权利和承担民事义务的组织。法人是和自然人相对应的一个概念。合伙是指两个或两个以上的人（自然人、法人）为了共同的经济目的，自愿签订合同，共同出资、共同经营，共享收益和共担风险，对外负无限连带责任的联合体。电子商务法是民事特别法，电子商务主体是民事主体的一种，自然也可以划分为自然人、法人和合伙三个基本类型。电子商务特殊主体（如 ISP、ICP 和网站），也可以分为自然人、法人或者合伙。

（一）自然人

在电子商务主体中，除了法律要求必须由法人来进行的活动外（如只有法人才允许进行电信等通信设施的提供），自然人都可以进行。自然人可以设立网站，也可以成为网络服务提供者，但在电子商务中，最普遍的自然人主体是以用户的身份出现，是登陆互联网，或者在电子商务中接受商品或者服务的人。

在自然人主体方面，有两个问题需要注意：

第一，关于消费者权益保护法的适用问题。自然人参与电子商务，可以成为买方，也可以成为卖方。根据消费者权益保护法的一般原理，消费者是相对于商业机构而言的买方。自然人通过实施电子行为向商业机构购买商品或者服务，才能拥有消费者的法律地位，主张消费者权益保护法的实施。如果自然人通过实施电子行为向另一位自然人购买商品，无论该商品是否为生活所需，双方都不是消费者，因为消费者是和商业机构相对应的一个概念，没有了商业机构也就没有了消费者，也就没有消费者权益保护法适用的余地。

第二，关于格式合同的效力问题。自然人作为电子商务的主体，通过互联网进行电子商务活动，在购物和接受服务的时候，往往面临网站设置的格式合同。格式合同，又称标准合同或者定型化合同，是指当事人一方预先拟定合同条款，对方只能表示全部同意或者不同意的合同。因此，对于面临格式合同的自然人用户而言，进行电子商务，只有全部接受合同条款，或者全部不接受合同条款的选择，而后者则要失去缔约机会。电子商务中，互联网上的合同大多为格式合同。格式合同具有简化交易程序，提高交易效率，缩减交易费用等优势，正因为如此，格式合同在电子商务中被广泛应用。但是格式合同使一方当事人失去充分表达的机会、限制了合同自由，可能引发不公平交易等法律问题。但从经济发展来看，格式合同将会越来越普遍，而不是被限制和消亡，所以，我们注重的是构建科学的规制格式合同，而不是去简单排斥它的存在。一般而言，传统法认为在格式合同中，下列条款无效：（1）限制对方主要权利的条款；（2）免除自己主要义务的条款；（3）不公平条款。并且，规定条款制定方的提示义务和说明义务，在格式合同的解释上，如果就同一义义发生争议，应做出有利于非制定方，而不利于制定方的解释等。

（二）法人

法人是具有民事权利能力和民事行为能力，依法独立享有民事权利和承担民事义务的组织。简言之，法人是独立承担民事责任的社会组织。一般而言，法人财力雄厚，拥有专业技术人员，因此可以充当任何一种电子商务特殊主体。法人不仅可以成为接入服务提供者、网络内容提供者，而且可以成为基础设施提供者。而在大多数情况下，在所有的 B2B 电子商务中，法人是作为普通的网络用户出现的。法人用户不存在消费者权益保护问题，但是仍然面临格式合同问题。

（三）合伙

合伙是指两个或两个以上的人（自然人、法人）为了共同的经济目的，自愿签订合同，共同出资、共同经营，共享收益和共担风险，对外负无限连带责任的联合体。在一个合伙内部，合伙人之间互相对合伙债务承担无限连带责任。现阶段，由于我国对网站管理较为宽松，以合伙形式建立网站的情况比较普遍。以合伙形式建立的网站，往往在发展成熟后再通过法律途径设立法人。

三、电子商务特殊主体

电子商务特殊主体主要指网络服务提供商，是网络空间中的一种全新的民事主体，对互联网上开展电子商务起着举足轻重的作用。正是因为这种不可或缺的职能，网络服务提供商往往会陷入各种纠纷之中，明确他们的地位、权利和义务，是保障电子商务安全的根本要求。

电子商务特殊主体，是指区别于一般的民事主体，专门从事网络接入服务、信息服务和交易服务的人。在电子商务中，所谓的特殊主体主要是指网络服务商和交易服务提供者。我国《网上交易指导》将参与网上交易的各方称为"网上交易参与方"，并把网上交易参与方分为网上交易的交易方和网上交易服务提供者两大类。一般的网上交易的交易方为普通民事主体，他们通过电子行为参与民事活动。网上交易的交易方具体包括（1）卖方，利用互联网出售商品或服务；（2）买方，利用互联网购买或获得商品或服务。现行法律制度规定从事商品和服务交易须具备相应资格的，交易方应当符合其规定。

但这些参与方本身也可以是特殊主体，如网上交易服务提供者通过网上交易平台购物的情况。因此，应该着重从法律关系的角度区分主体的地位，而不是静态的划分作为绝然的依据。

美国法学界在探讨网络服务商的侵权责任时，通常将网络服务商分为两类——网络内容提供者（Internet Content Provider，简称 ICP）和网络服务提供者（Internet Service Provider，简称 ISP）。也有人将 ICP 译作"网络内容提供商"。值得注意的是，2005 年我国《互联网著作权行政保护办法》中使用了"互联网内容提供者"一词，并专门说明："互联网内容提供者是指在互联网上发布相关内容的上网用户"，2006 年 5 月颁布并于 7 月 1 日起实施的《信息网络传播权保护条例》舍弃了这一概念。读者应注意区分。有人将 ISP 译作"中间服务商"、"网络服务提供商"等，2005 年我国《互联网著作权行政保护办法》使用"互联网信息服务提供者"来表示这个概念，而 2006 年 5 月颁布并将于 7 月 1 日起实施的《信息网络传播权保护条例》使用了"网络服务提供者"，为和我国立法保持一致，笔者采用"网络服务提供者"的称谓。①

对网络交易服务提供者历来缺乏专门立法进行规制。我国《网上交易指导》对网络交易服务提供者提出了指导意见。网络交易服务提供者往往以网站的面目出现。所谓网站，是指通向互联网信息资源并提供有关信息和进行互动的一个应用系统。网站是互联网商业应用之后迅速出现并得到发展的一个法律现象，有的网站是法律关系主体，有的只是一个交易工具。在互联网上，由自然人、法人或者合伙建立的、用于交易的网站，一般而言是一种交易工具和手段，不是独立的民事主体；但是，如果一个网站本身被设立为法人，那么这个网站就是互联网中的一个独立经营者，独立承担权利义务，是一类主体。

第二节 网络服务提供者

一、网络服务提供者（ISP）的概念

法律意义上的网络服务提供者（Internet Service Provider），是指在电子商务中为用户提供互联网信息传输中介服务的人。网络服务提供者旨在在互联网上提供信息传播中介服务，但不直接提供信息，其基本特征维持网络的正常运行，从事信息传递工作，其本身并不组织、筛选信息。各类网络服务提供者对于网络用户进行电子商务起到沟通作用。这里的服务主要是指互联网接入服务，即通过电话线把计算机或其他终端设备连入互联网，如东方网景、瀛海威等提供的介入服务。

这个概念具有以下特征：

1. 网络服务提供者是一类电子商务主体，当然也是民事主体。

---

① 在我国，2000 年 12 月最高人民法院公布施行了《关于审理涉及计算机网络著作权纠纷案件适用法律若干问题的解释》，2003 年 12 月最高人民法院根据著作权法的修改和审判实践对该司法解释进行了修改，公布了修改后的司法解释——《最高人民法院关于审理涉及计算机网络著作权纠纷案件适用法律若干问题的解释（法释〔2004〕1 号）》（以下简称《解释》），《解释》中所称的网络服务提供者是一个广义的概念，泛指通过互联网的一切信息提供者和中介服务者。

2. 网络服务提供者的经营范围是为用户提供互联网接入服务和互联网平台服务，本身不提供信息。

二、网络服务提供者的分类

（一）分类概述

网络服务提供者是仅仅提供连线、接入等物理基础设施服务的提供者，主要包括网络基础设施经营者、接入服务提供者、主机服务提供者、电子布告板系统经营者、邮件新闻组及聊天室经营者、信息搜索工具提供者以及一切具有类似功能的服务提供者。以对网上所传播信息实际监控能力的差异为标准，将网络服务提供者分为接入服务提供者和网络平台提供者两类。（1）接入服务提供者（Internet Access Provider，简称 IAP），包括为信息传播提供光缆、路由、交换机等基础设施服务的网络基础设施经营者，和为上网提供接入服务的电子商务特殊主体。为上网提供接入服务的电子商务特殊主体也被称为狭义的接入服务提供者。（2）网络平台提供者（Internet Presence Provider，简称 IPP），指为用户提供服务器空间，或为用户提供网页空间，供用户上载信息和进行信息交流的服务者；或为用户提供超文本链接等方式的搜索引擎服务的服务者。①

（二）网络服务提供者的具体类别

网络服务提供者主要可以划分为以下几个类别：

1. 网络基础设施经营者

互联网是建立在通信基础设施之上的信息网络。"将相关信息设备经由一定方式的软硬件连接达到信息分享、资源共享的目的称为网络。"② 网络基础设施经营者的基本任务是提供海底电缆、光缆、交换机、卫星线路等信息通道服务，以使用户能够和互联网相互连接。网络基础设施经营者拥有构成互联网的一部分硬件的所有权，这构建了互联网的物理主干。

2. 狭义接入服务提供者

狭义接入服务提供者（Internet Access Provider，简称，IAP），是指向用户提供介入服务，使用户得以接入互联网的人。网络用户将自己的终端机和互联网相连，是使用互联网开展电子商务的第一步。由于介入互联网需要租用国际信道，

---

① 陈谞，黄晓亮. 网络服务提供者不作为的刑事责任问题［OL］．［2008-04-03］．ht-tp：//news. tom. com/1002/20040902-1269910. html.

② 袁文宗. 电子商务导论——网络基础篇. 北京：中国青年出版社，2000：7.

其成本一般用户无法承担。互联网接入提供者作为提供介入服务的中间人，需投入大量资金建立中转站，并租用国际信道和大量的当地电话线，购置一系列计算机设备，通过集中使用，分散压力的方式，向本地用户提供介入服务。从这个意义上讲，IAP 是全世界所有用户通往互联网的必经之路。① 目前，我国提供接入服务的著名公司有中国电信、联通等。

3. 网络主机服务提供者

网络主机服务提供者，是指向用户提供虚拟主机服务，供用户建立主页和网站的人。互联网上上亿台计算机，可以被分为两大类：客户机和服务器。客户机是访问别人信息的机器，用户使用的计算机一般为客户机。服务器则是提供信息让别人访问的机器，又被称为主机。由于便于用户访问，主机时刻与互联网相连，并且拥有自己的永久 IP 地址。但为了实现这个目的，必须购置专用的电脑硬件，还得租用昂贵的数据专线，再加上各种维护费用等，这是一般用户，甚至某些小型的企业用户都无力承受的。为此，人们开发了虚拟主机技术。② 虚拟主机是使用特殊的软硬件技术，把一台运行在因特网上的服务器主机分成一台台"虚拟"的主机，每一台虚拟主机都具有独立的域名，具有完整的 Internet 服务器（WWW、FTP、Email 等）功能，虚拟主机之间完全独立，并可由用户自行管理，在外界看来，每一台虚拟主机和一台独立的主机完全一样。

4. 电子布告板系统经营者、邮件新闻组及聊天室经营者

电子布告板系统（BBS）经营者、邮件新闻组（Newsgroup）及网络聊天室（Chatroom）经营者，属于网络平台提供者。电子布告板系统是因特网上一种重要的信息通讯工具。它的功能如同物理世界中的布告板一样，一旦设立，用户既可以在布告板上发布信息，也可以从布告板上下载信息。通常电子布告板系统经营者并不提供信息。邮件新闻组也是互联网上的重要通讯工具，它提供电子邮件为用户相互信息进行服务。用户通过电子邮件将个人的信息发送到某个新闻组服务器（News Server），然后藉由服务器再通过互联网向世界各地的新闻组服务器传送。网络聊天室，通常称为聊天室，是一种同时供多人在线交谈的网络论坛，在同一聊天室的人可以通过文字、语音等进行实时交谈。与其他网络论坛、即时通讯不同的是，聊天室不保存聊天记录。

根据我国 2006 年《信息网络传播权保护条例》的有关规定，网络平台提供者也属于网络服务提供者范畴。《信息网络传播权保护条例》有"对提供信息存

---

① internet 服务提供商[OL]. [2008-04-02]. http：//baike. baidu. com/view/1180915. htm.

② 什么是虚拟主机 [OL]. [2008-04-02]. http：//www. fanke8. org/wangyejiaocheng/2008/0123/article_947. html.

储空间或者提供搜索、链接服务的网络服务提供者……"的规定，可以看出该条例将"提供信息存储空间或者提供搜索、链接服务"的电子布告板系统经营者、邮件新闻组及聊天室经营者划归网络服务提供者。

5. 信息搜索工具提供者

信息搜索工具提供者是指向用户提供搜索引擎服务，供用户进行信息搜索的人。搜索引擎（Search Engines）是一个对互联网上的信息资源进行搜集整理并提供用户查询的系统，它包括信息搜集、信息整理和用户查询三部分。现在的搜索引擎已成为用户获取信息的必备工具，用户输入关键词，搜索引擎会将散落在互联网各个角落的信息汇集到一起。在我国，许多网站都提供搜索引擎服务，包括百度、Google 这样专门的搜索引擎网站，也包括新浪、搜狐这样的大的门户网站，以及主要由百度、Google 提供搜索引擎技术支持的其他网站。

根据我国 2006 年《信息网络传播权保护条例》第 14 条的规定，信息搜索工具提供者属于网络服务提供者范畴。

三、网络服务提供者的法律责任

不同服务者提供的服务内容不同，服务提供者的法律地位也不相同，法律责任也有差别。一般情况下，接入服务提供者（包括网络基础设施经营者和狭义接入服务提供者）和信息内容的侵权与否并不发生法律上的联系，它主要发生和用户之间的服务关系，适用服务合同的约定和相关法律规定。而网络平台提供者面临的问题较为复杂，一方面，它和用户之间是服务关系；另一方面，因为它具有监管信息的职责，所以可能承担由他人提供的信息产生的侵权责任。

（一）合同责任

网络服务提供者的合同责任是指网络服务提供者因违反其与用户之间的服务合同而应承担的违约责任。ISP 的地位和责任都类似于传统的电信公司，他们对用户履行着保障通信畅通的义务。网络服务提供者对用户提供的服务，应以商业合理的技术达到以下条件：以正确的格式和文本传输数据电文；确保数据电文不受损害；确保数据电文被传输至指定的接受者；维护数据电文的秘密性和安全性。① 如果网络服务提供者没有尽到商业上合理的注意义务，而导致上述事项出现的，则应承担违约责任。

---

① 张玲. 网络服务提供者传输服务的民事责任［OL］. ［2008-04-03］. http：//www. china-lawedu. com/news/2004_ 7/20/1358418275. htm.

网络中介服务者违约的情况可以分为三类：第一，未按照指令或者以错误的时间、对象和内容发出一项关于订立合同的要约、承诺、发货通知、支付命令或货损通知等信息；第二，由于疏于管理或者技术更新导致用户损失，比如用户信用卡账户密码失窃或者交易信息被篡改等；第三，因网络线路问题导致网络交易信息发送迟延、丢失或者中断等。

一般而言，网络服务提供者的法律责任应有电子商务法加以明确规定。遗憾的是，我国电子签名法对此并无规定。1998 年 6 月的新加坡《电子交易法》（Electronic Transactions Act）第 10 条规定，若网络服务提供者仅因向第三方电子记录传输提供了通道，就不承担任何的民事或刑事责任，除非另有约定和法律规定。这一条款意味着网络服务提供者处于被保护的安全港，理由是在多数情况下，网络服务提供商也无法控制那些通过其网络传播的信息。① 这就等于把网络服务提供者的法律责任交由服务合同来确定。而事实上，网络服务提供者往往凭借垄断的优势，对由于自身的失误导致的服务失败做出免责或限责的规定。而这些规定往往是格式合同的一部分，或者是用户接受服务的条件，用户并没有就服务失败而造成的损失如何分担问题和网络服务提供者讨价还价的余地。网络服务提供者拟定的格式合同往往约定：如果经营者没有正确传递某项信息，其赔偿数额一般仅限于应支付的传递费（或称服务费）或因应付款延误引起的利息损失等。②

笔者认为，网络服务提供者和用户之间是服务关系，应该按照服务合同的约定，以民法的基本原则加以衡平，确定网络服务提供者和用户之间的权利义务关系，以及责任的划分。如果网络服务提供者和用户之间的合同为格式合同，应该同时适用格式合同的规则来确定网络服务提供者和用户之间的权利和义务。当发生通信中断或异常，如果 ISP 有过错应该承担责任。但是，如果是由于不可抗力造成，ISP 不承担违约责任和侵权责任。

2006 年 12 月 26 日，受强烈地震影响，多条国际海底光缆同时发生中断。这场"天灾"给互联网带来了致命一击，造成我国至北美、东南亚、欧洲等多个方向的国际话音、数据及互联网通信中断。一般而言，海底光缆因受到外力而被破坏的几率很小，而该次地震的破坏力非常之大，已经超过了光缆所能承受力

---

① 孙占利，白雪梅. 初识新加坡《电子交易法》［OL］.［2008-04-03］. http://www.ccw.com.cn/htm/net/eb/01_11_13_2.asp.

② 张玲. 网络服务提供者传输服务的民事责任［OL］.［2008-04-03］. http://www.chinalawedu.com/news/2004_7/20/1358418275.htm.

量的极限才会发生断裂。① 可以设想，如果在灾后的检查中，被发现海底光缆的质量并非人们所期待，也并不符合标准，那么，铺设该光缆的电信运营商就应承担责任，而无论这个责任有多大、在事实上他是否承担得了。但是，如果光缆本身是合乎质量标准的，那么面对电信运营商就可以以天灾为由进行对抗。地震属于我国民法上的不可抗力，是免除违约责任的一个抗辩理由。我国《民法通则》第153条规定，不可抗力是指不能预见、不能避免并且不能克服的客观情况。依据此规定，发生特大自然灾害、地震等不可抗力事件，而影响合同继续履约，当事人免于承担违约责任。

（二）侵权责任

ISP主要是为用户提供通信管道，那么，它们对网络中发生的侵权案件是否应当承担责任，如何承担责任？一般而言，ISP是不对他人借用自己提供的通信管道实施的侵权行为承担责任。国际社会一致认为，应当按照过错原则来确定ISP是否承担责任。若ISP有过错，它才为用户实施的侵权行为承担责任，否则不承担责任。

世界知识产权组织（简称WIPO）认为，网络服务提供者为信息的传播提供物质设备，其本身不属于传播者。WIPO外交会议通过的关于《WIPO版权条约》（该条约2007年在我国生效）认为："关于条约的第8条，不言而喻，仅仅为促成或进行传播提供实物设施不构成本条约或《伯尔尼公约》意义下的传播"。这条规定，大大限制了在电子商务中提供接入服务的网络服务提供者的可能侵权责任的范围。美国学界曾主张ISP和出版者一样负严格责任，即应对传输的信息产生的侵权行为负严格责任。但1998年公布的《跨世纪数字化版权法（DMCA）》并没有采纳这一主张。该法限制了ISP的侵权责任。该法规定，在以下情况下，ISP不承担责任：（1）信息的传输不是由ISP发起的；（2）信息本身未经ISP的选择；（3）ISP没有选择信息的接收者；（4）信息保留的时间不会长于传输所需要的合理时间，并且ISP未对接收者以外的人传播。如果ISP满足以上条件，便对传输的信息产生的侵权行为不负责任。美国DMCA的规定，和1998年欧盟委员会公布的《与电子商务有关的法律问题的指令的建议草案》精神基本一致。这和欧盟的一贯立场也是一致的，欧盟认为ISP作为信息传输者的侵权责任应当受到限制。

---

① "网络地震"冲击波［OL］． ［2008-04-02］． http：//www.cnw.com.cn/news/tebie/htm2007/20070108_19571.htm.

（三）搜索引擎的法律责任

提供 BBS、聊天室 ICP 有可能为他人实施的侵权行为承担责任。用户将他人拥有知识产权的作品上传到 BBS，而 BBS 的经营者虽然没有实施侵权行为，但是却为他人侵权提供了场所。

鉴于搜索引擎的法律责任相对特殊而复杂，下面将专门论述。搜索引擎为用户获取互联网信息带来了极大的便利，但与此同时也带来了新的法律问题。这些法律问题主要集中在商标权、著作权、虚假广告、欺诈点击、个人信息保护等五个方面。

1. 搜索引擎与商标权

第一，把他人的商标埋设在自己的元标记的关键词中，因为大多搜索引擎对关键词的搜索是通过对网页源代码中的元标记（Meta-Tag）中的关键词进行匹配后显示结果。有的网页为了增加访问量，就把他人的商标列在自己的元标记中。这被称为隐性商标侵权。在这种情况下，搜索引擎只是一个信息搜索工具，并且并不存在过错，因此，搜索引擎不承担商标侵权的责任。第二，关键词广告。搜索引擎把他人的商标作为"关键词广告"出卖，则应承担侵权责任。关键词广告是由广告客户向搜索引擎公司付费"购买"关键词，当网络用户搜索该关键词时，广告客户就会在搜索结果中优先显现出来。如果搜索引擎把他人的商业标志或者著名广告语卖给不相干的广告客户，搜索引擎应当与广告客户一起承担侵权责任，至少是不正当竞争法上的责任。

2. 搜索引擎与著作权

我国 2006 年 7 月 1 日实施的《信息网络传播保护条例》中对 ISP 采用的是"网络服务提供者"的概念。该条例第 23 条规定，"网络服务提供者为服务对象提供搜索或者链接服务，在接到权利人的通知书后，根据本条例规定断开与侵权的作品、表演、录音录像制品的链接的，不承担赔偿责任；但是明知或者应知所链接的作品、表演、录音录像制品侵权的，应当承担共同侵权责任。"

3. 搜索引擎与虚假广告

用户搜索到网上存在的虚假广告，搜索引擎只是起到一个信道作用，因此，搜索引擎与该虚假广告的链接并不是主动的关系，而是被动的关系。搜索引擎不是广告的发布者，不需要根据《广告法》承担责任。但在竞价排名推广中，情况则有不同。竞价排名是按照广告商所付费的高低而决定其在搜索结果中出现的次序。付费最高的，排在第一位，依此类推。从性质上看，搜索引擎在此情况下是一个广告发布的平台，搜索引擎构成了《广告法》中所规定的广告经营者。搜索引擎起码应该对付费的客户进行形式审查，对广告商的营业执照、银行账号等进行核对，否则搜索引擎就应该与广告发布者一起承担共同侵权责任。

4. 搜索引擎与欺诈点击

欺诈点击是指利用欺诈性手段或带有欺诈意图而实施的点击行为。网民的错误点击并不构成欺诈点击。欺诈点击的实质是网络广告中的一种不正当竞争的行为。欺诈点击主要来源于竞价排名活动中的竞争对手、竞价排名代理服务商和搜索引擎自身。搜索引擎负有防止欺诈点击的义务：第一，搜索引擎应采用一定的技术来防范欺诈点击；第二，搜索引擎应协助广告投放者进行点击欺诈的取证和公证；第三，搜索引擎不得藉由欺诈点击而获益。在知晓欺诈点击后，应就欺诈点击导致广告投放者的费用进行清退。

5. 搜索引擎与个人信息保护

搜索引擎作为互联网上一种强大的信息搜索工具，对个人信息的保护提出了挑战。在互联网上，只要输入一个人的姓名，搜索引擎便会瞬间帮你勾勒出这个人的"数字图像"：关于这个人的一切公开的、隐秘的、敏感的信息，只要互联网上存在的，就都汇集在一起呈现在搜索结果中。这样个人的电话号码、家庭住址、爱好、兴趣都被一一列表，给个人的工作、生活带来了极大的困扰。对搜索引擎提供了指向侵权网页的链接路径，是否构成了帮助侵权的行为，应以搜索引擎是否有过错为标准进行认定。帮助行为通常是帮助者故意实施一定行为，且实施该行为的目的是从物质上或者精神上帮助他人实施侵权。而搜索引擎只是根据搜索人输入的关键词和指令自动生成的结果，其本身对搜索到的网页内容并不做任何更改。所以，一般情况下，搜索引擎不构成帮助侵权。但是，搜索引擎负有保护个人的社会责任，应该对搜索的信息进行必要的过滤，笔者主张，搜索引擎过滤了明显侵害个人信息的搜索结果的，就不必承担所谓的帮助侵权责任。

第三节　网络内容提供者

一、网络内容提供者的概念和范围

所谓网络内容提供者（Internet Content Provider，简称ICP），是指通过互联网为用户提供信息的人。一般情况下，Internet内容提供者在互联网上发布综合的或专门的信息，通过有组织地收集、筛选、加工而将各种信息传递给用户，并通过收取服务费、广告费和用户注册使用费盈利。与ISP不同，ICP恰恰是提供信息服务，而不提供通信管道服务。网络内容提供者是把信息上传至互联网，而供社会公众访问的主体。对于网络内容提供者，并无资格限制，任何人均可以上传信息至互联网，只要通过互联网向公众发布信息，就是网络内容提供者。如果网络内容提供者上传的信息，包含有侵犯他人著作权的内容，网络内容提供者应该向著作权人承担侵权责任。

ICP 的范围非常广泛，但凡互联网上存在的网站或者网页，都可以算得上是 ICP。

二、网络内容提供者的法律责任

（一）ICP 与用户之间的关系

ICP 与用户之间的关系，由二者签订的合同决定。而事实上，往往没有这么简单，ICP 往往通过一系列网上的文件来减免自己的责任。格式合同和单独的免责声明是 ICP 免除和减轻自己责任的重要途径。

ICP 与用户之间的格式合同，分为用户登录注册时的格式合同和用户获得服务时的专门格式合同。ICP 和用户之间的格式合同，一般为在线电子形式，用户通过点击签订合同。

ICP 在制定格式合同之时往往利用自己的优势地位，进行责任转嫁。这一点和 ISP 的格式合同的法律处理方式相同。传统法认为在格式合同中，下列条款无效：（1）限制对方主要权利的条款；（2）免除自己主要义务的条款；（3）不公平条款。并且，规定条款制定方的提示义务和说明义务，在格式合同的解释上，如果就同一文义发生争议，应做出有利于非制定方，而不利于制定方的解释等。免责声明是 ICP 另一种规避法律责任的方式。总的来说，免责声明是否有效主要是看免责条款的内容，一般而言，免责条款可参照适用《合同法》关于格式条款的规定。对造成对方人身伤害等的免责条款无效。

（二）ICP 责任概述

（1）ICP 设立上的责任。某类专门的 ICP 的成立，需要经过行政部门的审查，如提供新闻服务的 ICP 必须取得相应的登记证。

（2）ICP 经营上的责任。ICP 的经营行为，必须遵守国家的法律法规以及有关的行政规章。ICP 的经营和知识产权密切相关，因为 ICP 通过互联网向不特定的社会公众提供信息，这些信息往往是他人的知识财产制作的产品，因而，未经知识产权权利人的许可，往往构成对知识产权的侵权。判断一个行为是否侵犯他人知识产权，只要有侵权行为就足够，并不要求过错和损害结果。只有权利人要求损害赔偿的时候，才是我国《民法通则》规定的四要件：过错、侵权行为、损害结构、因果关系。

《民法通则》及我国通行民法理论规定的侵权责任遵循着"四要件"包括

"违法行为"、"过错"、"实际损害"以及"违法行为和实际损害之间的因果关系"的一般构成要件，无过错责任仅属法律明确规定前提下采用的例外。侵权的"四要件说"就成为我国知识产权三部主要法律所采用的知识产权侵权的构成要件。这样的侵权行为构成要件给裁判知识产权案件的法官们带来了很大的困扰，权利人也只能"眼睁睁地看着有关活动从准备到生产，直至进入流通领域（即有了'实际损害'），才能'依法'维权。"① 于是，司法及执法实践中的无奈促使了人们的思想朝第二个阶段发展，即根据知识产权的特点规定并优先适用其特殊规则，对此，我国法院采取了过错推定原则，有的法官则呼吁建立类似"物权请求权"的"知识产权请求权"的保护制度。② 然而，过错推定原则仍然不能解决禁止"即发"侵权行为的问题，而"物权请求权"与侵权责任到底是什么关系理论上一直存在争论。从规定并优先适用特殊规则的思路解决知识产权侵权责任难题的努力仍在继续。从英美法系的制度构建可以更加清晰地认识我国面临的问题。英美国家使用的法律英语中有两个概念被我们翻译为"侵权"——"infringement"和"tort"。而这两个概念本身有着巨大的不同，其构成要件也泾渭分明。"前者包含一切民事侵权行为，与之相应的民事责任，应当是我国《民法通则》第134条赔偿责任的侵害行为，再加上'其他'"。后者仅仅或主要包含需要负财产损害赔偿责任的侵害行为，与之相应的民事责任，主要是我国《民法通则》第134条中的第（7）项（即'赔偿损失'），至多加上第（4）、（6）两项，因为这两项有时不过是赔偿损失的另一种表现形式。"③ "在英美法系法院中，认定infringement（侵权），从来不需要去找'过错'、'实际损失'这类要件，只要有侵权事实即可。"④ "而'Tort'，则含有'错误'、'过失'的意思，只有错误或过失存在，'Tort'才可能产生。"⑤ 而infringement尤指侵害知识产权，即侵害了专利、商标、版权的排他权。因此，所谓知识产权领域侵权的构成要件不需要"过错"和"实际损害"的这一"特殊规则"其实并不特殊，它本来就应该是民事侵权责任的一般规则之一。

---

① 郑成思．知识产权——应用法学与基本理论．北京：人民出版社，2005：207．

② 陈锦川．试论知识产权请求权的初步确立//郑成思．知识产权研究．北京：中国方正出版社 2003．转引自：郑成思．知识产权——应用法学与基本理论．北京：人民出版社，2005：207．

③ 郑成思．知识产权——应用法学与基本理论．北京：人民出版社，2005：200．

④ 郑成思：知识产权——应用法学与基本理论．北京：人民出版社，2005：200-201．

⑤ 郑成思．知识产权——应用法学与基本理论．北京：人民出版社，2005：201．

第四节　网络交易服务提供者

一、网络交易服务提供者的概念和分类

电子商务的开展，需要技术和制度予以支持。于是，在电子商务的开展过程中，逐渐产生了新的主体——网络交易服务提供者。

网络交易服务提供者是指为网上交易提供交易平台服务或者网上交易辅助服务的经营者。根据《网上交易指导》的规定，网上交易服务提供者可以分为两类：网上交易平台服务提供者和网上交易辅助服务提供者。网上交易平台服务提供者，从事网上交易平台运营并为买卖双方提供交易服务。网上交易平台服务提供者并不出售商品，而仅仅提供交易平台，如阿里巴巴、ebay 易趣等。

网上交易平台是平台服务提供者为开展网上交易提供的计算机信息系统，该系统包括互联网、计算机、相关硬件和软件等。网上交易辅助服务提供者，为优化网上交易环境和促进网上交易，为买卖双方提供身份认证、信用评估、网络广告发布、网络营销、网上支付、物流配送、交易保险等辅助服务。网上交易辅助服务提供者中电子认证服务提供者和网上支付服务提供者的地位和责任在专章论述，而其他的网上交易辅助服务提供者的地位和责任和传统法并无太大差异，这里主要就网上交易平台服务提供者的地位与责任进行论述。

在电子商务中，经营者所提供的服务往往是综合的，网上交易平台服务提供者可以同时提供网上交易辅助服务，因此，应根据经营者在具体的法律关系中所处的地位和作用，界定它的义务和责任。

二、网上交易平台服务提供者的类型划分

网络交易平台服务提供者的法律地位问题是认定其权利、义务、责任的前提。交易平台服务提供者的法律地位问题是一个充满争议的问题，学界对于网络交易平台服务提供者的法律地位，有"卖方"或"合营方"、"柜台出租者"、"居间人"等观点。这些观点皆有一定道理，也能适用于一种或者几种网络交易平台服务提供者，但都不能涵盖全部。笔者认为，应该对网络交易平台服务提供者进行法律角度的分类，以明确各种类别的地位和相应的责任。

在我国，网络交易平台服务提供者可以分为三种类型：

第一种是单一型平台服务提供者，此类网络交易平台服务提供者仅仅提供交易平台，不参与其他的交易。这种网络交易平台服务提供者的典型代表为淘宝网。

第二种类型是混合型平台服务提供者，此类网络交易平台服务提供者不仅提供交易平台，而且自己本身参与到交易之中，成为交易的一方，如当当网。针对混合型平台服务提供者，应以经营者所参与的具体的电子商务为依托确定法律地位和责任。

第三种类型是居间型平台服务提供者，此类网络交易平台服务提供者不仅提供交易平台，而且自己对于买卖双方的电子交易充当了居间人的角色。居间型平台服务提供者本身也参与到交易之中，但是它既不是交易的任何一方，也不是任何一方的代理人，而是为双方订约提供机会的居间人。

三、单一型平台服务提供者的地位和责任

在电子商务中，单一型平台服务提供者仅提供交易平台，不参与其他的交易。这种网络交易平台服务提供者的典型代表为淘宝网、易趣网和腾讯拍拍网。此类网上交易服务提供者在网上交易中的地位曾引发诸多争议。

（一）单一型平台服务提供者的交易流程

以淘宝为例，单一型平台服务提供者的交易流程如下：买方注册 ID——买方选中商家和商品——买方确认购买信息（包括商品、数量、价格、付款方式、送货方式、收货地址等）——买方付款到支付宝——卖方发货——买方确认收货——支付宝付款到卖方（附：双方互相评价）。在本次电子交易中，买方与淘宝网上店铺订立买卖合同，通过支付宝付款；卖方则通过邮局发货给买方。在电子交易中，淘宝既不是买方，也不是卖方，也不曾为买卖双方缔约提供机会。

（二）单一型平台服务提供者的法律地位

从法律地位上看，单一型平台服务提供者是一个电子交易市场。

单一型平台服务提供者（如淘宝网）自始至终在电子交易中仅为电子交易的双方提供一个平台，包括提供支付宝服务①来确保交易的安全。从合同缔结到履行，都是买卖双方自己进行，卖方的交货行为也是独立的，并不通过淘宝网交货。由此可以得出结论：在电子交易中，单一型平台服务提供者（如淘宝网）并非买方和卖方，而是缔造一个电子交易市场（E-Marketplace），为买卖双方提供交易平台服务。

---

① "支付宝"，又称"支付宝账户"，是网上购物付款的"电子钱包"。买方将钱充入银行卡，通过银行卡向支付宝账户支付，当买方确认收到货物并且满意后，指示支付宝向买方付款。这样通过支付宝可以保障买方的支付安全。

（三）单一型平台服务提供者的义务和责任

1. 履行提供平台服务义务

单一型平台服务提供者应承担以下义务：

（1）提供安全稳定技术的义务。以商业合理的方式，保证使用技术的安全性和稳定性，为交易双方提供稳定的市场服务。

（2）市场准入审查义务。严格审查并定期核验注册用户的身份材料，尤其是卖家的身份资料、合法经营凭证和信用程度，防止虚假的和失去信用的经营者在平台开展经营而侵害用户的合法权益。

（3）交易记录安全和保存义务。采取商业合理的技术，确保交易记录安全、完整与准确，并在合理期限内保存交易记录，以供交易双方处理纠纷使用。

（4）个人信息保护义务。对交易双方在交易过程中的交易信息包括其他个人信息进行严格保密，非本人和有权机关经过法定程序不得查阅。

单一型平台服务提供者未能履行合理的交易监管义务，如应该采取而没有采取必要措施来减少网上欺诈，则应当承担行政责任。

2. 履行交易监管义务

单一型平台服务提供者不必承担销售者责任，但这并不意味着它就没有责任或者不承担责任。作为电子交易市场，单一型平台服务提供者应承担交易监管责任。单一型平台服务提供者作为市场，有对交易进行监管的义务。市场监管既是政府的职责，也是市场本身的自律和责任。党的十六大确定的政府四方面职能，第二方面就是市场监管。当然，这并不是意味着市场本身没有责任。实现对市场的有效监管，必须宏观监管和微观监管并重，所谓宏观监管即指政府监管，而微观监管则指市场自身的监管。从经济学的角度看，市场监管应有三个环节：进入过程、生产过程、产品流通过程。而电子交易市场自身的监管重在进入监管和流通监管。市场自身的监管比政府离交易者更近，更具有专业水准，可以和政府监管相互补充。

因此，单一型平台服务提供者作为电子交易市场，应该履行交易监管义务。鉴于单一型平台服务提供者是具有营利性的第三方主体，它有义务保证所提供网络服务的稳定性，同时有义务保证所提供的网络服务不侵犯双方当事人的合法权益，并有义务协助交易双方进行交易和处理纠纷。

3. 不承担销售者责任

单一型平台服务提供者是电子交易市场，而不是商场，因此，单一型平台服务提供者不直接对买方承担合同责任和商品责任，主要是不承担消费者保护法和产品质量法上的销售者的责任。这一点对于单一型平台服务提供者的发展至关重要。因为，单一型平台服务提供者是一种新兴的行业，它面对成千上万的交易者，如果买方均向单一型平台服务提供者主张销售者责任，无疑单一型平台服务提供者将无法生存。而从法律地位上看，单一型平台服务提供者不是销售者，不必承担销售者的责任。这一观点为中外司法实践所肯定。在美国 In Gentry v. eBay, Inc① 一案中，加利福尼亚上诉法院认为，用户在网上发布虚假的体育纪念品信息，进行欺骗行为。由于这些行为是销售者所为，eBay 对此没有责任。在另一个案件，Hendrickson v. eBay 一案中，法院依据《数字千年版权法案》(The Digital Millennium Copyright Act)，认为 eBay 是一家经营性的网络服务提供商，eBay 对网站上的用户欺诈行为不应承担赔偿责任。我国的司法实践中，实际上也采用了上述观点。在 2000 年杨某诉易趣一案中，某人民法院认为，在线购买程序和送货时提交的发票清楚地表明出卖人是设立专卖店的公司，而非易趣。因此法院判决易趣对杨某不承担任何赔偿责任，驳回了杨某的全部诉讼请求。

四、混合型平台服务提供者的地位和责任

（一）混合型平台服务提供者的交易流程

混合型平台服务提供者是既提供交易平台，又充当交易者的经营者。在一个交易中，混合型平台服务提供者同时具有两个角色：交易方和平台服务提供者。混合型平台服务提供者的经营模式主要是在自己的交易平台上出售商品或者服务。当当网是典型的混合型平台服务提供者，被业界称为中国 B2C 商务平台的代表。当当网创办之初专门从事网上图书零售业务，现在已逐步发展成为综合性的网上交易平台。

以当当网为例，混合型平台服务提供者的交易流程如下：买方注册 ID——买方点击购买——买方点击结算——买方填写收货人信息、送货方式——买方电子支付——当当网送货。如果买方选择见货付款，也可以在当当网送货上门时进行付款，而不必选择电子支付。

（二）混合型平台服务提供者的法律地位

从法律地位上看，混合型平台服务提供者具有双重身份：既是电子商家，又是电子交易市场。在混合型平台服务提供者实施的交易中，存在两个主要的法律关系：混合型平台服务提供者和买方的电子交易关系、买方和混合型平台服务提

---

① 121 Cal. Rptr. 2d 703, 715（Cal. Ct App. 2002）.

供者之间的平台服务关系。

首先，从混合型平台服务提供者和买方的电子交易关系来看，混合型平台服务提供者是电子商家。混合型平台服务提供者（如当当网）自始至终在电子交易中是作为交易方（往往是买方）的角色出现，它不仅为电子交易的双方提供一个平台，还直接参与交易。换个角度看，混合型平台服务提供者提供交易平台的目的就是自己通过该平台销售商品和服务。在实践中，网下的物流配送是当当网负责的。① 因此混合型平台服务提供者的法律地位为商家。

其次，从买方和混合型平台服务提供者之间的平台服务关系来看，混合型平台服务提供者还承担着履行提供平台服务义务。

（三）混合型平台服务提供者的义务和责任

我国《消费者权益保护法》第3章对经营者义务的规定，适用于混合型平台服务提供者。电子商务经营者进行电子商务活动，除了一般的法律要求的义务和单一型平台服务提供者的义务和责任外，还应承担信息披露义务。在电子商务活动中，经营者有义务披露以下三方面的信息：

（1）经营者信息。电子商务经营者应提供足够多的关于自己的准确的、清晰的和可接受的信息，这些信息应该包括企业情况、联系方式、争议解决方式等。

（2）商品或服务信息。电子商务经营者应对产品或者服务的信息进行准确地、清晰地和可接受地披露，包括：产品和服务的产地和生产者（或者提供者）；用途、性能、规格、等级和主要成分；生产日期和有效期限；检验合格证明及其他质量证明；使用方法说明书、售后服务，或者服务的内容、规格、费用等有关情况；对于具有潜在危险的商品和服务，特别加以说明等。

（3）交易过程信息。由于电子商务的特殊性，电子交易平台的程序由经营者事先设计，并有一定的复杂性，因此，电子商务经营者有义务详细说明交易的条件和程序。这些信息应包括一切由消费者承担的成本项目、付款方式、货物配送方式、终止或解除合同、退换货、消费争议的处理途径和方式等。

---

① 在笔者的交易实践中，笔者通过当当网购物，收到发票的出具人是"某书店"，而不是当当网所在的公司。这说明，当当网在交易中存在税务方面的一些问题。同时，不能因此反而认为当当网不是销售者，而使其摆脱销售者责任。事实上，当当网自己也承诺对销售的商品负责。当当网的《退换货政策》第1条就是"对于所售商品，我们为您提供'7天内退货，15天内换货'的服务"。

五、居间型平台服务提供者的地位和责任

(一) 居间型平台服务提供者的交易流程

居间型平台服务提供者是既提供交易平台，又充当居间人的角色。在一个交易中，居间型平台服务提供者同时具有两个角色：交易方和居间人。居间型平台服务提供者的经营模式主要是在自己的交易平台上提供居间服务。阿里巴巴是典型的居间型平台服务提供者，被业界称为中国 B2B 商务平台的代表。

淘宝网是个人间电子商务的代表，而阿里巴巴是 B2B 模式的代表。目前，阿里巴巴已经成为中国乃至世界最有影响力的 B2B 交易平台之一，主要为中小企业间进行电子商务提供平台和条件。阿里巴巴为其会员提供的服务可以分为四种：供求信息发布、公司信息介绍、诚信通服务和在线支付服务。阿里巴巴通过供求信息发布和公司信息介绍为会员提供推销公司和产品的机会，再通过"诚信通"服务，消除会员之间的信用疑虑，为会员间达成交易起到关键作用。"诚信通"服务的原理是为每个企业建立信用评价体系。据调查统计，"诚信通"会员的交易成功率比普通会员的交易成功率高出 7 倍有余，对会员之间的交易起着最为关键和直接的作用。

以阿里巴巴为例，居间型平台服务提供者的交易流程如下：通过注册成为普通会员——发布公司介绍或者供求信息——升级成为诚信通会员（需通过企业身份认证并缴纳费用 2 800 元/年）——浏览其他诚信通会员信息/本企业信息被其他诚信通会员获得——经过复杂的磋商——订立合同、达成交易。

(二) 居间型平台服务提供者的法律地位

虽然阿里巴巴并不参与企业间的磋商过程，但是阿里巴巴的诚信通认证为双方的信赖关系起了关键性作用，并且阿里巴巴为企业提供订立合同的机会或者服务是有偿的，因此，笔者认为，阿里巴巴在企业间的网上交易中处于居间人的地位。

(三) 居间型平台服务提供者的义务和责任

居间型平台服务提供者进行电子商务经营活动，除了一般的法律要求的义务和单一型平台服务提供者的义务和责任外，还应当承担居间人的义务和责任。根据我国合同法的有关规定，居间人的义务如下：

依我国《合同法》第 23 章的规定，居间型平台服务提供者作为居间人，应履行如下义务：

1. 向委托人报告订立合同的机会或者提供订立合同的媒介服务。《合同法》第 425 条第 1 款规定"居间人应当就有关订立合同的事项向委托人如实报告。"在居间型平台服务提供者，如阿里巴巴应该如实进行诚信通认证。

2. 促成双方成交的义务。促成双方成交的义务是居间人为保证居间人的收益权利的积极手段。《合同法》第 426 条第 1 项规定"居间人促成合同成立的，委托人应当按约定支付报酬。"该条规定居间人索取报酬的前提是"促成合同的成立，"合同未成立，居间人则无利益保证。这一点就居间型平台服务提供者而言有所区别，它往往是施行一定期限（如一年）内的认证服务并收取相关费用（如年费），并不针对个案去积极实施促成工作。

3. 保密义务。居间人在从事居间活动中，应对双方当事人的交易信息，尤其是商业秘密予以保密。

六、政府对网上交易服务提供者的监管

我国 2007 年 6 月发布的《电子商务发展"十一五"规划》第一次明确地将电子商务市场监管列为"十一五"期间发展电子商务的主要任务之一。网上交易服务提供者作为电子商务活动的一个中心节点，是政府监管的重要内容。

（一）市场准入制度

市场准入制度是指政府准许市场主体进入某特定市场，从事商品生产经营和服务活动的条件和程序的各种制度和规范的总称。市场准入制度的基本目标之一是保护社会公共利益。市场准入制度是国家对市场进行干预的基本制度，是政府管理市场的起点。网上交易服务提供者市场准入，包括企业注册登记和电子商务市场准入两个方面。网上交易服务提供者必须经过上述两个步骤，才能取得市场准入资格。一般情况下，网上交易服务提供者为企业，因此应该依照相关法律法规进行登记注册，并取得营业执照。实践中，一些小型的个人网站提供网上交易平台服务的，不适用企业注册登记制度。按照我国《互联网信息服务管理办法》的规定，我国对经营性互联网信息服务实行许可制度。不论网上交易服务提供者属于企业还是个人，均必须向省、自治区、直辖市电信管理机构或者国务院信息产业主管部门申请办理互联网信息服务增值电信业务经营许可证，并在网站的显著位置标明其经营许可证编号。

（二）网上交易服务备案制度

备案是相对于审批而言的一种管理方式。网上交易服务备案制度是指网上交易服务提供者依照有关的法律法规，获得许可后，应该向工商管理部门进行登记

的法律制度。通过备案制度，在工商行政管理部门和网络交易平台之间建立数据库，解决工商行政管理部门对电子商务"无从监管"而面临的尴尬，并可以为电子商务税收制度的建立提供可操作性的条件。

（三）工商行政管理部门应设立有效的电子商务纠纷网上救济机制

畅通而有效的纠纷网上救济机制可以降低被侵害者的维权成本，发挥被侵害者的自我维权积极性，有利于电子商务秩序的健康发展。

七、网上交易服务提供者的行为规范①

我国商务部 2007 年公布《商务部关于网上交易的指导意见（暂行）》专门就网上交易服务提供者的行为规范做出了规定：

（一）具备合法的主体资格

服务提供者提供网上交易相关服务，应遵守国家有关法律规定；需要办理相关审批和登记注册手续的，应依法办理；需要具备一定物质条件的，包括资金、设备、技术管理人员等，应符合要求的条件。

（二）规范服务，完善制度

服务提供者应提供规范化的网上交易服务，建立和完善各项规章制度，如：
（1）用户注册制度；
（2）平台交易规则；
（3）信息披露与审核制度；
（4）隐私权与商业秘密保护制度；
（5）消费者权益保护制度；
（6）广告发布审核制度；
（7）交易安全保障与数据备份制度；
（8）争议解决机制；
（9）不良信息及垃圾邮件举报处理机制；
（10）法律、法规规定的其他制度。

（三）信息披露

服务提供者应以合理方式向用户公示各项协议、规章制度和其他重要信息，

---

① 见《商务部关于网上交易的指导意见（暂行）》。

提醒用户注意与其自身合法权益有密切关系的内容,从技术上保证用户能够便利、完整地阅读和保存。

（四）维护交易秩序

服务提供者应采取合理措施,保证网上交易平台的正常运行,提供安全可靠的交易环境和公平、公正、公开的交易服务,维护交易秩序,建立并完善网上交易的信用评价体系和交易风险警示机制。

（五）维护用户利益,保护消费者权益

服务提供者应采取合理措施保护用户的注册信息、隐私和商业秘密。交易各方发生争议时,应依照法律和约定协商解决或协助有关部门处理。

服务提供者应尊重和保护消费者的合法权益,尽可能为消费者提供必要的卖方信用信息查询服务,方便消费者选择可靠的卖方。

网上支付服务的提供者应根据网上交易的特点,采取合理措施保障交易资金的安全,保障使用人的身份信息和账号信息的安全。

（六）保存交易记录,保证数据安全

服务提供者应特别注意保存网上交易的各类记录和资料,采取相应的技术手段保证上述资料的完整性、准确性和安全性。

（七）监督平台信息

服务提供者应注意监督用户发布的商品信息、公开论坛和用户反馈栏中的信息,依法删除违反国家规定的信息,减少垃圾邮件的传播。

（八）维护系统安全

服务提供者应按照国家信息安全等级保护制度的有关规定和要求建设、运行、维护网上交易平台系统和辅助服务系统,落实互联网安全保护技术措施,提高网上交易的安全性。

第三章 个人信息保护法律制度

个人信息保护是开展电子商务的安全阀。我国政府已经颁布《2006－2020年国家信息化发展战略》，政府机关制定政策、进行行政管理，和商业机构进行运营，都越来越依赖于对海量个人信息进行信息处理而得出的分析结果。然而，社会在享有个人信息处理带来的利益的同时，也正在付出越来越大的代价，侵害个人权利的现象越来越严重。通过个人信息的收集、处理，可以将个人塑造成"资料形象"（individual data image），而这种形象不是掌握在个人手里，而是掌握在对个人信息进行分析和处理的社会组织体手中。

从出生到死亡，每个人的个人信息一直处于政府的管理和监控下，出生证、身份证、户口簿、驾照等都详细记录了个人某方面的信息。商业机构处于经营的目的，也利用信息技术大量收集个人信息，并且其收集的内容比政府部门更为具体和详细。这无疑再次加大了个人信息的危险，人们普遍感觉到缺乏信息安全。从20世纪70年代开始，在西方民众的呐喊和抗议声中，个人信息立法运动在全球展开。德国黑森州1970年资料保护法是全球第一个个人信息立法。此后，瑞典、美国、英国、法国、丹麦、澳大利亚、日本、挪威等国家和我国台湾省纷纷制定专法或规定对个人信息进行保护。其中，德国资料保护法是大陆法系国家的典型立法例，对大陆法系国家进行个人信息保护立法产生了广泛的影响。

随着社会信息化转型的加速发展，个人信息保护问题更为凸显。美国是最早制定国家信息政策（National Information Policies，NIP）的国家，为配合国家信息政策，从20世纪60年代开始，美国政府着手大量收集美国人的个人信息，始料未及的是，此举引发了一场是否应建立全国性的国家资料中心（National Data Center）的大讨论和频繁的示威游行。迫于民众的压力，美国政府不得不放弃该计划。我国已经提出15年国家信息化战略，旨在推动我国社会紧跟世界发达国家的步伐，尽快步入信息社会。社会的信息化转型，必将导致政府、商业机构甚至是外国国家和公司，关注中国的个人信息资源。制定科学的个人信息保护法，保护个人信息是进行电子商务的首要问题。

第一节　个人信息概述

一、个人信息的概念称谓

对个人信息进行科学定性不仅仅是法学研究所应该解决的一个理论问题，也是立法的迫切需要。从法学的视野出发对个人信息进行科学定性是进行个人信息保护立法的基础。个人信息的概念滥觞于 1968 年联合国"国际人权会议"中提出的"资料保护"（data protection），这一年也因此被称为"资料革命"年。最早的国内个人信息保护立法是德国黑森州《个人资料保护法》（1970 年），而最早的国家级个人信息保护立法则是瑞典的《资料法》（1973 年）。自此之后，个人信息保护立法逐步在全球范围内展开。这个时期，立法文件上使用的基础概念多为"个人资料"，但也有"个人信息"或"个人隐私"出现。很多国家和国际组织在其法律文件中，个人资料和个人信息是相互通用的概念，美国法也直接将个人资料和个人信息等同。笔者认为，个人资料和个人信息在个人信息保护法领域是可以通用的概念。

二、个人信息的概念界定

随着个人信息保护法的发展，人们越来越多地开始使用"个人信息"这一概念，其主要原因是突出立法对个人权利的关注。① 在这个意义上讲，笔者提倡使用"个人信息"作为基础概念。个人信息是指个人的姓名、性别、年龄、血型、健康状况、身高、人种、地址、头衔、职业、学位、生日、特征等可以直接或间接识别该个人的信息。所谓"识别"，就是指个人信息与信息主体存在某一客观确定的可能性，简单说就是通过这些个人信息能够把信息主体直接或间接"认出来"。识别包括直接识别和间接识别，直接识别就是通过直接确认本人身份的个人信息来识别，比如身份证号码、基因等；间接识别是指现有信息虽然不能直接确认当事人的身份，但借助其他信息或者对信息进行综合分析，仍可以确定当事人的身份。一般而言，姓名可以构成"直接识别"，但在有几个相同姓名的人的情况下，还要依靠生日、地址、职业、身高等信息才能识别。

① 戴恩·罗兰德，伊丽莎白·麦克唐纳. 信息技术法. 宋连斌，林一飞，吕国民，译. 武汉：武汉大学出版社，2004：315-318.

三、个人信息的法律性质

（一）关于个人信息的法律属性的几种学说

关于个人信息的法律属性，可谓众说纷纭，其中有四种主张较为典型，笔者称之为"所有权客体说"、"隐私权客体说"、"人格权客体说"和"基本人权客体说"。所有权客体说主张个人信息是所有权的客体，按照民法客体理论的通说，应该属于民法上的"物"，否则难为所有权客体；隐私权客体说和人格权客体说主张个人信息是人格利益，但它到底是人格利益的全部抑或人格利益中的一种——隐私利益，是这两个学说的分歧所在；以上三种主张，从逻辑上看是相互矛盾的，不能并存。而基本人权客体说，是从宪法和国际人权法的角度对个人信息的定论，和以上所有的学说在逻辑上都不存在矛盾。因此，关于个人信息的法律属性的论争的甄别，是对"所有权客体说"、"隐私权客体说"和"人格权客体说"的取舍或者分解重构，而并不涉及基本人格权客体说。为了更好地认识个人信息的全貌，展现基本人权制度和观念在社会信息化转型中的最新发展，将此说纳入。

1. 个人信息是"物"

所有权客体说认为，个人信息之上的权利是所有权，信息主体为所有人。这种观点认为，"在市场经济条件下，个人资料采集者将成千上万的个人资料采集起来的目的并不是为了了解个体，而是要把整个具有某种共同特征的主体的个人资料按一定的方式组成资料库，以该资料库所反映的某种群体的共性来满足其自身或其他资料库使用人的需要"，并且"对于资料采集者来说，获得个人资料不是目的，而是一种手段，是建立和扩展财源的一种途径。"并由此得出结论："根据所有权原理，只要不与法律和公共利益相抵触，所有权人均享有对个人资料的占有、使用、收益、处分权"；并认为"个人资料的所有者是该资料的生成体个人，无论他人对主体个人资料的获取方式与知悉程度如何，都不能改变个人资料的所有权归属"。[①]

2. 个人信息是"隐私"

隐私权客体说起源于美国法。该学说主张个人信息是一种隐私利益，个人信息保护立法应采取隐私权保护模式。美国1974年的《隐私法》是这一主张的典型代表。由于美国是个人信息保护立法的先驱，美国的立法理论、立法方法和技术对后来者的影响，远远超出了英美法系国家的范围。我国台湾省学者认为

---

① 汤擎. 试论个人资料与相关法律关系. 华东政法学院学报，2000，5：45-69.

"个人资料"保护的目的，即在保护个人隐私。① 我国香港资料条例在名称上标明"私隐"，又在条文中加以明确规定。该条例的绪言只有一句话："本条例旨在在个人资料方面保障个人的私隐，并就附带事宜及相关事宜订定条文。"

3. 个人信息是"人格"

人格权客体说认为，个人信息体现的是一种人格利益，个人信息的保护应该采取人格权的保护模式。人格权客体说以德国法为代表。在最初的理论和立法上，德国曾经一度接受了美国的隐私权理论。德国资料法规定，个人信息保护的目的在于保护隐私。随着个人信息保护在德国的深入开展，"隐私权客体说"逐渐暴露出与德国大陆法体系不相容的弊病。关于修改法律的呼声此起彼伏。隐私权客体说最后在1983年被德国联邦宪法法院《人口普查法》判决推翻。该判决认为，资料何种情况下是敏感的不能只依其是否触及隐私而论。在此判决的指引下，德国1990年修改后的个人资料保护法第一章《一般条款》第1条规定："本法旨在保护个人的人格权，使其不因个人资料的处置而遭受侵害。该法的目的是为了保护个人人格权在个人信息处理时免受侵害。"② 这一规定标志着在个人信息保护的理论基础上，德国法终于有勇气放弃了作为舶来品的隐私权理论，转而寻求本国法律体系中比较完善的人格权理论。我国台湾"《资料保护法》"也采用人格权客体说。该法第1条规定："为规范电脑处理个人资料，以避免人格权受侵害，并促进个人资料之合理利用，特制定本法。"

4. 个人信息是基本人权的客体

基本人权客体说认为，个人信息是基本人权的客体。有立法主张个人信息体现的是一种基本人权——关于个人的基本权利与自由的综合权利，特别包括隐私权。这种主张多见于国际组织的立法。欧洲议会公约在绪言中指出："考虑到在自动化处理条件下个人资料跨国流通的不断发展，需要扩大对个人权利和基本自由，特别是隐私权的保护。"欧盟指令绪言（7）规定："由于对个人资料处理中的个人权利和自由，特别是隐私权的保护水平不同，可能阻碍资料在成员国之间传递，并对共同体的经济生活产生不利影响，妨碍竞争和阻止各国政府履行共同体法律规定的职责；保护水平的差异是由于存在大量不同的内国法律、法规和行政规章所造成的。"联合国指南第1条规定："不得用非法或者不合理的方法收集、处理个人信息，也不得以与联合国宪章的目的和原则相违背的目的利用个人

---

① 王郁琦. NII 与个人数据保护. 信息法务透析, 1996, 1: 34-68.

② FEDERAL DATA PROTECTION ACT of December 20, 1990（BGBl. I 1990 S. 2954），amended by law of September 14, 1994（BGBl. I S. 2325）. http: //www. datenschutz-berlin. de/gesetze/bdsg/bdsgeng. htm.

信息。"联合国宪章的目的和原则体现的是对人的基本权利和自由的保障。

（二）个人信息为人格利益之一种

笔者认为所有权客体说不能成立，因为它混淆了人格利益和财产利益、信息主体的权利和信息管理者的权利之间的关系。我们生活中充满了各种各样的信息，这些信息受到保护的具体原因有很多，归纳起来大致有两类：财产性因素和人格性因素。有的信息是由劳动创造出来的，并且可以用来交换，如专利、著作等，保护此类信息的法律为知识产权。由于知识产权是绝对权，具有法定性，因此一些不能满足知识产权保护要素的财产性信息由信息产权法进行保护，如无创造性的数据库和遗传资源。法律主要保护这些信息的财产性因素。有的信息是与自然人相关的，在信息社会被作为信息资源进行开发和利用的，这类信息就是个人信息，法律主要保护此类信息的人格性因素。

那么，个人信息有无财产性因素呢？答案是肯定的。个人信息可以交易的实例也说明，个人信息含有财产性因素，并具有稀缺性。然而，这种现象却不能说明个人信息是所有权客体。个人信息数据库一旦被利用将会给利用者带来丰厚的收益。但个人信息的法律属性不是直接财产利益，从属性上看，个人信息属于人格利益，不能仅仅因为个人信息具有财产利益就将个人信息归入所有权的客体。人格权的客体同样具有财产利益，如隐私、姓名、肖像等。信息管理者将个人信息汇集后制作成数据库，其对个人信息数据库拥有数据库权——知识产权的一种，但并不是信息主体对数据库拥有数据库权（详见本书第五章第二节）。采取所有权模式不能实现保护信息主体权利的目的。从各国立法上看，个人信息保护法所保护的法律利益主要是信息主体的人格利益。目前，尚无所有权保护模式的立法例出现，也不可能出现。

隐私权客体说有其特定的法律文化背景，是建立在英美法系隐私权文化基础之上的，美国法中的隐私概念和大陆法系并不相同，适合于美国的隐私权说并不适合大陆法系。美国法所指隐私权，无论学说还是判例，均强调隐私权之存在为人格之完整所不可或缺之要素，这一论点与大陆法系中人格权理论，尤其是一般人格权理论相同。[1]如前所述，大陆法系的隐私仅为人格权利益的一部分，仅限于不愿他人知道或他人不便知道的个人信息。大陆法系中的隐私权法律制度只能保护个人信息上的一部分利益。

基本人权客体说是从宪法的角度看待个人信息属性的必然结果，落实到具体

---

① 罗明通，林志峰，李菁蔚，等．电脑法（下）．台北：群彦图书股份有限公司，1984：494．

的部门法，主要是民法和行政法。从中国的现有法律制度出发，笔者主张我国立法应采用人格权客体说。

根据大陆法系人格权理论，凡是与人格形成与发展有关的情事都属于人格权客体。个人信息所体现的是公民的人格利益，个人信息的收集、处理或利用直接关系到个人信息主体的人格尊严。我国宪法关于人格尊严的规定见第 38 条，该条规定："中华人民共和国公民的人格尊严不受侵犯。"人本身是目的，人应该自治、自决，凡是与人格形成与发展有关的情事，本人有权自己决定，并在此范围内，排除他决、他律或他治。谁可以接近我们的信息，谁就可以掌握、利用甚至歪曲我们的形象。个人信息的收集、处理或利用直接关系到个人信息主体的人格尊严，个人信息所体现的利益是公民的人格尊严的一部分，具体说就是本人对其个人信息所享有的全部利益。在国外判例上，德国联邦宪法法院于 1983 年 12 月 15 日做出的《人口普查法》判决明确指出，"信息自决权"的法律基础是德国宪法第 1 条第 1 项规定的"人性尊严"和第 2 条第 1 项规定的"人格自由发展"等基本法律规定。个人信息自决权保护模式就是保护个人信息的全部利益，赋予本人对其个人信息收集、储存、处理的决定权。我国将来的个人信息立法，应该采取一般人格利益的保护方式，隐私保护的方式与我国现有法律制度不符。

第二节　个人信息的分类

根据不同的标准，笔者将个人信息可以划分为以下不同的类别。

一、直接个人信息和间接个人信息

根据能否直接识别自然人为标准，个人信息可以分为直接个人信息和间接个人信息。所谓直接个人信息是指可以单独识别本人的个人信息。间接个人信息是指不能单独识别本人但和其他信息结合可以识别本人的个人信息。在立法上，有国家和地区并不主张对间接个人信息进行保护。我国台湾省"法务部"曾认为：关于电话号码、电子邮件地址等信息，由于尚不足以识别个人，因此不属于受保护的个人信息。但是由于电话号码或电子邮件地址与其他信息相互联结后，往往成为足以识别特定个人之信息（例如电子邮件之地址中可能有本人姓名），因此将适用个人资料保护法。① 挪威资料法明确地将间接个人信息纳入保护法的范

---

① 周胜邻. 我国 ENUM 注册政策及服务模式规划［OL］.［2005-05-06］. http：//www. twnic. net. tw/file/TWNIC-DN-92001. doc.

围。其第 1 条规定："能间接地确认本人的资料构成个人资料。"划分直接个人信息和间接个人信息的目的在于：第一，法律保护的不仅是直接个人信息，还保护间接个人信息。第二，对直接个人信息的侵害可能导致更为严重的后果。第三，对于不能构成间接个人信息，更不可能构成直接个人信息的那些信息，法律不予纳入个人信息保护法予以保护。

二、敏感个人信息和琐细个人信息

以是否涉及个人隐私为标准，个人信息可以分为敏感个人信息和琐细个人信息（trivial data）。敏感个人信息，指涉及隐私的个人信息。在社会生活中，判断一个信息是否构成敏感个人信息并不容易。有时候，由于这些信息和个人的关系"松散"而使得人们对它能否构成个人信息产生争议。如果一个人购买性生活用品的信息被泄露，就可能导致两种判断结果：一种争论说产品主题（性）和购买者人身（性格和倾向）的联系过于"松散"，并不必然意味着购买者本人使用这种产品，因此此信息不构成购买者的敏感信息。另一种意见则认为购买者的"品位"和"倾向"是由他的生活反映出来的，他购买的商品是他本身个性和倾向的最好例证，因为一般情况下，我们只看到他人购买商品，而不可能看到商品的使用。因此，该信息属于购买者的敏感信息。笔者认为，仅仅一次的交易记录或许不能说明购买者的个人喜好，但并不是说不构成敏感信息，如果这个信息的确指向了该购买者，那么它就是购买者的敏感个人信息，如果，购买者的购买行为的确是出于偶然，也就是说交易记录的敏感内容并不指向购买者本人，那么，它就不是购买者的敏感个人信息。

根据英国法的规定，敏感个人信息是指有关种族或道德起源，政治观点，宗教信仰或与此类似的其他信仰，工会所属关系，生理或心理状况，性生活，罪行以及与此有关的诉讼等诸如此类的个人信息。

英国资料保护法第 2 条是关于敏感个人信息的规定。根据该条的规定，敏感个人信息包括：

（1）信息主体的种族起源；

（2）信息主体的政治观点；

（3）信息主体的宗教信仰或者其他类似信仰；

（4）信息主体是否工会成员；

（5）信息主体的身体或精神健康状况；

（6）信息主体的性生活；

（7）信息主体的罪行或被指称的罪行；

（8）针对信息主体进行的刑事诉讼以及法院的判决。

爱尔兰2003年《资料保护（修正）法》第2条的规定，"敏感性个人资料"是指关于如下的个人资料：

（1）资料主体的人种或种族起源、政治观点或宗教或哲学信仰；

（2）资料主体是否为工会成员；

（3）资料主体的身体、精神健康状态或其性生活；

（4）资料主体的犯罪行为或者受指控的犯罪行为；或

（5）资料主体的犯罪行为或者受指控犯罪的任何诉讼，诉讼的处理过程以及就此过程法院作出的判决。

不同的文明和不同的法律渊源导致各国立法对敏感个人信息的规定并不相同。英国法和爱尔兰法均将信息主体的罪行或被指称的罪行以及针对信息主体进行的刑事诉讼以及法院的判决列为敏感个人信息，而一些国家并不把这些列为敏感个人信息，如美国。美国法关于敏感个人信息保护的一个显著特征是更加注重对个人经济关系的保护，特别把"贸易组织的成员资格"列为敏感个人信息。

琐细个人信息是指不涉及隐私的个人信息。琐细资料同样应该受到个人信息保护法的保护。许多看上去是并不重要的个人信息，如果经过用心收集整理，也能够组成一副人格图，就如同利用万花筒拼图一样。因此不应该简单以个人的某种利益（如隐私）为保护法确定范围，而应该对个人信息给予全面保护。

根据瑞典《资料法》的规定，"很明显的没有导致被记录者的隐私权受到不当侵害的资料"，为琐细资料。德国联邦法院在1983年的《人口普查法》判决中宣称，"在自动化资料处理的条件下，不再有所谓不重要的资料"。挪威资料法规定，收集和处理不需要经过国王许可的资料为琐细资料。瑞典《资料法》在1979年修正后规定（第2条），琐细资料的处理不需要经过资料检察院的许可。

法律划分琐细个人信息和敏感个人信息的目的在于两者的保护方式与程度不同。一般而言，对琐细资料的收集和处理可以不经过许可制度。与此相反，法律对敏感个人信息的收集和处理，一般需要给予特殊保护。

法律区分敏感个人信息与琐细个人信息的另一目的在于法律可能对收集、处理和利用敏感个人信息强加某些特殊的限制条件，从而对敏感个人信息给予更高的注意以及特殊保护。许多国家和国际立法文件禁止处理敏感个人信息，或者是对敏感个人信息的处理规定了十分严格的处理条件。

三、电脑处理个人信息与手工处理个人信息

以个人信息的处理技术为标准将个人信息划分为电脑处理个人信息与手工处理个人信息。电脑处理，是指使用电脑或自动化机器为信息输入、储存、编辑、

更正、检索、删除、输出、传输或其他处理。手工处理个人信息是指不适合电脑处理和尚未进行电脑处理的个人信息。

将个人信息划分为电脑处理的个人信息和手工处理的法律意义在于，电脑处理的个人信息更容易受到侵害。有很多国际组织和国家的个人信息保护法仅适用于电脑处理的个人信息，将手工处理的个人信息排除在保护法的范围之外，尤其是在个人信息保护的初期阶段。欧洲议会公约所下的定义："（资料保护）指对于个人在面临关于其个人信息之自动化处理时，所给予之法律上保护"。我国台湾省更直接以"电脑处理个人资料保护法"来命名。从全球范围看，最初制定个人资料保护法的国家和国际组织在保护的资料范围上均倾向于技术特定主张，而随着人们对个人资料保护认识的加深，越来越多的国家和国际组织转而采用技术中立的主张。所谓技术特定是指在个人资料保护范围问题上，以特定技术作为标准而对个人资料进行划分，并区别对待。这种主张认为，在资料自动化处理情况下，人格遭受到前所未有的威胁，于是产生了对个人资料加以专门保护的法律。因此，个人资料保护的对象应该限于自动化处理的个人资料，对非自动化处理的个人资料不应给予专门保护。1977 年的德国资料法是技术特定立场的反映，其对"个人资料"的保护仅限于自动化处理。与技术特定相反，技术中立主张对个人信息进行同等保护，不因处理技术不同而对个人信息作区别对待，主张将采用一切技术手段的个人信息均纳入个人信息保护法的保护范围。经过 1990 年的修正，德国资料法放弃了以自动化技术作为标准加以限制的规定，采纳了技术中立的主张，对个人信息给予全面保护。

四、公开个人信息和隐秘个人信息

以个人信息是否公开为标准，可以分为公开个人信息和隐秘个人信息。公开个人信息，是指通过特定、合法的途径可以了解和掌握的个人信息。我国台湾省《"〈资料保护法〉"施行细则》第 32 条第 3 项规定："'电脑处理个人信息保护法'第 18 条第 3 款所称已公开之资料，指不特定之第三人得合法取得或知悉之个人信息。"

隐秘个人信息和公开个人信息对应，是指未向社会公开的个人信息。将个人信息划分为公开个人信息和隐秘个人信息的法律意义在于公开个人信息，无论是否属于敏感个人信息，都已经丧失了隐私利益，不能取得敏感个人信息的特殊保护。

1998 年英国资料保护法第 59 条关于"信息的机密性"条款中规定：现任或曾任委员、委员助理或委员代理人的人不得披露在披露时还没有从其他来源公开，或还没有从其他来源公开的信息。

德国资料法关于"资料的储存、变更和利用"条款规定，自一般公众可以获得的个人信息或已公开的个人信息，可以进行目的外的储存、变更或利用，除非信息主体显然享有值得保护的重大利益。

我国台湾"《资料保护法》"第 18 条规定，非公务机关对于"已公开之资料且无害于当事人之重大利益者"，可不适用目的特定原则，也就是可以进行目的外处理。

荷兰资料保护法也对已经公开的个人信息做出了规定，依照此规定，该法对个人敏感信息的特殊保护不适用于已经公开的个人敏感信息。

五、属人的个人信息和属事的个人信息

以个人信息的内容为标准，个人信息可以分为属人的个人信息和属事的个人信息。属人的个人信息反映的是个人信息本人的自然属性和自然关系，它主要包括本人的生物信息。属事的个人信息反映的是本人的社会属性和社会关系，它是信息主体在社会中所处的地位和扮演的角色的反映。

六、客观个人信息和主观个人信息

以个人信息的主观属性和客观属性为标准，个人信息可以分为客观个人信息和主观个人信息。客观个人信息是反映信息主体的客观方面的个人信息；主观个人信息是反映信息主体思想的个人信息，具体说就是思想的表达和意图的表达。联合国 1966 年批准的《公民权利和政治权利国际公约》第 18 条规定，"表示自己的宗教或信仰的自由，仅只受法律所规定的以及为保障公共安全、秩序、卫生或道德、或他人的基本权利和自由所必需的限制"。《世界人权宣言》第 18 条规定，"人人有思想、良心和宗教自由的权利；此项权利包括改变他的宗教或信仰的自由，以及单独或集体、公开或秘密地以教义、实践、礼拜和戒律表示他的宗教或信仰的自由"。第 19 条规定，"人人有权享有主张和发表意见的自由；此项权利包括持有主张而不受干涉的自由，和通过任何媒介和不论国界寻求、接受和传递消息和思想的自由"。因此，在基本人权意义上说，反映信息主体思想表达和意图的主观个人信息，其重要性远远大于客观个人信息。尤为注意的是，主观个人信息，既包括信息主体的主观表达，也包括他人对信息主体的评价。无论是正确的评价还是错误的评价都可能构成个人信息的一部分。

区分客观个人信息和主观个人信息的法律意义在于，法律对个人信息进行全面保护，不仅仅应该保护客观个人信息，还应该保护主观个人信息。英国资料保护法第 1 条规定，"个人资料"是指可以直接或者间接识别一个活着的人的所有资料，包括个人观点的表达、个人意图的表达等。

另外，按照不同专业领域，个人信息还可以分为纳税信息、福利信息、医疗信息、刑事信息、人事信息和户籍信息等，不同的领域具体的保护方式不同，并且在立法方面呈专业化的发展方式。欧洲议会公约颁布后，部长委员会针对不同专业领域的个人信息保护提出了许多建议案，例如：《自动化医疗资料库建议案》、《为科学研究与统计用之个人资料保护建议案》、《为直销用之个人资料保护建议案》、《为社会安全之个人资料保护建议案》、《警察部门使用个人资料保护建议案》、《就学个人资料建议案》，等等。我国台湾省各大专业领域在 95 年的《资料保护法》"的基础上针对自身专业领域以及处理个人信息的特点，纷纷出台了各类规则。其中有：《医院计算机处理个人资料登记管理办法》、《征信业电脑处理个人资料办法》、《金融业申请电脑处理个人资料登记程序许可要件及收费标准》、《证券业即期货业申请电脑处理个人资料登记程序及收费标准办法》、《大众传播业电脑处理个人资料管理办法》等。

第三节　保护个人信息保护的基本原则

对于个人信息保护而言，基本原则至关重要。有许多国家立法明确规定了基本原则，如英国资料法保护；而有许多国际组织立法时仅规定"基本原则"而无规则。这足以体现"原则"对于个人信息保护的重要性。迄今为止，无论是国内法还是国际文件，对个人信息保护法的基本原则并未形成共识，无论是基本原则的体系，还是具体原则的内容，以及概念表述，都各不相同。个人信息保护法的基本原则分为共有原则和特有原则。所谓共有原则是指个人信息保护法的直接上位法（民法和行政法）的基本原则，这些原则是指导个人信息保护立法和实践的基本原则。和共有原则相对的是个人信息保护法的特有原则，是指共有原则之外的，仅适用于个人信息保护法的基本原则。一般情况下，基本原则指法律的特有原则。我国个人信息保护法的基本原则应包括目的明确原则、知情同意原则、目的限制原则、信息品质原则、安全原则、政策公开原则、禁止泄露原则、保存时限原则和自由流通与合法限制原则等九项。

一、目的明确原则

目的明确原则（Purpose Specification Principle）被不同的立法和学者冠以不同的称谓，有的称目的拘束原则，有的称目的特定原则。目的明确原则是指收集个人信息的目的，必须在收集前加以确定，确定的目的必须通过一定的方式明确化；发生目的的变更时，变更后的目的也必须及时予以明确。

目的明确原则是个人信息保护法的首要原则，在原则体系中处于核心地位。

目的明确原则被认为是对个人信息处理进行监管的首要手段，要求信息管理者在个人信息处理之前应有特定而明确的目的，否则进行的个人信息收集和处理为非法。就好比孙悟空用金箍棒为唐僧画的一个圈，只有圈内活动是安全的，圈外活动是危险的。目的明确原则的核心是限制信息管理者在收集和处理个人信息方面的随意性，以最大可能地防止个人信息脱离信息主体的掌控，被泄露和非法使用。

二、知情同意原则

知情同意原则是指信息管理者在收集个人信息之时，应当充分告知信息主体（Data/Information Subject）就有关个人信息被收集、处理和利用的情况进行充分告知，并征得信息主体明确同意的原则。

知情同意原则是个人信息保护法的基本原则之一，其在原则体系中的作用，如同意思自治原则在民法中的作用。一般认为，知情同意原则滥觞于美国的公平信息政策。知情同意原则是指在个人信息处理问题上，应尊重信息主体的自由意志，由信息管理者向信息主体详细告知收集目的、个人信息用途等情况，使得信息主体知情，并取得信息主体的同意。知情同意原则的核心是尊重信息主体的意愿，并在个人信息处理的实践中贯彻信息主体的意图。

三、目的限制原则

目的限制原则（Purpose Limitation Principle）是指个人信息的收集和利用均限于最初确立的目的，与该目的保持一致；并应采取公平合理的收集方式。

目的限制原则是个人信息保护法的基本原则之一，是和目的明确原则紧密配合的一个原则。目的明确原则旨在要求个人信息管理者进行个人信息处理应有明确的目的，目的限制原则旨在确保信息管理者收集和处理个人信息应受"明确目的"之限制。

四、信息品质原则

信息品质原则（Information Quality Principle），在 OECD 指针所确立的原则体系中有完整的规定。信息品质原则，也称完整正确原则，是指信息管理者应保障个人信息在其处理目的范围内的完整（complete）、正确（accurate），和时新（up-to-date）。"信息品质"涉及的内容和信息的性质与价值无关，它主要是由能否正确促进使用目的为标准来进行判断。"品质"这一概念在这里不表示对信息的实用性和价格以及价值的判断。

信息品质原则是个人信息保护法的基本原则之一，是各国际组织和各国个人信息保护法普遍遵循的原则。信息品质原则的产生的基础是，在个人信息处理过程中，我们既要追求"真相"，又要关注个体，对他的权利负责。信息品质原则，又称完整正确原则，是指收集个人信息应该在明确目的范围内做到完整和正确，并及时更新。信息品质原则的核心是完整和正确。

五、安全原则

安全原则（Security Safeguards Principle），也称安全保护措施原则，是指对个人信息应采取合理的安全保护措施，以防止个人信息的丢失、非法访问、毁损、利用、修改和揭露等危险的发生。个人信息安全包括个人信息本身的安全和个人信息媒介的安全，又包括储存安全和传递安全等一切关于个人信息保存和传递的安全。信息管理者根据安全原则采取的措施分为物理性措施（例如，锁门和身份识辨卡），技术措施（如加密措施）和组织措施（组织制度措施，如信息处理人员的保密义务等）等。

安全原则是个人信息保护法的基本原则之一，其目的在于赋予信息管理者安全保护的义务，避免可能发生的个人信息的泄露、意外灭失和不当使用。安全原则的核心是保障个人信息存储安全，杜绝泄露和灭失。安全原则是进行网上交易的消费者最为关注的一个原则，增进消费者的信心以及确保电子商务发展的重要关键在于个人信息安全，电子商务的实践必须依靠政府部门与商业团体共同努力合作发展技术与政策并共同执行，这些技术与政策必须能够建立起一套安全、保密且可靠的信息传输系统。

六、政策公开原则

政策公开原则（Openness Principle），也称公开原则，是指关于个人信息的收集、处理和利用以及相关政策应当进行公开。根据政策公开原则的要求，信息管理者应该提供简便的查询手段以便于对个人信息的存在、性质、利用目的、信息管理者的身份和地址进行查询或以其他方式公开。此处的"公开"可谓对"个人信息搜集、储存、利用及提供等之公开"，① 而不是对个人信息内容的公开。

政策公开原则是个人信息保护法的基本原则之一。政策公开原则的目的在于通过信息管理者的公开行为，使社会知悉个人信息的收集和处理情况，以实现对个人信息处理的监督和控制；并且更为重要的是，使信息主体知悉个人信息处理情况，为实现他们的知情权提供顺畅的途径。公开的范围分为两种：一是向信息

① 黄三荣. 个人资料之保护——兼评我国计算机处理个人数据保护法. 资讯法务透析，1998.

主体公开，一是向社会公开。向社会公开的渠道有多，比如政府公告、报纸公告、网络公告等。

因此，笔者在公开前面添加了"政策"二字，以避免误会。公开的方式，分为两种，一是向信息主体公开，一是向社会公开。向社会公开的渠道有多种，比如政府公告、报纸公告、网络公告等。根据我国台湾省的规定，非公务机关公告有关事项应在政府公报上公告并登载于当地报纸。①

七、禁止泄露原则

禁止泄露原则，也称保密原则，是指对信息管理者及其工作人员负有对个人信息的保密义务，严禁非法泄露个人信息及其内容。禁止泄露原则产生的保密义务，适用对象是信息主体以外的任何人和任何组织。

信息管理者应该对个人信息严格保密，在没有法定条件和约定条件的情况下，禁止向第三人泄露个人信息及其内容。对个人信息内容的披露，只有在特定条件下发生，才是合法的。

禁止泄露原则是个人信息保护法的基本原则之一。在个人信息的收集、处理和利用中，泄密是困扰个人最大的问题。根据禁止泄露原则，信息管理者及其工作人员负有对个人信息的保密义务，禁止泄露信息主体的个人信息及其内容。

八、保存时限原则

保存时限原则是指为任何目的处理的个人资料都不得超过该目的需要的时间而保存。在法律规范中，时限是最具体、最关键的要素之一。法律规定某一具体行为在某一时间是合法的，在某一时间是无效或非法的。正因为如此，个人信息保护法上的时限原则不应忽视。个人信息保护法关于时限原则的设立有利于保护信息主体的权利。超越时限的保存，实质上已转变为非法的保存。

九、自由流通与合法限制原则

个人信息的跨国流通（Transborder Flows of Personal Information）又称个人信息跨国传输。OECD 指针第 1 条第 3 款对"个人资料跨国流通"给出了最简明的解释，个人资料跨国流通是指个人资料跨越国界的流动（Movements of Personal Data Across National Borders）。

OECD 指针第三部分为个人信息跨国流通的法律原则，该部分名称为"自由流通和法律限制（Free Flow and Legitimate Restrictions）"，因此称为自由流通和

---

① 参见我国台湾省"《电脑处理个人资料保护法》"第 21 条。

法律限制原则。从 OECD 1980 年提出自由流通与法律限制原则以来，在个人信息跨国流通领域中的"自由与限制"成为基本立场：在保障信息主体合法权利的基础上促进个人信息的跨国流通。

第四节 个人信息权与个人信息处理行为

一、个人信息权的概念、性质

（一）个人信息权的概念

自然人对其个人信息所享有的权利，称之为"个人信息权"。个人信息权，即自然人依法对其个人信息进行控制和支配并排除他人干涉的权利。个人信息权，从性质上讲是人格权的一种，但它在客体、内容、行使方式等方面又有别于传统的具体人格权，发挥着这些权利不可替代的作用，是一项随着社会发展而逐步明确化和独立出来的新的人格权类型。

（二）个人信息权的性质

"个人信息权"与财产利益有关，但它不是财产权，是人格权。个人信息权是个人对其信息的控制、处理与利用的决定权，而个人信息是人格利益。但个人信息可以进行交易，的确具有财产利益，因此我国有学者主张个人信息权为所有权①，也有认为是隐私权。② 个人信息不是物，肖像、隐私等人格利益都有财产价值，但并不因为它们有财产价值就成为了财产法的客体。而隐私的范围远远小于个人信息的范围，个人信息权不可能和隐私权等同。因此笔者主张个人信息权是一种新类型的独立的具体人格权。

二、个人信息权的体系

个人信息权应当包含以下内容：信息决定权、信息查询权、信息更正权、信息封锁权、信息删除权、信息保密权和报酬请求权。

（一）信息决定权

信息决定权，简称决定权，是指信息主体享有决定其个人信息是否被收集、

---

① 汤擎. 试论个人资料与相关法律关系. 华东政法学院学报，2000，5：45-69.
② 王郁琦. NII 与个人数据保护. 信息法务透析，1996，1：34-68.

处理与利用以及以何种方式、目的、范围进行收集、处理与利用的权利。

信息决定权具有以下权利内容：

第一，信息主体有权决定个人信息是否被收集、处理与利用。信息主体对个人信息享有权利，信息主体可以进行控制与支配个人信息，有权禁止他人的非法收集与利用。

第二，信息主体有权决定个人信息在什么领域，以何种方式，以及以为何种目的被收集、处理和利用。信息主体有权决定哪部分个人信息供收集与利用，供收集和利用的个人信息用于何种目的，以及对个人信息的处理方式（自动处理和手工处理）等。

（二）信息查询权

信息查询权，是指信息主体得以就其被收集、处理与利用的个人信息进行查询的权利。信息主体的查询权被称为"资料保护之大宪章"、"关键性之权利"。①

我国台湾省"《资料法保护》"第12条是关于信息查询权的规定，该条规定："公务机关应依当事人之请求，就其保有之个人信息档案，答复查询，提供阅览或制给复制本。"信息主体行使查询权的主要事项包括：

第一，储存、处理与利用的个人信息档案的名称、类别及范围。个人信息档案是指一类个人信息组成的档案的名称，如杂志类出版事业资料维护管理档案、卫生管理系统档案、律师管理系统档案。② 个人信息的类别是指个人信息所涉及的信息主体的不同领域，如职业、相貌、家庭情况、学历、专业、就业情况、财政情况及身体状况等。个人信息的范围，包括时间上的范围及内容上的范围。时间上的范围指被收集、利用的个人信息的时间跨度，个人信息的内容范围是指个人信息涉及的个人及其活动领域与界限。如从1998年至2007年的个人身体健康状况信息档案，其时间范围就是1998年至2002年，而内容范围就是个人健康信息。

第二，依据、目的与使用的领域。"依据"主要是指个人信息的储存、处理与利用的法律依据，包括法律和法规。我国台湾省《"〈资料保护法〉"施行细则》第17条规定，"依据"指保有个人信息档案法令或行政计划之依据。"目的"主要是指基于何种利益的考虑储存、处理和利用个人信息。目的可以分为公益与私益，公益是社会整体的安定与福利，如SARS防治；私益是为实现特定私法主体的利益，为了进行交易，商业网站收集和处理消费者个人信息等。"领

---

① 许文义. 个人资料保护法论. 台北：三民书局股份有限公司，2001：121.
② 许文义. 个人资料保护法论. 台北：三民书局股份有限公司，2001：122.

域"主要是指被储存、处理与利用的个人信息将具体运用到什么样的社会领域。和目的相比，领域则是客观的，并且同一领域可以有多种目的。卫生部门在SARS防治期间，收集个人体温信息，属于社会医疗领域，包括了公益目的（人民福利）和私益目的（如药品经营机构制定相关药品的生产和销售计划）。

第三，收集方式，步骤及传输与保密方法。按主体分类，个人信息的收集方式可以分为信息主体主动提供方式和信息管理者收集方式；按收集手段分类，个人信息的收集方式可以分为手工收集方式和计算机技术收集方式。收集步骤是指个人信息的收集程序，而传输方式也可以分为手工方式和计算机技术方式两种。保密方法可以分为制度方法和技术措施，行业自律是信息管理者采取保密方法的重要手段。

第四，提供或不提供的后果。信息主体须知悉向他人（包括政府）提供和拒绝提供个人信息的后果，是自行使信息决定权的前提。

第五，权利救济。信息主体必须了解在自己个人信息被收集和处理过程中，对自己提供的可以救济权利的方式。具体内容包括：信息主体要求信息管理者停止对个人信息的储存、处理与利用的时间和方式；信息主体更正个人信息，保持信息品质的时间和方式；信息主体救济自己受侵害的权利的时间和方式。

（三）信息更正权

1. 信息更正权的概念

信息更正权，简称更正权，是指自然人得以请求信息管理者更正错误或者过时信息，和补充必要信息的权利。

2. 行使事由

更正权行使的事由包括以下三个方面：（1）不正确。信息管理者掌握的个人信息与事实不符的，信息主体可以行使更正权。（2）不完整。信息管理者掌握的个人信息的内容就其特定目的而言是不全面的，信息主体可以行使更正权进行补充。不完整包括自始的不完整，即个人信息在收集时在其特定目的范围内就没有达到全面要求；还包括嗣后的不完整，即在个人信息收集后，因社会生活的发展，原来的个人信息需要补充。这就是我国台湾省"《资料法保护法》"上规定的"补充权"。而我们认为，补充权并无独立存在的必要，更正权应包括补充权。这和德国资料法的规定也是一致的。（3）过时。信息主体对不能反映最新事实的个人信息，可以行使更正权予以更新。

3. 行使方式

更正权的行使方式有二：一是请求信息管理者对个人信息进行更正；二是请求信息管理者对个人信息进行补充。更正是指对错误过时的个人信息予以变更；

而补充是指对遗露或新发生的个人信息予以补充，以满足完整的要求。

（四）信息封锁权

1. 信息封锁权概念

信息封锁权，简称封锁权，是指在法定或约定事由出现时，信息主体得以请求信息管理者以一定方式暂时停止对特定个人信息处理和利用的权利。

2. 行使事由

个人信息的正确性与完整性处于争议或者不确定的状态，是信息主体行使封锁权的事由。我国台湾省"《资料保护法》"第13条第2项规定："个人资料正确性有争议者，公务机关应依职权或当事人之请求停止电脑处理及利用。但因执行职务所必需并注明其争议或经当事人书面同意者，不在此限。"在资料正确性与完整性处于不确定状态时，赋予信息主体封锁权，主要是保护信息主体避免不正确信息的侵害。但是，事情往往具有双面性，在信息主体主动"引发"争议的情况下，便可以凭借该争议获得封锁权，而可以要求信息管理者停止对争议信息的处理与利用，这样难免会使信息管理者限于被动。但鉴于事实上的信息主体的弱势地位，应优先保护信息主体的利益，所以封锁权还是非常有必要的。

3. 行使方式

信息主体通过请求权方式行使信息封锁权，要求信息管理者对争议信息进行加以标记或者其他方式进行封锁，不得继续处理与利用。所谓"封锁"，指以一定方式限制信息管理者继续处理与利用。依照德国资料法第3条的规定，封锁是指为限制继续处理或利用而对已储存的个人资料附加符号。我们认为，立法不应对信息管理者对个人信息实施封锁的具体方式做限制性要求，因为对个人信息的储存方式和技术是多种多样的，根据电子商务法的技术中立原则，只要能达到限制继续处理与利用的目的任何方式，都应视为构成封锁。

封锁的效果必须达到对个人信息的所有原件和复本的限制。

（五）信息删除权

1. 信息删除权概念

信息删除权，简称删除权，是指在法定或约定的事由出现时，信息主体得以请求信息管理者删除其个人信息的权利。删除，指使已储存的个人信息不得复认。① 删除以使个人信息不能被复认为要件，所谓"不得复认"，不仅指原个人信息不能识别自然人。

---

① 许文义. 个人资料保护法论. 台北：三民书局股份有限公司，2001：140.

2. 行使事由

（1）收集个人信息的目的消灭。收集个人信息的目的消灭后，信息管理者应根据法律的规定或者当事人的约定，删除个人信息；信息主体有权请求信息管理者删除个人信息。

（2）储存个人信息的期限届满。期限是指一定状态持续一定时间产生某法律效果的时间段。期限届满，信息管理者对个人信息的控制、处理与利用的权利消灭，信息主体可以根据保存时限原则的规定，要求删除个人信息。

（3）非法储存。非法储存的情况有以下几种：①个人信息的收集非法；②信息主体的同意为无效或已被撤销；③信息管理者目的外处理与利用个人信息。

3. 行使方式

行使信息删除权的方式主要是请求信息管理者对个人信息进行删除，信息主体得以书面或口头的形式，向信息管理者提出请求，并列明相关事由。

（六）信息保密权

1. 信息保密权的概念

信息保密权，简称保密权，是指信息主体得以请求信息管理者保持其个人信息隐秘性的权利。保密权是备受信息主体关注的一项基本权利。

2. 信息保密权的行使

信息管理者自收集个人信息之时起就对个人信息负有保密义务。信息主体有权请求信息管理者采取合理制度措施和技术措施对其个人信息保密，并禁止泄露。我国台湾省"《资料保护法》"第17条规定："公务机关保有个人数据文件者，应指定专人依相关法令办理安全维护事项，防止保有资料被窃取、窜改、毁损，或泄露。"

（七）报酬请求权

1. 报酬请求权概念

资料报酬请求权，简称报酬请求权，信息管理者以赢利为目的收集、处理与利用个人信息，信息主体享有的，向信息管理者请求支付对价的权利。

2. 报酬请求权的行使

在信息社会，个人信息成为最为重要的社会资源。报酬请求权来源于"信息有价"的社会观念①。信息管理者为了赢利目的收集个人信息，应该对信息主

---

① 卡尔·夏皮罗，哈尔·瓦里安. 信息规则. 张帆，译. 北京：中国人民大学出版社，2000：17.

体支付对价或者提供服务。此时的服务提供就不为"免费",因而,在法律适用上,应适用双务法律行为的规定,而不能适用单务法律行为的规定,以不当免除或者减轻信息管理者的责任。

然而,迄今为止,尚未有报酬请求权的立法例出现。根据传统理论,人格利益没有直接内容,故人格权也没有直接规定财产利益。笔者认为,个人信息和其他具体人格利益不同,个人信息具有其他人格利益不具备的独立性,可以作为一种商品进行重复买卖。从另一个角度看,个人信息的财产价值和可重复使用的使用方式更接近财产权客体,而远离人格权的其他客体。因此,立足于个人信息交易频繁发生的社会现实,笔者主张应该赋予信息主体报酬请求权。

信息主体行使报酬请求权的前提条件是信息管理者出于商业利用个人信息。若信息管理者出于公共利益,或者依照法律的特别规定收集个人信息,则不发生报酬请求的问题。倘若在个人信息收集之初是为了公益,而后转为商业利用的,则从信息管理者商业利用个人信息之时,信息主体得以行使报酬请求权。

三、个人信息处理行为

个人信息处理行为,是指信息管理者针对个人信息进行的能引起特定法律后果的任何操作。个人信息处理行为可以分为收集、处理和利用行为三种。这是德国、我国台湾省和香港特别行政区立法例的主张。个人信息保护法调整的是因个人信息处理行为而形成的社会关系,这些关系主要包括:(1)信息主体与信息管理者之间的关系;(2)信息管理者与第三人之间的关系;(3)监督机关与信息管理者和信息主体之间的关系。

信息处理(data processing)已成为普遍使用的词汇,然而,究竟什么是作为法律概念的处理?"处理"(processing)一词是来源于电子资料处理领域的概念,泛指各种处理资料和信息的工作。此概念一般不考虑处理的形式(人工、电子或自动化程序),资料承载于何种媒介上(档案文件、索引卡片、表格、穿孔卡片、磁带、硬盘、矽晶片和光碟等),以什么为目的(识别、复制、收集、分类、比对或其他利用目的),以及是处理何种类型之资料(事务性资料或个人信息)。[①] 立法上的"个人信息处理"有广义和狭义之分。英国资料法第1条规定,处理是指取得、记录、持有信息或资料,或者对信息或资料进行的任何操作。欧盟指令第2条(b)项规定,处理是指通过自动或非自动方式对个人信息进行的任何操作或一组操作,如收集、记录、组织、储存、改编或更改、检索、咨询、利用或通过传输进行公开、传播或使其可利用、排列或组合、封锁、删除

---

① 罗明通,等.电脑法(下).台北:群彦图书股份有限公司,1994:511.

或破坏。此为广义上的处理，包括了收集和利用，与之相对的是狭义的个人信息处理。德国资料法第3条第5款规定，处理是指个人信息的存储、变更、传输、封锁和删除，不包括收集和利用。根据狭义的处理的概念，收集、利用与处理是彼此独立的行为。笔者认为，广义的处理能说明信息管理者行为的共同特征，不论是收集、处理还是利用都要对个人信息进行"处理"，而狭义的处理则强调了个人信息处理的不同阶段以及处理个人信息的不同方式。在谈及信息管理者时，使用广义的处理概念，而在谈到个人信息处理的不同阶段时则使用狭义的处理概念。

（一）收集

1. 收集的概念

收集（collection）是指为建立个人信息档案的目的，而取得自然人个人信息的行为。在个人信息保护法领域，收集并不仅仅限于以电脑等自动化的方式实施的收集。在现实生活中，大量的个人信息的初步收集仍然是通过纸面媒介记下来和手工操作进行的。德国资料法第3条规定，资料收集是指取得信息主体的个人资料。收集是一个以主观目的为要素的法律概念，包括目的要素和行为要素两个方面。目的要素是指个人信息的收集需要具备的目的。我国台湾省"《资料保护法》"第3条规定，收集指为建立个人资料档案而取得个人资料。根据该法收集的目的要素为建立个人信息档案。行为要素是指信息管理者运用一定的条件为获取信息的实施的行为。行为要素包括对信息主体自愿透露自己个人信息的行为的接受。收集个人信息的典型的行为有行政机关依据法定职权和程序要求相对人填写户籍信息，学校要求学生填写学籍信息等。

在自动化系统中，收集是指将尚未登录的原始的资料转换成电脑资料的过程，包括通过键盘与扫描器等设备登录资料的人工方式和自动方式以及兼具这两种情况的半自动方式。

2. 收集的方式与手段

（1）收集的方式

根据不同的标准可以将收集分为不同的方式：

第一，直接收集与间接收集

以收集过程中是否直接面向信息主体为标准将收集分为直接收集与间接收集。直接收集指直接面向信息主体的收集，包括传统方式的口头询问并记录、信息主体填写表格（书面）及信息主体知情情况下的利用科技手段的收集。间接收集，则指非直接面向信息主体的收集。这里值得特别注意的是，在信息主体不知情的情况下所实施的收集，如在网上利用软件进行跟踪而取得个人信息，属于间接收集，而不应列入直接收集。

第二，科技方式收集与非科技方式收集

以收集过程中是否利用高科技手段为标准将收集分为科技收集与非科技收集。科技方式收集，如摄影机、监听设施、测量仪的使用，指纹、掌纹或脚印的采集及分析鉴定，对个人体液、基因及其他身体组织的检查分析等。非科技方式收集，即传统的方式的收集。

（2）收集的手段

"收集"的手段包括但不限于：

第一，要求信息主体提供个人信息；

第二，通过聊天室、留言板或其他方式使信息主体个人信息暴露在公共场合，并进行收集。但是在儿童提交个人信息后，予以公开之前，网络管理员对该个人身份信息予以删除，并且同时在管理员记录中也予以删除的不构成收集。

第三，利用跟踪技术收集个人信息。这种行为是指利用 cookie 等跟踪技术收集个人信息。

3. 收集的例外

收集的实质意义指对个人信息的了解和掌握。但并不是所有的此类行为都构成收集。下列情况不构成收集①：

（1）不经意的觉察。

（2）不含个人信息的资料体的采用。

（3）资料体的收集。

（4）为销毁资料体而接受的情形（实为一种委托服务）。

（5）人工无法辨认的摄影。

（6）匿名电话的咨询等。

（二）处理

狭义的处理是除了收集与利用外对个人信息进行的具有法律后果的任何操作。狭义的处理不包括收集和利用，收集、利用与处理是彼此独立的行为。处理包括存储、变更、传输、封锁和删除。德国资料法第 3 条第 5 款规定，处理是指个人资料的储存、变更、传输、封锁和删除。

1. 储存

储存英文为"storage"，依德国资料法第 3 条第 5 项第 1 款的规定，"储存，指基于进一步处理或利用之目的，将个人资料纳入、收录或保存于资料媒介。"

---

① 许文义. 个人资料保护法论. 台北：三民书局股份有限公司，2001：209.

储存通常是指对个人资料的控制和保留。储存的要件有四：第一，储存进一步分为纳入、收录和保存。纳入含义广泛，包括了光学上和听觉上的信号形式承载于物理的载体之上；收录则指使用仪器设备将获得的信号存于载体之上，如录音或录像；保存则指将已呈现的信号记录在载体之上，并予以保留。第二，储存的客体必须是个人信息。第三，必须有媒介载体。任何可以储存个人信息的物理载体都可以成为个人信息的媒介载体。第四，目的要素。储存的目的要素是，储存的目的是为了将来的利用。一般而言，个人信息的储存，并非是为了储存而储存，而是为了利用而储存。

2. 变更

变更英文为"modification"，是指改变已储存个人信息的内容，包括修正和补充。变更是指改变已储存个人信息的内容，对个人信息载体形式的改变不属于变更。变更和删除不同，但两者也有竞合的部分，对电脑中已存在的个人信息错误部分进行删除，对被删除部分为"删除"，对整体而言为"变更"。

3. 传输

传输（communication），是指将已储存的个人信息以一定方式转移给接收人。

传输行为包括转移和获取两种：转移就是信息管理者将个人信息转移给接收人；截取是指在信息管理者明确同意的前提下，接收人主动采取技术措施获取信息管理者的个人信息。详述如下：（1）转移。转移是指将信息管理者将个人信息传送至接收人的可控制范围。转移的方式主要是个人信息数据库的移交或者内容的移交，对转移的方式并无限制，载体转移，网络传送，传真等等，只要可以达到接收人的控制范围即可。（2）获取。获取是指借助自动化流程取得对信息管理者准备传输的个人信息的主动获得。

传输是双方行为，是信息管理者和接收人之间的行为，二者是彼此独立的主体，互不隶属，因此，发生在同一主体内部各工作部门之间的传输不是个人信息保护法上的传输。传输行为的客体包括已储存的个人信息和经由信息处理而获得的新信息。所谓"已储存"是指个人信息已存在于一定载体之上。只要将此"已储存"的个人信息转移给接收人（第三人）即构成个人信息传输。所谓"经由信息处理而获得的新信息"，是指根据已储存个人信息的分析处理而得到的另一信息。

4. 封锁

封锁是指为限制继续处理或利用，采取的使他人不能获得已储存的个人信息的行为。例如，关闭对个人信息进行加密、附加封锁符号等。封锁是德国资料法上的概念，英文译为"blocking"。德国资料法中对封锁的定义为：指为限制继续处理或利用，而对已储存之个人资料附加符号。我们认为这一概念有违技术中立原则，不可取。将封锁一词引入立法的目的，是为了限制继续处理、利用个人资料，那么就没有必要对限制的方式做出具体的规定，把封锁的方式限制在"附加符号"的行为上。

5. 删除

删除（erasure），本意是指移去或消除某项记录。在个人信息保护法上，删除是指将已储存的个人信息的全部或一部分清除或抹去，使其不能重现，不能再进行检索。

变更和删除的共同点是，对个人信息内容的改变。主要区别在于：变更是以新的内容代替旧的内容，而删除仅是对旧有内容的消除，它不涉及个人信息内容的更新问题。有学者认为，破坏个人信息存在的媒介体也是删除行为。① 我们认为，在此种情况下，只有当事人的破坏目的是为了消灭个人信息，才能认定此种破坏载体的行为，构成删除。

（三）利用

1. 利用概述

个人信息的利用（use）是指个人信息的内部使用、比对或披露。我国台湾省"《资料保护法》"、香港资料条例都认为利用包括传输，而德国资料法和欧盟指令均很明确地将传输排除在利用之外，而划归处理。笔者认为，利用和传输不同。传输属于处理，和利用分属于不同的阶段。传输与利用的区别的关键在于：传输是个人信息的跨系统的移转行为，一般表现为双方行为；利用一般是指个人信息在系统内的运用行为，多为单方行为。总的来说，利用包括内部使用、外部使用、计算机比对和披露。

2. 内部使用和外部使用

内部使用是指信息管理者内部对个人信息的使用，外部使用是指信息管理者将自己储存的个人信息提供给第三人使用。我国台湾省"《资料保护法》"第 3 条第 5 款规定，利用是指公务机关或非公务机关将其掌握之个人资料文件为内部使用或提供当事人以外之第三人。无论是内部使用还是外部使用，都可以分为目的内的使用和超出收集目的的使用。目的内的使用为合法行为，而超出收集目的的使用，一般情况下，为违法行为。

3. 计算机比对

计算机比对，为内部使用的一种特殊情况。计算机比对（computer matching

---

① 罗明通，等. 电脑法（下）. 台北：群彦图书股份有限公司，1994：521.

activities），也称信息匹配，是指将两个或两个以上储存个人信息的数据库，为了特定的目的进行内容鉴别。一般而言，计算机比对是利用计算机程序进行的，将数据库内的个人信息逐一比对，以对不同数据库中的个人信息相互印证、去伪存真。由于计算机处理速度快、储存量大等特点，海量的个人信息比对对于计算机而言十分轻松，因此，计算机比对很快应用于社会的各个方面。2007年，央行开始对房地产贷款进行监管，严格控制第二套房贷、遏制投机倒房的现象。9月27日夜，央行与银监会共同发布了《关于加强商业性房地产信贷管理的通知》，确定将第二套住房首付提高至40%，同时贷款利率提高10%，成为监管层抛向市场的调控"重磅炸弹"。然而，何为"第二套住房"？通知规定，所谓"第二套房"，指借款人利用贷款所购买的首套自住房以外的其他住房；而"首套自住房"，则指借款人第一次利用贷款所购买的用于自住的房屋。这看似简单的问题，其具体认定却挑动着消费者的敏感神经，因为需要通过对银行、户籍、房屋管理等机构的个人信息数据库进行比对才能得出结论。无疑，这种要求面临法律的巨大挑战，我国并未有法律授权行政机关利用计算机比对公民的个人信息。而通过比对得出的结论，涉及其他的敏感信息（如夫妻间的财产隐瞒、婚外情人等敏感问题）又将如何处理，也无法律依据。

在美国，社会大众对美国政府应用计算机比对个人信息的行为有两种相反看法：有些人认为计算机比对行为是一种极有效率的工具，可以用来侦测社会福利计划中的欺诈、错误；有些人则认为政府透过这样的工具，最后终究会对个人生活进行全面性的掌控，因此是对个人隐私的极大侵害。① 大众的争议引起美国国会的高度重视，美国于1988年通过了《计算机比对行为与隐私保护法案》（*The Computer Matching and Privacy Protection Act*），对计算机比对资料的行为进行调整。

4. 披露

披露（disclosing），是利用的一种，专指以告知或提供查阅等方式将个人信息的内容示知第三人的行为。披露包括合法披露和非法披露。合法与非法同样以收集目的为界限，目的内的为合法披露，目的外的为非法披露。披露还可以分为资料披露和内容披露。个人信息披露和传输不同，传输是指以任何形式个人信息记录转移给第三人，而披露是指将个人信息的内容透露给第三人，并不要求有个人信息记录的转移。披露的主要形式是电话告知、口头通知和提供查阅。

---

① Raymond T. Nimmber , The Law of Computer Technology：Rights. Licenses. Liabilities. 16-28（2nd ed. 1992）.

第五节　国家机关处理个人信息的要件

个人信息的处理事关个人权利，应遵循一定要件方可为之。以下仅就个人信息处理中较为复杂的收集、利用、计算机比对和跨国传输的要件加以分析。个人信息的处理要件，因信息管理者的性质不同而有区别。信息管理者可以分为国家机关和非国家机关，本节对国家机关收集、处理和利用个人信息的法律要件进行阐述。

国家机关收集、传输和利用个人信息的法律要件，是指国家机关收集、传输和利用个人信息的必备条件。个人信息收集、处理和利用对个人权利的影响并不相同，纵观全球立法，对国家机关收集、传输和利用个人信息的要件，均主张个人信息处理阶段不同，应适用不同的法律要件。

一、国家机关的收集和处理要件

根据我国台湾省的相关规定，国家机关收集和处理个人信息的必备条件主要包括特定目的要件和选择性要件两项。我国台湾省"《资料保护法》"第 7 条规定：公务机关对个人资料之搜集或电脑处理，非有特定目的，并符合下列情形之一者，不得为之。

1. 于法令规定职掌必要范围内者。
2. 经当事人书面同意者。
3. 对当事人权益无侵害之虞者。

（一）特定目的要件

特定目的要件为国家机关收集和处理个人信息的必备要件。国家机关收集和处理个人信息必须具备特定的收集目的。这个要件的目的在于限制国家机关的权力，制止无故收集个人信息，保护公民的私人生活。此要件反映的是目的限制原则的要求。美国 1974 年《隐私法》第 4 条 "对行政机关的要求" 规定：保持记录系统的每一个行政机关都应当只能在其记录系统中保持与本机关实现法律或总统行政命令所要求其实现的行政目的相关的、必要的关于某一个人的记录。

（二）三大选择性要件

选择性要件是指国家机关收集和处理个人信息，除应具备特定目的要件外，还至少应具备三大选择性要件中的任意一个。根据我国台湾省的规定，选择性要件包括职责范围要件、书面同意要件和无侵害要件。

1. 职责范围要件

国家机关收集和处理个人信息应在职责范围内进行。德国资料法第13条规定："为了履行职责，收集人需要知悉资料的，可以收集个人资料。"这是国家机关收集个人信息的首要条件，超出职责范围的收集则构成非法。此要件的确立目的在于保障各国家机关依法行事、各司其职，严格限制国家机关超越职权范围收集个人信息。国家机关的职责，是指根据宪法或有关组织法的规定，各国家机关自身任务、权限或管辖等范围内所掌管的业务或事项。国家机关职权的划分，是为了各公权力机关行使职权各有依据，不致发生逾越或废弛等情事，国家机关为完成各自职责的内部规划、管理、监督、执行等相关业务，均独立完成，不受外力的非法干涉，也不得逾越或擅自委托、代行使职责。我国现有的国务院及其29个部委和地方行政系统，各自都有组织法或内部规章的权限规定。

2. 书面同意要件

书面同意要件是指国家机关收集和处理个人信息之前，应得到信息主体的书面同意的法律要件。该要件应该满足以下三个条件：第一，知情；第二，书面；第三，同意。知情的含义在于知情同意，是指信息主体掌握个人信息处理情况下做出的同意。描述信息管理者和信息主体之间关系的基本伦理模型是：信息主体基于对个人信息处理详细情况的了解，以及对信息管理者的信任，信任后者会出于正义和良心真诚地遵守他的告知，因而决定将自己的个人信息交由信息管理者控制。信息管理者应该将信息主体的利益放在首位。知情同意是贯穿医学伦理的一个基本原则，后经发展进入到个人信息处理领域。1940年的医学伦理法典——《纽伦堡法典》，放弃了受试者由研究人员保护的旧观念，代之以受试者具有自我决定权，从而树立了知情同意的新观念。这种观念是符合洛克、杰弗逊等人的基本思想以及美国《人权法案》的精神的，因此在那个特定的历史时期得到了迅速普及和发展。非国家机关收集个人信息遵守知情同意条件，这是民事法律关系的平等和意思自治原则的基本要求，是信息主体行使自我决定权的前提条件。

法律对"同意"的"书面"要求，目的在于敦促当事人郑重行使权利，切勿草率，并可以作为证明和证据使用。在传统方式下，书面一般意味着纸面，或者其他有形的物理载体形式。在电子商务模式下，产生了一个新问题，通过网络实施的行为，比如点击和填写并发送，构不构成书面要件。通过网络做出的行为，实质是发送一个数据电文（data message）。一开始，学界对数据电文是否符合法律上的"书面"要求，有很大的争议。随着2005年《中华人民共和国电子签名法》的实施，争议被消除。我国电子签名法第4条的规定，能够有形地表现所载内容，并可以随时调取查用的数据电文，视为符合法律、法规要求的书面形式。"书面同意"要义有二，一为书面，一为签名，无签名，"同意"即无归属。因此，对数据电文的签名则成了另一新问题，同样，我国电子签名法对此做出了详尽的规定。我国电子签名法第 14 条规定，可靠的电子签名与手写签名或者盖章具有同等的法律效力。第 13 条专条规定了什么是可靠的电子签名。该条规定：电子签名同时符合下列条件的，视为可靠的电子签名：

（一）电子签名制作数据用于电子签名时，属于电子签名人专有；

（二）签署时电子签名制作数据仅由电子签名人控制；

（三）签署后对电子签名的任何改动能够被发现；

（四）签署后对数据电文内容和形式的任何改动能够被发现。

当事人也可以选择使用符合其约定的可靠条件的电子签名。

因此，在网络上，通过点击和填写表格形式做出的同意，应被符合书面，然后经由电子签名，予以确认。然而，我国的实际情况是，拥有电子签名手段的个人极少，对于绝大多数个人网络用户而言，使用电子签名不但费时而且麻烦，并且他们中的绝大多数对于电子签名根本就不理解，有一种抵触情绪。因此，在其他证据可以证明一个数据电文归属于某主体时（如使用的电子邮件地址和 IP 地址等），不一定严格要求必须使用电子签名加以签署才有效，否则，我国网络上的消费者合同或者其他的双方约定可能十有八九都会处于无效的状态。

3. 无侵害要件

无侵害要件是指对在个人信息收集和处理之初，国家机关应对收集和处理进行评估，认为不会侵害当事人权益的，才可以进行个人信息收集。我国台湾省"对当事人权益无侵害之虞者"失之过宽，并且较难操作，不论何种形式的个人信息收集，恐怕都事先就保证"对当事人权益无侵害之虞"。单"没有无利益的信息"，每一笔个人信息或许无害，但经过计算机比对，将许多信息连接在一起，经过分析和处理，就可能对信息主体造成侵害。个人信息保护法正是以防止这种危险和侵害的发生为目的。因此，我国台湾省的管理规定，应经过限缩和监督，比如设置一定的核实和批准程序等，更为合适。

满足了无侵害要件不等于在个人信息收集和处理过程中不发生实际的侵害，若发生侵害，信息主体仍可依法主张救济，而国家机关不能据此为自己免责开脱。

二、国家机关的利用要件

（一）一般利用要件

国家机关的利用要件是指国家机关利用个人信息必须满足的法律要件，又可以称为一般利用要件。

我国台湾省"《资料保护法》"第8条前款规定："公务机关对个人资料之利用，应于令职掌必要范围内为之，并与收集之特定目的相符。"故依该法条之规定，国家机关利用个人信息需具备两项法律要件，即职责范围要件——"于法令职掌必要范围内"和特定目的要件——"与收集之特定目的相符"。这两个要件，同时也是国家机关收集和处理个人信息的法律要件，已有论述。

（二）国家机关目的外利用之八大要件

在有些特殊情况下，法律明文规定了一些例外，在这些情况下，允许个人信息的目的外利用。国家机关目的外利用要件是指国家机关在特定目的之外，利用个人信息必须满足的要件，又称为目的外利用要件。

我国台湾省"《资料保护法》"第8条规定："公务机关对个人资料之利用，应于法令职掌必要范围内为之，并与接集之特定目的相符。但有下列情形之一者，得为特定目的外之利用：1.法令明文规定者。2.有正当理由而仅供内部使用者。3.为维护国家安全者。4.为增进公共利益者。5.为免除当事人之生命、身体、自由或财产上之急迫危险者。6.为防止他人权益之重大危害而有必要者。7.为学术研究而有必要且无害于当事人之重大利益者。8.有利于当事人权益者。9.当事人书面同意者。"以上九条目的外利用的规定，具有代表性。然而，实际上，其第二要件，"有正当理由而仅供内部使用"已包含在前文"法令职掌范围内，且符合收集的特定目的"之中，在此重复列出没有必要。因此，笔者认为国家机关目的外利用的八大要件为：法定要件、国家安全要件、公共利益要件、免除信息主体紧迫危险要件、促进信息主体权益要件、免除他人重大危害要件、学术研究要件和书面同意要件。详述如下：

1. 法定要件

法定要件是指国家机关依照法律和政策明确规定，可以进行个人信息目的外利用的要件。这是国家机关目的外利用个人信息的首要条件，这里的法定，包括法律、法规和政策等规定，其目的是为了确保各国家机关依法行事、各司其职的基础上，进行必要的协作和合作，因此被赋予目的外利用个人信息的权力。法律直接规定要件中的法律，包括所有法律、法规的有关规定，并不限于个人信息保护法的规定，包括我国缔结和参加的国际条约的规定。政策是指国家或者政党为实施特定历史时期的任务和执行其路线而制定的活动准则和行为规范。执政党的政策通过法律程序上升为国家意志后就成为国家的政策。我国《民法通则》第6条明确规定："民事活动必须遵守法律，法律没有规定的，应当遵守国家政策。"

2. 国家安全要件

国家安全是指一个国家的主权和领土的完整与安全。根据我国刑法的规定，我国国家安全包括国家的主权以及现行的政治制度安全。我国宪法第 28 条规定："国家维护社会秩序，镇压叛国和其他危害国家安全的犯罪活动，制裁危害社会治安、破坏社会主义经济和其他犯罪的活动、惩办和改造犯罪分子。"就具体内容而言，国家安全是指国家的独立、主权和领土完整不受侵犯；国家的政治制度和社会制度不受颠覆；国家的统一和民族团结不受破坏；国家的经济发展、科学进步、文化繁荣不受侵害；对外政治、经济、科技、文化等平等互利的交往和交流不受干涉和阻碍；国家秘密不被窃取；国家机构不被渗透；国家工作人员不被策反等。总之，国家安全涉及到政治、经济、文化和社会生活的方方面面，对这些方面的根本上的侵害，都构成危害国家安全。

国家安全是国家最高利益，国家机关为维护国家安全而对个人信息进行目的外利用，为合法利用。

3. 公共利益要件

为公共利益而为目的外利用须满足以下两个条件：第一，须为"增进"，使公共利益增加；第二，须为公共利益，不是集团利益或者少数人利益。这是一个不确定的法律概念，学界也无统一的定义。自从近代民族国家起源，公共利益（public interest）分化为二：一是社会公共利益。它是在特定的历史阶段，与特定的社会生产力水平、具体的社会生产生活方式以及具体的文化传统相关的。社会公共利益往往被淹没在统治阶级利益之下；二是国家制度和国家暴力，统治阶级为维护自身利益而制定的国家制度以及为维系此制度而必需的国家暴力是第二种公共利益，第二种公共利益是第一种公共利益实现的手段。笔者认为，部门法上的公共利益，与国家利益和国家安全是相互区分的概念，主要是指社会公共利益，是全体社会成员为实现个体利益所必需的社会秩序。国家制度和国家权力是社会公共利益实现的具体方式。在一个民主国家，民主、法治是公共利益的具体评判尺度。

当国家机关以增进公共利益的目的而为目的外利用的，为合法。根据行政法的比例原则，国家机关为目的外利用而促进的"公共利益"，应为"重大"的公共利益，这样可以保障是为了重大的公共利益而牺牲了信息主体的利益，才符合"比例原则"。对于公共利益的认定，法律并未规定统一的标准，应就个案衡量判断。在个案中，判断何为公共利益，应注意以下几点：第一，应以不特定的多数人为主体，仅涉及特定人或少数人的利益，不构成公共利益；第二，是否增进公共利益，应采取客观的标准，不以国家机关的主观目的为标准；第三，对公共利益的判断应以法定为主，法律无明文规定的，在解释上须从严，以免对权利人造成不必要和不合理的损害；第四，在法律的适用上，国家机关因公共利益而限制或剥夺权利人权利的，应给予补偿。

4. 免除信息主体紧迫危险要件

为免除信息主体危险而为目的外利用，须满足以下两个条件：第一，信息主体的危险为生命、身体、自由或财产上的危险，而不包括其他危险，如政治风险等；第二，须为急迫的危险，如果危险并不紧迫，也能通过其他途径予以解除的，应该尽最大可能选择其他途径。当国家机关知晓信息主体正在面临生命、身体、自由或财产上的危险，超过特定目的而利用个人信息事关信息主体的重大利益，国家机关可以超越目的限制原则的规定，果断采取措施，通过对个人信息的目的外利用，排除危险，保护信息主体的利益。国家机关为了免除信息主体的危险而为目的外利用，不要求危险是"重大的"，对于信息主体的一般利益，要是"紧迫"的，国家机关也可以实施目的外利用；对于危险的排除也不要求"必要的"，只要是紧迫的危险，即便通过其他途径可以排除危险，国家机关以目的外利用的形式排除该危险也为合法。

5. 促进信息主体权益要件

信息主体权利既包括法律所规定的权利，也包括一般可能获得的其他利益。国家机关目的外的利用个人信息，是为了促进信息主体权益的实现，非为不法。对信息主体是否有利，应以信息主体有无具体的可获得的利益为判断标准，而不能仅仅以后果——是否得到利益为判断标准。

6. 免除他人重大危害要件

为免除他人权益的重大危害而为目的外利用，国家机关必须符合以下两个条件：第一，危害，不是危险。危害应有客观的标准，而危险则主观判断因素较多。第二，须为重大，一般的危害不在此列。第三，须为有必要，通过其他途径也可以免除的，不得采用目的外利用方式。为防止他人权益之重大危害而有必要者，他人的权益应包括公权利和私权利，既包括人身及财产等私权和利益，也包括选举等政治权利。为保护他人的权利免受重大的危害，国家机关可以对特定人的个人信息进行处理，此时，国家机关为目的外利用，不是为了保护信息主体的权益，而是为了保护第三人的权益，因此，对第三人权益的保护，信息主体并无"对价"补偿，因此，危害必须以"重大"为标准，并且还要以实际存在的威胁为标准。"必要"应按照比例原则来认定，应认为若不进行个人信息目的外利用，便不能防止对他人权益的重大危害为标准。若非重大危险，即便是紧迫的，国家机关也不应为此目的利用信息主体的个人信息。对于国家机关主观臆测的"重大危害"而目的外利用信息主体个人信息的，信息主体可以行使个人信息权，通过救济途径获得救济。

7. 学术研究要件

为学术研究而为目的外利用，须满足以下三个条件：第一，为学术研究；第二，有必要；第三，无害于当事人的重大利益。为学术研究目的，并且对信息主体重大权益不构成侵害的，可以处理个人信息。马克思·韦伯指出，一个学者要想赢得社会的认同感，无论就其表面和本质而言，个人只有通过最彻底的专业化，才有可能具备信心在知识领域取得一些完美的成就。而正是这样的完美成就，推动了人类认识的发展和社会的进步。因此，可以说，学者是社会的大脑。对学术研究的"法外施恩"，是很多部门法共同的作为。最为典型的应属知识产权法，根据各国立法建立的合理使用制度，莫不把学术研究作为合理使用的一个原因，期待能从先前作品的价值之外创造有利于公众的"额外价值"，目的则在于促进科学和有用技艺的进步，进而推定社会的发展。如果没有对学术研究的"法外施恩"，人们就可能阻碍新知识的产生，阻碍社会发展的步伐。在个人信息保护领域，旨在便利学术研究的个人信息收集与传输一般均为各国立法许可的一个条件。一是因为学术研究有助于公共利益，二是因为一般而言学术研究对当事人的人格侵害不大，如欧盟95指令第6条第1款第2项规定："如果成员国提供适当的保护，为了历史、统计和学术目的所进行的进一步处理不被认为是与收集目的不符的"。实际上，"学术研究"要件是以牺牲信息主体的个人信息利益为代价的，允许他们为了社会利益而对他人的个人信息进行有限的使用。这个界限就是不得侵害信息主体的重大权益，也就是说，信息主体的非重大权益的损害是允许的。

应该注意的是，因学术研究而使用他人个人信息，应尽可能保持匿名化，以将可能给信息主体带来的侵害降低至最小限度。德国资料法第14条第2款第9项规定："为实施学术研究所必要，且依研究计划实施之学术利益显然重于当事人禁止目的变更之利益，而依其他方法不能达成研究目的或需不当耗费始能达成者"。可见，基于学术研究要件的目的外利用，应符合以下两个要件：第一，欲进行学术研究的目的外利用，必先按照比例原则的要求，进行必要的利益衡量。斟酌学术研究的公共利益与禁止目的外利用要保护的私人利益的轻重，前者明显优于后者的；第二，国家机关已储存的个人信息，对于学术研究的使用，是不可或缺的，或另收集、储存将耗费时间和庞大费用的。

8. 书面同意要件

此要件同为"国家机关的收集和处理要件"中的选择要件中的一个，不赘述。

目的限制原则是个人信息保护法的基本原则，目的外利用之要件专为打破该原则而设计，即在符合一定的要件之后，诸如上述八大要件，就可以为目的外利用而不用承担责任。但我国台湾省规定的这些要件，比如"内部使用"、"国家安全"和"公共利益"等，极为空泛和概括，授予了国家机关没有限制的裁量权，对目的限制原则构成了极大的冲击。

三、计算机比对的法律要件

（一）个人信息计算机比对的概念与范围

个人信息计算机比对，英文为 Computer Matching，是指为了特定的目的，利用计算机程序将两个或两个以上数据库内的个人信息进行比较和鉴别的行为。美国 1974 年《隐私法》使用的是 Computer Matching 这一概念，而我国香港资料条例则使用了"核对程序"（matching procedure）这一概念。

（二）计算机比对的目标和目的

1988 年美国制定了《计算机比对与隐私保护法》，后被并入了 1974 年《隐私法》，这是全球最早的计算机比对立法。1996 年我国香港资料条例对"核对程序"也做出了专门规定。针对一个复杂的现实问题的立法，关键是在不同的利益之间进行取舍和寻求平衡，计算机比对也是如此。计算机比对的直接目标是核对信息主体个人信息的正确性，以作为国家机关采取行动时的依据。香港资料条例就计算机比对的目标做了明确的规定，该条例第 2 条规定，所作比较（不论是全部的还是部分的）是为了产生和核实某些（可即时或于其后任何时间）用作对任何该等资料当事人采取不利行动的资料的；或所作比较产生和核实某些资料，而就该等资料而言可合理地相信将该等资料（即时或于其后任何时间）用作对任何该等资料当事人采取不利行动是切实可行的。

对计算机比对进行立法的基本目的有两个：一是使计算机比对本身合法化；二是设置严格条件规范比对行为，保障信息主体的权利。

政府部门进行计算机比对，事关全民。对政府部门计算机比对进行立法是美国立法史上的一件大事。1988 年，美国制定个人信息比对专项法律，法律名称为《计算机比对与隐私法》，该法在承认个人信息计算机比对的合法性的同时，对计算机比对加以严格限制和规范。这部法律后被并入美国保护个人信息与隐私的基本法——1974 年《隐私法》。

（三）受规范的比对：比对项目①

《隐私法》中的比对项目，是指两个或两个以上的个人记录系统之间、或一个记录系统与非联邦记录之间进行的比对。《隐私法》规定了两种基本的比对类

---

① 参见美国《隐私法》第 1 条。

型：福利比对项目和工资比对项目。福利比对项目是指政府部门为了执行福利计划而进行的比对项目，包括获得联邦福利计划项目中现金支付与实物援助之申请人、接受人、受益人、参加人及服务提供者资格的成立与确认，以及联邦福利计划项目中的赔偿性支付或过期债务的清偿。行政机关进行福利比对的目的是确保福利计划执行的正确性，以避免欺诈、舞弊和浪费。

工资比对项目是以比较联邦职员名册和工资为对象的比对项目，通过两个或两个以上联邦职员名册或工资自动记录系统之间、或一个联邦职员名册或工资记录系统与非联邦记录之间的比较而进行，这个项目的执行主要是为了落实职员的实际工资情况，以及纳税情况等。

为了最大限度确认计算机比对的合法性，美国《隐私法》规定了以下六种比对，作为例外，可以不适用《隐私法》的相关规定。因为，行政机关进行的所有的计算机比对活动，都会对国民的个人利益产生影响；另一方面，出于强化行政的需要，对所有计算机比对都要求严格适用《隐私法》的规定，也并不现实。这六种活动有：

1. 资料统计。政府部门进行计算机比对，仅仅是为了得到宏观的统计资料，而并不对任何可识别个人特征的个人信息进行比对。这种比对，从实质上看，与个人无关，因此不必适用《隐私法》关于计算机比对的规定。

2. 研究和统计计划。政府机关为了支持研究工作，或者为了制定合理的统计计划而实施的计算机比对，此种计算机比对可能包括了具有识别个人特征的个人信息的比对，但是因比对所得到的结果，并不作用于个人信息指向的具体人员，也并不做出影响个人利益的决定，因此可以不适用《隐私法》关于计算机比对的规定。

3. 获得证据。为执行刑法任务，特定机关在进入到调查特定人员的违法行为之后，为了获得相关证据而进行的计算机比对。在这种情况下，若执行《隐私法》的规定，则与任务的执行要求和技术相违背，因此可以不执行《隐私法》的规定。

4. 税务稽查。国家税务机关为了查实法律规定的税务信息，追缴税款而进行的计算机比对。

5. 例行公事的比对。此类比对的目的不在于对职员采取不利的行动，而在于例行的行政目的，或者仅限于机关内部掌握的个人信息进行比对，且比对结果，不用于对职员做出不利决定。

6. 联邦利益。为了反间谍的目的，核对准备使用的联邦职员的目的，或者为了核对与联邦签订契约的人的可靠性的目的而进行的计算机比对。

（四）比对的前提：比对协议①

比对协议是进行计算机比对的前提。提供信息的机关称为来源机关（source agency），接收信息的机关称为接收机关（recipient agency），在进行个人信息的计算机比对时，来源机关和接收机关之间必须预先签订一个书面的比对协议。没有比对协议，不得进行计算机比对，行政机关不得对其他机关提供个人信息而参与计算机比对活动。可见，比对协议是计算机比对的前提，是计算机比对的核心问题。比对协议必须包含以下内容：（1）进行比对的目的与法律依据；（2）进行比对项目的理由与预期结果；（3）对需要的个人信息的说明，包括将要使用的个人信息类型，需要的个人信息的大概数目，以及开始与结束的日期等；（4）个别通知。使用过程，实施计算机比对的机关向联邦福利计划中经济援助或现金支付的申请人及受益人、联邦机构的求职人员及现职人员发出个别通知的程序，以及随后依照该行政机关资料统一委员会的指示定期向其发出通知的程序；（5）对比对结果加以核实的程序；（6）比对项目结束后，对项目所需个人信息加以销毁的程序；（7）确保对被比对的记录进行行政、技术与物质保护的程序，以及计算机比对项目的结果。

行政机关不得隐瞒其比对协议。该法还规定，公众有权了解并得到比对协议，以便监督行政机关的计算机比对活动。

（五）比对的监管：信息统一委员会②

每个执行或参与计算机比对项目的行政机关，都必须设立信息统一委员会（Data Integrity Board），实施监督职能并且在行政机关各个部门之间进行协调，保证该机关的计算机比对工作符合隐私法的要求。信息统一委员会由机关行政首长所任命的高级官员组成，并且应当包括负责实施隐私法的高级官员，并可以设立总监察员，设立总监察员的，总监察员不得兼任信息统一委员会的主席。

信息统一委员会具有以下主要职能：

（1）就书面比对协议进行审查、批准和保存，确保上述活动符合《隐私法》和有关法律、法规及指导原则的要求。

（2）对本机关所参与的所有计算机比对项目进行审查，无论该机关是作为来源机关还是接收机关，以确定是否符合有关法律、法规、指导原则及机关所签订的协议的规定，并估算这类匹配项目的成本与收益。

---

① 参见美国《隐私法》第15条。
② 参见美国《隐私法》第21条。

（3）编制一份提交给机关行政首长及预算与管理局（Office of Management and Budget，简称 OMB）的年度报告，如公众提出请求，可以将这份年度报告公开，年度报告应当说明机关实施匹配项目的活动情况。

（4）为了使接收及提供用于电脑匹配项目的信息达到准确、完整、可信，应当成记录的审查和交换中心。

（5）就《隐私法》中实施计算机比对项目的目的，向机关各个部门及职员提供有关解释与指导。

（6）审查机关就计算机比对项目所执行的记录保存与处理政策及实施情况，以确保本法规定得到遵守。

（7）对没有设立计算机比对项目而实施的计算机比对进行审查，并提出报告。

（六）个人权利的救济：正当程序①

计算机比对结果产生后，欲依据该结果对个人采取不利行动前，必须经过独立的查证（independent verification）程序，防止对个人造成不必要的侵害。这个程序被成为正当程序。所谓正当程序，是指行政机关在使用计算机比对所获得的信息对个人采取不利的行动之前必须遵守的程序。这个程序包括以下两个方面的要求：

1. 信息核实。行政机关在计算机比对中获得的信息，不能直接作为采取不利行动的根据。为了加强对个人的保护，任何接收机关、非联邦机关或来源机关都不得由于计算机比对项目所产生的结果为依据，而中断、终止、减少或最终拒绝向该当事人提供联邦福利计划中的经济援助或支付，或者对该当事人采取其他不利的行动。行政机关必须对比对结果加以核实，才能作为其对个人采取行动的根据。

2. 抗辩机会。行政机关根据计算机比对而得到的信息准备对个人采取不利的行动时，必须把行政机关准备采取行动的决定通知个人，并指出个人可以在通知规定的时间内提出抗辩。具体程序为：（1）行政机关独立核实通过比对得到的信息。（2）行政机关的信息统一委员会或者来源机关的信息统一委员会，依据管理与预算局局长发布的指令，做出裁定，裁决通过比对得到的信息，仅限于联邦福利计划中由来源机关所支付利益的确认及数额；或者认为有足够的证据证明，来源机关向接收机关提供的信息是准确的。（3）当事人收到行政机关发出的通知，通知中包括一份机关裁决，并告知当事人可以对裁决提起抗辩。（4）

---

① 参见美国《隐私法》第 16 条。

抗辩机会的小消灭。抗辩期间届满，当事人的抗辩机会消灭。如果在计算机比对中，专门的法律或法规未就抗辩期间做出规定，那么，自行政机关的通知投邮、或以其他方式送达该当事人之日起 30 日内届满。

在美国，进行计算机比对，并非易事，需要预先成立专门机关——信息委员会，需要双方达成书面协议，需要给予当事人抗辩权，需要一系列的法律程序作保障。

第六节 非国家机关处理个人信息的要件

一、非国家机关的收集和处理要件

非国家机关收集和处理个人信息的法律要件是指非国家机关收集和处理个人信息必须满足的法律规定条件。纵观全球立法，对于非国家机关处理个人信息的条件规定比国家机关略为严苛，一般对目的外利用限制较大。非国家机关收集和处理个人信息的法律要件包括资格要件、特定目的要件和五大选择性要件。

（一）资格要件

我国台湾省"《资料保护法》"第 19 条规定，非公务机关未经目的事业主管机关依本法登记并发给执照者，不得为个人资料之搜集、电脑处理或国际传递及利用。征信业及以搜集或电脑处理个人资料为主要业务之团体或个人，应经目的事业主管机关许可并经登记及发给执照。前二项之登记程序、许可要件及收费标准，由中央目的事业主管机关定之。

非国家机关处理个人信息应该首先取得或具有法律认可的资格，并经有关主管机关登记。纵观全球个人信息保护立法，对非国家机关进行个人信息处理的主张可分为申报主义和许可主义两种。所谓申报主义，也称准则主义，是指非国家机关必须向有关主管机关申请，通过有关主管机关的形式审查，并予以登记发给执照后才能收集个人信息。根据我国台湾省"《电脑处理个人资料保护法部分条文修正草案》"第 20 条的规定，非公务机关申请书的六项必载事项为：申请人之姓名、住、居所，如系法人或非法人团体，其名称、主事务所、分事务所或营业所；个人资料档案名称；个人资料档案保有之特定目的；个人资料之类别；个人资料之范围；个人资料档案之保有期限。并且，同条还规定了变更登记和终止登记的处理。"执照"是指为进行个人信息处理而专门领取的资格证书。关于主管机关，有两种立法例。一种是以专门的个人信息保护的监督机关为主管机关，这种立法例有德国、法国；还有一种是不设专门的监督机关，而由主管机关负责。我国台湾是这种立法例的代表。

所谓许可主义，是指非国家机关向有关主管机关申请，通过有关主管机关依法进行的实质审查，并予以批准、登记并发给执照。许可主义具有审查繁琐、国家干预性强、限制营业自由等明显缺陷，而现代多以准则主义为主流。我国台湾省欲将许可主义模式仅仅用于规范征信所业，这种做法值得借鉴。我国台湾省"《电脑处理个人资料保护法部分条文修正草案》"第 19 条规定：征信业应经目的事业主管机关许可，并经登记及发给执照（第 2 款）。前二款之登记程序、许可要件及收费标准，由"中央"目的事业主管机关定之（第 3 款）。征信所业是直接以收集、处理和提供他方利用个人信息为主要业务的行业，危害个人信息的可能性极大，将征信所业与其他非国家机关区别对待有其合理性。

（二）特定目的要件

我国台湾省"《资料保护法》"第 18 条规定："非公务机关对个人资料之搜集和电脑处理，非有特定目的，并符合下列情形之一者，不得为之。"根据目的限制原则，非国家机关处理个人信息必须遵守特定目的的拘束，不能超越特定目的收集、传输和利用个人信息。然而，在现行的电子商务的境况下，网站对个人信息的收集已经到了几近疯狂的程度，要求网络用户填写各式各样的个人信息，加重了网络用户的负担，也带来了人们对个人信息安全的普遍疑虑。而网站赢利的途径有二，一是广告费用，这个靠点击率来保障；二是个人信息数据库销售费用，这个就要靠个人信息的数量和质量了。目前，网站通常尽可能收集网络用户的所有信息，以储备为将来之财。这明显是违背特定目的要件的。

（三）五大选择性要件

非国家机关的个人信息收集和处理，除满足资格要件和特定目的要件外，还需要满足五大选择性要件中的任意一个。我国台湾省"《资料保护法》"第 18 条规定：非公务机关对个人资料之搜集和电脑处理，非有特定目的，并符合下列情形之一者，不得为之。

（1）经当事人书面同意者。

（2）与当事人有契约或类似契约之关系者，而对当事人权益无侵害之虞者。

（3）已公开之资料且无害于当事人之重大利益者。

（4）为学术研究而有必要，且无害于当事人之重大利益者。

（5）依本法第 3 条第 7 款第 2 目有关之法规及其他法律有特别规定者。

信息管理者和信息主体之间最基本的关系：信息管理者控制着属于信息主体的个人信息。也就是说，信息管理者事实上控制着属于别人的东西。一个处理行为，满足了主体要件和特定目的要件的基础上，只有符合以下任一条件，非国家机关就可以处理个人信息。这些条件有：

1. 书面同意要件

此要件同为"国家机关的收集和处理要件"中的选择要件中的一个，不赘述。

2. 交易关系要件

交易关系要件是指信息管理者和信息主体之间达成了交易关系的，而信息管理者为了交易目的的实现得以收集和处理信息主体的个人信息。成就交易关系，信息管理者处理信息主体的个人信息，非国家机关可以对信息主体的个人信息进行处理。"交易"并不是一个纯粹的法律术语，对交易的理解并不一致。从交易的过程来看，可分为以下几个阶段：第一阶段，即交易前，主要是指交易双方在交易合同签订之前所进行的一些活动，包括双方联络、相互提供信息等。第二阶段，即交易中，指合同阶段。第三阶段，即交易后，主要指在交易双方履行合同后，仍然会存在一定的联系。这三个阶段的行为都构成交易，而基于这三个阶段形成的关系都构成交易关系。从法律角度看，交易形成的以上三种关系可以分为两类：一类是合同关系。该处的合同，并不限于个人信息收集合同，而是泛指一切合同；另一类是类似合同关系，我国台湾省称为"类似契约关系"。据我国台湾省《〈资料保护法〉施行细则》第32条第1款的规定，"类似契约关系"指以下两种情形之一：（1）非公务机关与当事人于契约成立前，为订定契约或进行交易为目的，所为接触、磋商所形成之信赖关系。例如消费者向旅店预订房间而提供姓名、身份证件号码、通讯方式甚或信用卡号码等。（2）契约因无效、撤销、解除、终止或履行而消灭时，非公务机关与当事人为行使权利，履行义务或确保个人信息完整性之目的所形成之联系关系。

德国资料法第28条规定："有下列情形之一者，得储存、变更或传递个人资料，或以利用个人资料为执行自己业务目的之方法：（一）在与当事人间之契约关系或类似契约之信任关系之目的范围内者。"与德国法相比，我国台湾省留给信息管理者的活动空间过于大。德国法要求信息管理者必须在目的范围内收集、处理和利用，也就是说，必须是出于完成信息主体的基于该契约或者类似契约关系，所应履行义务和行使权利而有必要的，才为法律所许可。我国台湾省要求"对当事人权益无侵害之虞者"，看似对"合同和类似合同关系"时的收集给予了必要限制，实际上过于宽泛和含糊，并且没有任何可用之处，有合同或类似合同的关系存在，"非国家机关"就可以为了实现合同关系或者类似合同关系的目的范围内收集信息主体的个人信息。

3. 已公开要件

已公开要件是指信息管理者对信息主体已经公开的个人信息可以进行收集和处理。根据我国台湾省的规定，这个要件包含两个方面的内容：第一，针对的是已经公开的个人信息；第二，并且要求对信息主体的重大利益没有损害。然而，对于已经公开的个人信息，"非国家机关"并无不能收集和处理的道理，事实上也无法对此进行管理和监督，因此，后段规定多余，应将"且无害于当事人之重大利益者"删除。

以是否公开为标准，个人信息可以分为公开个人信息和隐秘个人信息。公开个人信息，是指通过特定、合法的途径可以了解和掌握的个人信息。我国台湾《"〈资料保护法〉"施行细则》第 32 条第 3 项规定："电脑处理个人信息保护法第 18 条第 3 款所称已公开之资料，指不特定之第三人的合法取得或知悉之个人信息。"

对于已经公开的个人信息，其上的隐私利益不复存在，各国立法倾向于在无损于信息主体重大权益的情况下，可于目的外储存、变更和利用。德国资料法关于"资料的储存、变更和利用"条款规定，自一般公众可以获得的个人信息或已公开的个人信息，可以进行目的外的储存、变更或利用，除非信息主体显然享有值得保护的重大利益。《美国—欧盟的隐私安全港原则与常涉问题》FAQ1 规定，信息主体已经向公众公开公布的个人信息，尽管其本身构成敏感信息，信息处理者可以不经过向信息主体提供明示的选择权就可以处理某些此类信息。我国台湾省"《资料保护法》"第 18 条规定，非公务机关对于"已公开之资料且无害于当事人之重大利益者"，可不适用目的特定原则，也就是可以进行目的外处理。

4. 学术研究要件

此要件同为"国家机关的利用要件"中的目的外利用要件中的一个，不赘述。

5. 法定要件

法定要件是指法律和政策明确规定的非国家机关收集和处理个人信息的要件。这里的法定，同样包括法律、法规和政策等规定。信息管理者可以依据法律和政策的明确规定，收集和处理个人信息。根据我国台湾省"《资料保护法》"第18 条有"依本法第 3 条第 7 款第 2 目有关之法规及其他法律有特别规定者"的规定，该法第 3 条第 7 款第 2 目是关于"医院、学校、电信业、金融业、证券业、保险业及大众传播业"这七类非国家机关的规定。也就是说，如果医院、学校、电信业、金融业、证券业、保险业及大众传播业这些领域，国家法律或者法规有特别规定，依照这些法律规定也可以收集和处理个人信息。这个规定和我国台湾省"《资料保护法》"只调整征信业和医院、学校、电信业、金融业、证券业、保险业及大众传播业的主体规定有关，但明显落后于个人信息处理的实际需要。应该排除行业限制，对于所有收集和处理个人信息的行业和机构一概适用。因此，此要件应为法律和政策明确规定的，信息管理者即可收集个人信息，而不必以特殊行业为限。

为了预防洗钱活动，维护金融秩序，遏制洗钱犯罪及相关犯罪，《中华人民共和国反洗钱法》第3条规定："在中华人民共和国境内设立的金融机构和按照规定应当履行反洗钱义务的特定非金融机构，应当依法采取预防、监控措施，建立健全客户身份识别制度、客户身份资料和交易记录保存制度、大额交易和可疑交易报告制度，履行反洗钱义务。"根据该规定，金融机构和特定的非金融机构应建立和健全客户身份识别制度和客户身份资料和交易记录保存制度，这些都是通过个人信息的收集完成的。

从上述要件可知，非国家机关（主要是商业机构）对于个人信息的收集有严格的条件限制。商业机构收集消费者的个人信息应该有合同或类似合同关系，并且还应是为了促进合同的实现收集个人信息，收集范围必须在这个目的范围之内，不得逾越。如果不存在合同或类似合同关系，或者在目的范围之外收集个人信息，就必须满足信息主体的书面同意要件、已公开要件、学术研究要件或者法定要件中的任意一个。

二、非国家机关的利用要件

（一）非国家机关利用个人信息的法律要件

非国家机关对个人信息的利用，受资格要件、目的限制原则的严格限制。

1. 资格要件

非国家机关收集和利用个人信息，须取得国家确认的资格。我国台湾省"《资料保护法》"第19条规定："非公务机关未经目的事业主管机关依本法登记并发给执照者，不得为个人资料之搜集、电脑处理或国际传递及利用。"

2. 特定目的要件

非国家机关利用个人信息必须严格按照收集目的利用，不得超出目的范围进行利用。我国台湾省"《资料保护法》"第23条规定："非公务机关对个人资料之利用，应于搜集之特定目的必要范围内为之。"而国家机关对个人信息的利用，原则上应于收集的特定目的必要范围内利用，这实际是要求非国家机关按照"目的限制原则"的要求利用个人信息，不得任意突破该原则的限制。我国台湾省"法务部"1996年公布的《电脑处理个人"〈资料保护法〉"之特定目的》列举的"特定目的"共有101项，涉及范围十分广泛，包括营销业务、保险业务、咨询服务业务等。非国家机关利用所收集的个人信息，除了满足特定目的要件外，同时必须满足第 19 条第 1 项规定的"依法登记并取得执照后"的规定。

（二）主管机关的限制与四大限制性要件

非国家机关的主管机关基于法定的重大事由，可以对非国家机关利用个人信息予以限制。由于对非国家机关的限制，实质是剥夺了非国家机关对个人信息的处理和利用权利，因此，非为重大并且法定的事由，主管机关不可以为之。我国台湾省"《资料保护法》"第 24 条规定："非公务机关为国际传递及利用个人资料，而有下列情形之一者，目的事业主管机关得限制之。一、涉及国家重大利益者。二、国际条约或协定有特别规定者。三、接受国对于个人资料之保护未有完善之法令，致有损害当事人权益之虞者。四、以迂回方法向第三国传递及利用个人资料规避本法者。"

可见，主管机关对非国家机关利用个人信息进行限制的四大要件包括：

第一，国家重大利益。涉及国家重大利益的，主管机关可以限制个人信息利用。

第二，国际条约的固定。国际条约或协定有特别规定的，从其规定。

第三，接收国条件。接收国对于个人信息的不足，比如没有完善的立法，也没有建立相应的自律保护机制，可能导致信息主体权益损害的，主管机关可以限制传递。

第四，法律规避。以迂回的方法，向第三国传递个人信息，其目的是为了规避本国法律规定的。

（三）非国家机关目的外利用的六大要件

法律对非国家机关的目的外利用的规范，比国家机关进行目的外利用更加严格。因此，许多国家机关目的外利用的条件，非国家机关即使具备也不可进行目的外利用。我国台湾省"《资料保护法》"第 8 条规定国家机关目的外利用的九大要件："1. 法令明文规定者。2. 有正当理由而仅供内部使用者。3. 为维护国家安全者。4. 为增进公共利益者。5. 为免除当事人之生命、身体、自由或财产上之急迫危险者。6. 为防止他人权益之重大危害而有必要者。7. 为学术研究而有必要且无害于当事人之重大利益者。8. 有利于当事人权益者。9. 当事人书面同意者。"我国台湾省"《资料保护法》"第 23 条规定了非国家机关目的外利用的四大要件："非公务机关对个人资料之利用，应于搜集之特定目的必要范围内为之。但有下列情形之一者，得为特定目的外之利用。一、为增进公共利益者。二、为免除当事人之生命、身体、自主或财产上之急迫危险者。三、为防止他人权益之重大危害而有必要者。四、当事人书面同意者。"可见，国家机关目的外利用的九大要件，缩减为非国家机关目的外利用的四大要件，这在一定程度上是符合对非国家机关应给予更加严格的限制的国际立法惯例，但具体立法又有偏差。具体分析如下：首先，法律法规一般无对非国家机关的目的外利用做出特别的明文规定，非国家机关一般也不涉及国家安全的主动维护问题，因此对于非国家机关的目的外利用并无法律法规明确规定要件和国家安全要件。而国家机关的内部使用要件更不适合非国家机关，因为国家机关的内部使用要件主要是为了提高行政效率，对信息主体的权益进行了限制，而非国家机关（比如商业机构）对个人信息的利用，是以赢利为目的。如果允许商业机构以内部使用为由而为目的外利用，则等于在事实上放弃了目的限制原则。而当事人权益要件，实则是一个空泛的裁量度过大的一个要件，此种裁量权不应赋予商业机构，否则后果将出乎立法的预设。商业机构会以广告的投发是为了信息主体的权益为由对目的外利用个人信息进行抗辩。而将学术研究要件从非国家机关的目的外利用要件中排除，没有科学根据。德国资料法第28条第2款关于目的外利用的规定也将学术研究作为非国家机关目的外利用的一个要件。并且，法律和政策明确规定要件应列入，以扩大法律的调整范围。

因此，笔者认为，非国家机关目的外利用个人信息的选择性要件应该为六大要件，分别为：

第一，法定要件。

第二，公共利益要件。该要件内容和国家机关目的外利用完全一致，应为增进公共利益。

第三，免除信息主体的紧迫危险要件。该要件内容和国家机关目的外利用完全一致，为免除信息主体的生命、身体、自由或财产上的急迫危险，非国家机关可以为目的外利用。比如，信息主体以住宿目的向酒店提供个人手机号码，而次日离店后，酒店人员发现其公文包遗失在房内，于是利用其为联系住宿而留下的手机号码进行联络的行为，就是为了免除信息主体财产的急迫危险而为的目的外利用，应为合法。

第四，防止他人重大危害要件。该要件内容和国家机关目的外利用完全一致，为防止他人权益之重大危害而有必要的，非国家机关可以为目的外利用。

第五，学术研究要件。该要件内容和国家机关目的外利用完全一致，为学术研究而有必要且无害于信息主体的重大利益的，非国家机关可以为目的外利用。如果利用的个人信息是关于一组人的，信息主体仅为一组人中之一，那么关于该组人的职业或商业的类型以及身份信息的传输，不会被认为会损害信息主体的合法利益。但是，对健康信息、犯罪记录以及宗教或政治观点等敏感个人信息的传输，应认定危及信息主体的合法权益。但为研究机构进行学术研究的利益所必要，并且进行学术研究的利益显然大于信息主体禁止目的变更的利益，而且利用其他方法不能达到研究目的或需不当的耗费才能达到的，学术研究机构可以因学术研究而为目的外利用。

第六，书面同意要件。同样，该要件内容和国家机关目的外利用完全一致，当事人书面同意的，非国家机关可以为目的外利用。这是意思自治原则的体现，信息主体自己可以决定和处理自己的个人信息，如果信息主体书面表示同意的，非国家机关可以为目的外利用。

第七节　个人信息的跨国传输

随着全球经济一体化的进行，社会经济的发展越来越依靠物资、人员和信息的全球范围内的自由流通。个人信息的跨国流通，是许多国家公约和协定规定的国家义务，是一个成员国必须保障的，如欧盟 95 指令和 WTO 的相关规定。然而，个人信息的跨国流通，不仅仅涉及个人权益的保护，而且还涉及国家主权、经济发展等诸多问题的诸多方面，从法律角度看，个人信息的跨国流通涉及的法律很广，涉及国际公法、国际私法、国际经济法和国内法，十分复杂。因此，规范个人信息跨国流通就成为国家立法的重点和难点。

一、个人信息的跨国传输概述

（一）个人信息跨国传输的概念

个人信息跨国传输，又称个人信息跨国流通，此概念来自于资料跨国流通。资料跨国流通（Transborder Data Flows，简称 TDF 或 TBDF），最早在由经济合作与发展组织赞助的一个关于隐私权保护的研讨会上被首次使用，后成为一个具有特定内涵的法律概念。

广义的 TDF 指的是各种资料，包括个人信息也包括其他资料在国与国之间的流动。狭义的 TDF 仅限于个人信息的跨国流通，而不包括非个人信息的资料流通。个人信息的跨国流通也有广义和狭义的区分。广义的个人信息跨国流通是指利用一切方式和手段进行的个人信息的跨国流通，不限于经由电脑处理和网络传递方式。经济合作与发展组织（Organization for Economic Cooperation and Development，OECD）理事会于 1980 年 9 月 23 日通过了《关于隐私保护与个人资料跨国流通的指针的建议》（以下简称 OECD 建议），是对个人信息跨国流通进行专门规范的国际立法，其从广义上解释 TDF。OECD 建议认为，个人信息的跨国流通方式，包括国际航空信件、国际电话、电报，无线广播、电视之跨国广播，互联网传播，甚至各种有形资料通过人工携带出境。欧洲议会（the Council of Europe）于1981年制定了《有关个人资料自动化处理保护个人公约》（以下简称"欧洲议会公约"），公约规范的个人信息跨国流通方式不仅限于网络，还包括实体运送和邮寄。狭义的TDF是指个人信息经由计算机等自动化处理技术处理和经由网络传递的个人信息跨越国界的流通。我国台湾省采狭义说，讲个人信息跨国流通仅限于网络传输方式。"《电脑处理个人资料保护法实施细则》"第十三条规定："本法（指我国台湾省《资料保护法》）第9条及第24条所称国际传递及利用，指利用有线电、无线电、光学系统或其他电磁系统等经由通信网络传递及利用，不包括利用邮寄、携带传输微缩胶片、打孔卡片、电脑报表、电磁记录物传递之情形。"

笔者认为，应该以广义说为基础建立个人信息跨国传输制度。虽然利用互联网传输个人信息是最为便捷和经济的一种情况，并且可以预计它也是将来的占主导地位的一种传输方式，但是通过邮寄和人工携带等传统方式仍然被普遍利用着，它们会带来和网络传输方式同样的法律后果，因此，应该一并纳入法律规范之中。从立法的周延性上讲，如果立法只规范网络传输，而忽视传统方式的传输，则会导致信息管理者故意利用传统方式进行传输以规避法律。因此，笔者认为，个人信息跨国传输是指利用一切方式和手段进行的个人信息的跨国流通。

（二）个人信息跨国传输的分类

根据不同标准，个人信息跨国传输可以分为不同的种类：

1. 以传输方式为标准，个人信息跨国传输可以分为网络传输和实体传输。网络传输是指利用网络手段进行的个人信息跨国传输，可以分为有线电系统的传输和无线电系统的传输。利用有线电系统进行个人信息跨国传输是最为常见的一种跨国传输方式。这个过程可以被描述为：信息管理者通过接入本地有线网络，经由全国统一的网络出口和海底光缆，然后接入目的国的有线网络，最终到达目的地的传输方式。这个遥远的路程在网络上仅仅几秒钟即可完成。我国利用有线上网的方式进行的传输就是这种方式。无线电系统传输则主要是指通过微波传送和卫星传送等无线方式进行的个人信息跨国传输。瑞典、芬兰等无线电技术十分发达的北欧国家，利用无线上网的方式传递个人信息属于无线传输方式。实体传输方式是指通过邮寄或人工携带出境等传统手段，实现资个人信息的跨国流通的方式。这种方式是针对有物质载体的个人信息数据库而言的，比如刻录为光盘邮寄或携带出境，所以称为实体传输。

2. 以传输主体为标准，可分为国家机关之间的个人信息跨国传输和非国家机关之间的个人信息跨国传输。国家机关之间的个人信息传输包括两种：一是各国的国家机关之间的个人信息交换，如两国政府互派使节而互相传递外交人员的个人信息等；二是一国的国家机关向国际政府间组织所为的个人信息传输，如2003年我国卫生部每日向世界卫生组织通报 SARS 疫情时，其中就包含了有关患者的个人信息。非国家机关之间的个人信息传输也包括三种：一是同一经济实体之间的个人信息跨国传输，如在跨国公司内部，其设立在国外的子公司或分支机构向母公司传输所在国的员工的个人信息以及收集的消费者个人信息等；二是不同的经济实体之间的个人信息跨国传输，如征信所出售所在国的消费者的个人信息给国外的营销机构等；三是国家机关向国际非政府间组织所为的个人信息传输，如我国的国家体育总局向国际奥林匹克委员会传递有关运动员的个人信息等。

二、个人信息跨国传输的基本原则

(一) 自由流通和合理限制原则

不同的国家对待个人信息跨国传输的立场并不相同。以信息供求为标准，全球国家可以分为两类：一类是个人信息进口国（personal information importing country），另一类是个人信息出口国（personal information exporting country）。美国等发达国家，需要依靠其他国家的大量个人信息分析和制定产品销售计划和战略，因此属于个人信息进口国；第三世界国家为个人信息出口国。一般来说，个人信息进口国希望最大限度地推进个人信息的自由流通，而个人信息出口国则希望尽最大可能控制和监管个人信息的跨国传输，以保护本国利益。

以美国为代表的个人信息进口国，主张自由流通原则。强调个人信息应没有限制地在国与国之间自由流通。而信息技术欠发达的个人信息出口国则主张实行严格限制原则。这些国家在技术上远不及发达国家，为保护民族经济和避免在信息主权上受制于人，主张对个人信息跨国传输进行严格的限制。以上两种主张都有失偏颇：不加限制，则会对一国的主权和其他国家利益和个人权利造成损害无疑，个人信息出口国将逐步沦为进口国的"信息殖民地"。然而，严格限制又有阻断信息自由传播之嫌，会阻碍经济发展，从而影响到政治进步。笔者赞同 OECD 建议确立的个人信息跨国传输的基本原则。该建议确立了自由流通与法律限制原则（Free Flow and Legitimate Restrictions）。该原则规定，成员国应采取一切适当的措施确保个人信息跨国流通的自由，以及在此基础上对跨国流通进行合理的法律限制。而 Legitimate 和 Lawful 不同，除了合法，还有正义和合理的要求，因此比合法更为严苛，也就是说，除了合法外，还应符合正义、合理等要求。

OECD 建议确立的个人信息跨国传输的自由流通与合理限制原则的内涵如下：

1. 自由流通

人类社会正处于信息化转型之中，信息已经成为社会主要资源。信息的流通能够产生新的资源，信息流通的程度往往能决定一个企业乃至一个国家的发展前途。因此，各国无论在个人信息保护制度上有多大的分歧，都赞同个人信息的自由流通。个人信息保护法的立法宗旨就在于既要通过规范信息流动来保护个人权利，又要通过规范信息流动实现信息共享。对于一个国家也是如此，如果一国政府对公民的个人信息保护走入极端，势必使该国成为国际社会中的一座"信息孤岛"，会阻碍同国际社会的互动，最终阻碍经济发展。

OECD 建议在导言中指出："尽管各国法律和政策存在不同，会员国在保护隐私和个人自由，以及调和基本的但互相冲突的价值，如隐私和信息的自由流通上，有共同利益；自动化处理和个人资料跨国流通使国与国之间产生新型关系，同时要求发展和谐统一的规则和实践；个人资料的跨国流通有利于经济和社会的发展；内国关于隐私保护和个人资料的跨国流通的法律可能阻碍这样的流通；决定推进成员国之间的信息自由流通并避免对成员国之间经济和社会关系的发展造成不公正的阻碍。"欧洲议会公约导言提出："欧洲议会的成员国，考虑到欧洲理事会的目标是获得成员国之间尤其是在法治、人权和基本自由上的更大统一；考虑到在自动化处理条件下个人资料跨国流通的不断发展，需要扩大对个人权利和基本自由，特别是隐私权的保护；同时重申成员国对信息自由无国界的承诺；承认有必要调和隐私基本价值和信息在人们之间自由流通的基本价值的关系，已经达成如下协议。"欧盟指令导言指出："为了消除个人资料流通中的障碍，所有成员国对个人资料处理中的个人权利和自由的保护水平必须相同；该目标对于国内市场是至关重要的，但是不可能由一个成员国单独完成，特别是考虑到成员国相关法律之间目前存在着较大分歧和协调成员国之间法律的必要性，从而保证以与条约第 7a 条规定的内部市场目标相一致的方式规范个人资料跨国流动。"

可见，无论是美国这样的个人信息进口国还是发展中国家这些个人信息出口国，除了有各自的利益分歧外，信息自由还承载着大家共同的利益，所以信息自由流通是个人信息跨国传输的基本原则的首要内涵。

2. 合理限制

个人信息跨国传输引发的问题也是多方面的，不仅包括个人信息权利的实现问题和经济发展问题，而且还涉及信息主权问题。因此，对自由的流通给予必要的合理限制的思想也被发达国家和发展中国家共同接受。

自由本来就是有限制的。对自由流通进行合理限制是符合自由的本质的，二者并无矛盾。合理限制的内涵有二：第一，合法因素。这个因素包括应通过法律途径对自由流通做出限制和限制的内容应该合法两个方面；第二，正义因素。限制个人信息自由流通的因素，不仅仅是法律原因，还有基于社会的基本秩序和基本的正义观念也可以进行限制。非国家机关跨国传输个人信息是否可行，应该着重考虑以下几个方面的因素：（1）遵守国际条约和国家协定；（2）接收国能提供相当的保护；（3）不得为规避我国现行法律而为跨国传输；（4）信息主体的书面同意或者为保障信息主体的重大利益；（5）不违反法律规定及社会公共利益。

（二）对等原则

从国际公法的角度看，个人信息的跨国传输，涉及不同国家的关系问题。对等原则是处理跨国事务时，一国政府采取的基本原则之一。所谓对等原则是指外国一国政府的公民和团体的权利等加以限制的，该国政府得以对该外国的公民和法人的权利等方面施加同样的限制。对等原则的适用，以外国对本国的公民和团体施加额外限制为前提。根据国家主权平等原则，国际社会认为这种限制应该是相互的和对等的。对等原则仅适用于对等限制，一般不适用于赋予权利方面。从个人信息跨国传输这个问题上讲，一个国家从自己的利益出发，往往对个人信息的输出进行限制，而对个人信息的输入则无限制。若一外国对传递到内国的个人信息进行了额外限制的，内国也可以以同样限制对待传输至该外国的个人信息传输。

个人信息的跨国流通，是一个涉及国家主权和经济发展，以及私人权益的诸多方面的综合问题，其最终的解决途径，是依靠国际社会的共同努力，形成有拘束力的共同标准或者最低标准，消除个人信息跨国流通的障碍，促进自由流通和信息自由的真正实现。

（三）个人信息跨国传输的监管

1. 设立专门的登记机构

对个人信息跨国传输进行监督为各国的一致主张。就监督制度而言，有两种做法：一种是设立专门的、独立的监督机构，欧盟国家以及我国香港特区采取这种监督体例；另一种是各行业的主管行政机关负责监督，增加监督职能。就我国的现状而言，由各行政主管机关行使监督权更为实际。从长远来看，应设立有独立职权的监督机关。

2. 监督机构的职能包括：（1）从业登记制度。拟从事个人信息跨国传输的非国家机关（如网络服务商）应事先进行登记，获得批准后，才能进行跨国传输。（2）审查和许可制度。监督机构应对拟传往国外的个人信息进行审查，经监管机关审查许可的，方能进行跨国传输。对于一般的个人信息，可以在形式审查的基础上给予概括许可，对于特定种类的个人信息，监管机关应进行实质审查，并做出决定，当事人对监管机关的决定不服的，可向监管机关申请复议或向法院起诉。① （3）查询和公告制度。对于从事个人信息跨国传输的登记记录通过网络等方式可向公众公开，便于公众了解传输者（如网站）的传输权限。对于违规经营的传输者（如网站），应予以公告。（4）行政救济制度。监督机构作为一个行政管理机关，有权受理当事人的投诉，并做出相应处理。

第八节　侵害个人信息的法律责任

一、侵害个人信息的行为与责任概述

（一）侵害个人信息行为的概念和分类

1. 侵害个人信息行为的概念

侵害个人信息的行为，是指对个人信息非法收集、处理与利用的行为。根据行为的性质和引起的后果，侵害个人信息的行为包括个人信息民事侵权行为（简称个人信息侵权行为）、国家机关个人信息侵权行为以及个人信息犯罪行为三大类。

2. 侵害个人信息行为的分类

以信息管理者的性质为标准，可以分为国家机关侵害个人信息行为与非国家机关侵害个人信息行为。德国资料法和我国台湾省"《资料保护法》"对上述两类侵害行为分别予以明确规定。这种分类的意义在于，行为人的性质不同，是国家机关还是非国家机关，决定了他们对其所为的侵害个人信息行为的责任承担（包括构成要件、归责原则、免责事由、救济方式和赔偿数额）的不同。

（二）个人信息侵权行为

1. 个人信息侵权行为

侵权行为是指行为人没有合法依据和约定而实施的侵害他人的财产权和人身权的并应承担不利的民事法律后果的行为。个人信息侵权行为是指作为非国家机关的信息管理者没有合法依据和约定而实施的侵害他人个人信息而应承担不利的

---

① 程卫东．跨境数据流动的法律监管．政治与法律，1998，3.

民事法律后果的行为。以有无造成损害为标准，个人信息侵权行为也可以分为一般的侵权行为（infringement）和承担损害赔偿责任的侵权行为（tort）。这种分类的意义在于，侵权行为的后果不同，构成要件和责任承担方式也不相同。

2. 侵权行为构成要件

一般要件我国《民法通则》及我国通行民法理论一般认为，侵权责任的构成有"四个要件"，包括"致害行为"、"过错"、"损害事实"以及"致害行为和实际损害之间的因果关系"，而无过错责任仅属法律明确规定前提下采用的例外。侵权的"四要件说"成为侵权行为的构成要件。然而，这样的侵权行为构成要件却给个人信息保护提出了难题，亦如知识产权侵权案件一样，权利人也只能"眼睁睁地看着有关活动从准备到生产，直至进入流通领域（即有了'实际损害'），才能'依法'维权。"①

从英美法系的制度构建可以更加清晰地认识我国面临的问题。英美国家使用的法律英语中有两个概念被我们翻译为"侵权"——"infringement"和"tort"。而这两个概念本身有着巨大的不同，其构成要件也泾渭分明。"前者包含一切民事侵权行为，与之相应的民事责任，应当是我国《民法通则》第134条赔偿责任的侵害行为，再加上'其他'"。后者仅仅或主要包含需要负财产损害赔偿责任的侵害行为，与之相应的民事责任，主要是我国《民法通则》第134条中的第（七）项（即'赔偿损失'），至多加上第（四）、（六）两项，因为这两项有时不过是赔偿损失的另一种表现形式。"② "在英美法系法院中，认定 infringement（侵权），从来不需要去找'过错'、'实际损失'这类要件，只要有侵权事实即可。"③ "而'Tort'，则含有'错误'、'过失'的意思，只有错误或过失存在，'Tort'才可能产生。"④ 而 infringement 是适用于个人信息侵权的，即侵害了个人信息上的权利即可，而不必以后果和损害为基础。因此，将侵权行为划分为一般的侵权行为和承担损害赔偿责任的侵权行为，侵权行为的一般构成要件不需要"过错"和"实际损害"。而需要承担侵权损害赔偿责任的侵权行为的构成才是四要件，包括"致害行为"、"过错"、"损害事实"以及"违法行为和实际损害之间的因果关系"。

3. 个人信息侵权行为的构成要件

（1）对于一般的侵权行为的构成要件

---

① 郑成思. 知识产权——应用法学与基本理论. 北京：人民出版社，2005：207.
② 郑成思. 知识产权——应用法学与基本理论. 北京：人民出版社，2005：200.
③ 郑成思. 知识产权——应用法学与基本理论. 北京：人民出版社，2005：200-201.
④ 郑成思. 知识产权——应用法学与基本理论. 北京：人民出版社，2005：201.

个人信息一般侵权行为，只要有侵权行为的事实即可，不需要过错和损害两个构成要件，自然也就不存在因果关系要件。欧盟指令导言第（55）指出："如果管理者没有尊重资料主体的权利，国家法律必须规定相应的司法救济；管理者必须赔偿因非法处理给本人造成的损失，但是如果管理者能够证明他对此不负责任，特别是在他能够找出资料主体的错误或有不可抗力的情形下，可以免除管理者的责任；任何违反根据本《指令》所采取的国家措施的个人，无论是受私法还是受公法调整，都必须受到制裁。"第（55）前段规定的，没有尊重信息主体的权利，就应该提供司法救济，主要是指在没有损害情况下，应承担的责任的情形。

（2）承担损害赔偿责任的侵权行为的构成要件

承担损害赔偿责任的侵权行为的构成要件为四要件，包括"违法行为"、"过错"、"实际损害"以及"致害行为和实际损害之间的因果关系"。欧盟指令对承担损害赔偿责任的侵权行为有明确的规定。欧盟指令第23条规定：任何人因非法处理操作和任何违反根据本《指令》通过的内国法的行为而受到损害，有权向管理者要求损害赔偿。对承担损害赔偿责任的侵权行为的四要件详述如下：

第一，个人信息致害行为。

致害行为是指行为人实施的致人损害的行为。致害行为有合法行为和违法行为之分。有的致害行为，本身合法，但也造成了他人的损害，而应当承担责任，如排污人在排污指标范围内（合法）的排污行为造成的邻人损害等。而致害行为大多因违法行为引起，如侵犯名誉权的行为等。

个人信息致害行为是指行为人实施的侵害信息主体的个人信息权的行为。个人信息致害行为一般发生在个人信息的收集、处理和利用等环节中。违法行为包括作为和不作为两种，作为的违法行为是指积极实施的违法行为，如非法收集、处理和利用他人个人信息；不作为的违法行为，是指以不作为表现出来的侵害个人信息的行为，如信息管理者违反安全原则，未提供安全可靠的保存措施和建立相关制度等。若行为人实施了为法律所不禁止的行为，但侵害了信息主体的权利，虽然行为不具有违法性，但也成立侵权。若行为人仅仅违反了约定义务，则不构成侵权，应该以违约责任追究。

第二，过错。

此处的过错认定，采过错推定原则。如果行为人自己不能证明自己无过错，则应推定其有过错。若行为人能证明自己并无过错，则不承担损害赔偿责任。欧盟指令第23条规定：如果管理者能够证明他不对产生损害的事件负责，可以全部或部分免除他的责任。

第三，损害事实。

违法行为是引起损害的主要原因，从广义上说，损害指民事主体的合法权益的任何不利益状态。损害包括财产损失和精神损害；包括直接损害和间接损害。

第四，因果关系。

侵害个人信息的违法行为与损害结果之间具有因果关系。法律上的因果关系与哲学上的因果关系不同。哲学上把现象和现象之间的"引起"和"被引起"的关系，叫做因果关系，其中引起某种现象产生的现象叫做原因，被某种现象引起的现象叫做结果。而侵权行为构成要件中的因果关系渗透着法律的价值判断，有着明确的目的性，通常以一个普通人的理性判断为标准。这种方法，在德国被称为相当因果关系说。这种学说认为，根据一般人的经验能判断一致害行为是引起损害发生的原因的，此种致害行为和损害之间的因果关系就被认为是法律上的相当的因果关系。致害行为和损害结果之间相当的因果关系成立，行为人须承担损害赔偿责任，否则行为人无须承担赔偿责任。

只有当一个行为，同时满足承担损害赔偿责任的侵权行为的四个要件时，行为人才承担侵权损害赔偿责任。

（三）个人信息侵权责任

1. 个人信息侵权责任的概念

侵权责任是指行为人由于实施了侵害他人的财产权和人身权的行为，而应承担的民事法律责任。个人信息侵权责任是指非国家机关由于过错违反法定义务，实施个人信息侵权行为，而应承担的民事法律责任。

2. 归责原则概述

归责原则是指确定当事人承担法律责任所依据的准则。归责原则的确立是解决法律责任问题的核心。我国民法通则规定的侵权行为归责原则有三种：过错责任原则（包括过错推定责任原则）、无过错责任原则和公平责任原则。根据我国《民法通则》第126条的规定，过错责任原则是指以行为人的主观过错为侵权责任承担的必备要件的归责原则。过错推定原则是过错责任原则的一种，是指若行为人不能证明其无过错，应承担民事责任的归责原则。其主观上有过错，除非其能证明自己没有过错，否则应承担民事责任。根据《民法通则》第106条的规定，无过错责任原则是指行为人实施了加害行为，尽管其主观上没有过错，也应依照法律的规定承担责任的归责原则。无过错责任原则的适用范围非常有限，限于法律明确规定的四种情况，包括（1）从事高度危险活动致人损害的行为，（2）污染环境致人损害的行为，（3）饲养动物致人损害的行为，（4）产品不合格致人损害的行为。根据《民法通则》第109条和第132条的规定，公平责任原则是指对于损害的发生，双方的当事人均无过错，但损害由受害人一方承担又显失公平的，根据具体情况和公平观念，在当事人之间分担损害后果的一种归责原则。

我国《合同法》第 107 条和第 120 条的规定，确立了严格责任原则。所谓严格责任，是指无论行为人是否有过错，都应该对其行为造成的损害承担责任的归责原则。在过错责任原则下，只有在不能证明其对违约行为无过错的情况下，才承担违约责任，按照严格责任归责原则，当事人对自己的违约行为承担责任，而主观是否存在过错在所不问。这是符合国际惯例的，《联合国国际货物销售合同公约》、《国际商事合同通则》都确立的是严格责任原则。严格责任作为与过错责任相对的一种归责形式，不仅在理论方面完善了归责原则体系，而且在实务操作方面也呈现出很大的优势。在我国的民事责任领域，严格责任的适用范围在逐渐的扩大。

3. 归责原则

个人信息侵权的归责原则，根据侵权行为的不同，实行不同的归责原则：针对一般的侵权行为，实行严格责任原则；针对承担损害赔偿责任的侵权行为，实行过错责任原则。严格责任和过错责任是相对的一组归责原则，过错责任以过错为承担赔偿责任的前提，而严格责任对于有无主观过错在所不问。严格责任和无过错责任原则不同，无过错责任原则适用于仅仅明确为法律所规定的特殊侵权行为，而严格责任则不适用于特殊侵权行为。

①一般的侵权行为（infringement）的归责原则。对于一般的侵权行为，采取严格责任原则，不以过错为承担责任的要件。

②承担损害赔偿责任的侵权行为（tort）的归责原则。行为人承担损害赔偿责任，以过错责任为原则，只有在行为人具有主观过错的情况下，行为人才承担赔偿责任。

（四）承担民事责任的形式

非国家机关非法处理个人信息，主要有以下集中责任承担形式：

1. 赔偿损害。我国台湾省"《资料保护法》"第 28 条规定："非公务机关违反本法规定，致当事人权益受损害者，应负损害赔偿责任。但能证明其无故意或过失者，不在此限。"

2. 限期改正和罚款。根据我国台湾省"《资料保护法》"第 39 条的规定，违反"《资料保护法》"规定的，"目的事业主管机关"应责令限期改正，逾期未改正者，予以罚款。

3. 撤销许可和登记。根据我国台湾省"《资料保护法》"第 39 条的有关规定，信息管理者违法个人信息保护法，情节严重的，可以撤销据之取得的许可或登记。

在个人信息侵权损害赔偿数额上，财产损失以实际损失计算，而对于每一项侵害的赔偿总额，多数国家和地区建立了法定赔偿额制度。我国台湾省"《资料保护法》"第 27 条规定了国家机关侵权的赔偿数额总额，这个规定同时适用于非国家机关。该条规定，"被害人虽非财产上之损害，亦得请求赔偿相当之金额；其名誉被侵害者，并得请求为回复名誉之适当处分"，"前两项损害赔偿总额，以每人每一件新台币二万元以上十万元以下计算。但能证明其所受之损害额高于该金额者，不在此限"，"基于同一原因事实应对当事人负损害赔偿责任者，其合计总额以新台币二千万元为限"。需要注意的是，首先，确立了每人每件侵权赔偿的总额，包括财产损失和精神损害，每人每一件新台币二万元以上十万元以下计算；其次，对于同一原因事实设立了总额，其合计总额以新台币二千万元为限。

二、国家机关个人信息侵权行为与责任

（一）国家机关个人信息侵权行为

国家机关个人信息侵权行为是指作为国家机关的信息管理者没有合法依据而实施的侵害他人个人信息并应承担不利的法律后果的行为。国家机关个人信息侵权行为，也可以分为一般的侵权行为（infringement）和承担损害赔偿责任的侵权行为（tort）。

（二）国家机关个人信息侵权行为的构成要件

1. 对于一般的侵权行为的构成要件

国家机关个人信息一般侵权行为，只要有侵权行为的事实即可，不需要过错和损害两个构成要件，同样，也不需要因果关系要件。

2. 国家机关承担损害赔偿责任的侵权行为的构成要件

欧盟指令第 23 条规定：任何人因非法处理操作和任何违反根据本《指令》通过的内国法的行为而受到损害，有权向管理者要求损害赔偿。其中的"任何人"，包括国家机关。国家机关承担损害赔偿责任的侵权行为的构成要件为三要件，包括"违法行为"、"实际损害"以及"因果关系"。对国家机关承担损害赔偿责任的侵权行为的三要件中的损害事实要件、因果关系要件，与民事责任构成要件相同。因此将重点放在行政行为的违法性要件上。国家机关实施的行为的违法性，是一种客观违法性，不考虑国家机关及其工作人员的主观状态，只要国

家机关及其工作人员实施的行为侵害了个人信息，则成立损害赔偿责任。《国家赔偿法》第 2 条规定："国家机关和国家机关工作人员违法行使职权侵犯公民、法人和其他组织的合法权益造成损害的，受害人有依照本法取得国家赔偿的权利。"

（三）责任承担

1. 概述

我国现行国家赔偿法规定的行政赔偿制度，是指国家行政机关及其工作人员违法行使职权，侵犯公民、法人或其他组织的合法权益并造成损害，由国家承担赔偿责任的制度。在我国，行政机关的侵权责任，由《行政许可法》、《行政诉讼法》和《国家赔偿法》集中规定。我国《行政许可法》规定的行政机关承担行政责任的形式包括撤销、责令改正、没收违法收取的费用和赔偿等；行政机关工作人员（包括主管人员和直接责任人员）应承担的责任形式有行政处分和被追究刑事责任。《行政诉讼法》和《国家赔偿法》主要规定了行政赔偿责任制度。从法的适用关系上看，《行政许可法》的规定，显然不适用于国家机关个人信息侵权行为。而《行政诉讼法》和《国家赔偿法》的有关规定可以适用。《行政诉讼法》第 67 条规定："公民、法人或者其他组织的合法权益受到行政机关或者行政机关工作人员作出的具体行政行为侵犯造成损害的，有权请求赔偿。"行政赔偿制度是国家赔偿制度的重要组成部分。

2. 归责原则——严格责任原则

国家机关个人信息侵权责任的承担，不以过错存在为要件，只要国家机关实施了个人信息侵权行为，均应承担责任。我国《国家赔偿法》第 3 条规定："行政机关及其工作人员在行使行政职权时有下列侵犯人身权情形之一的，受害人有取得赔偿的权利。"经过 1990 年的修正，德国资料法规定国家机关侵害个人信息，采取严格责任归责原则。我国台湾省"《资料保护法》"第 27 条规定："公务机关违反本法规定，致当事人权益受损害者，应负损害赔偿责任。但损害因天灾、事变或其他不可抗力所致者，不在此限"。均不以过错为要件。其他国家机关实施的个人信息侵权行为，参照有关行政机关的规定处理。

（四）责任形式

1. 赔偿损害。国家机关承担的责任主要是赔偿责任。赔偿损害，既包括财产损失，也包括精神损害。我国台湾省"《资料保护法》"第 27 条规定："公务机关违反本法规定，致当事人权益受损害者，应负损害赔偿责任。被害人虽非财产上之损害，亦得请求赔偿相当之金额。"

2. 回复名誉。我国台湾省"《资料保护法》"第 27 条规定："名誉被侵害者,并得请求为回复名誉之适当处分。"

侵害个人信息的行为已经危害社会的程度,属于个人信息犯罪行为。针对个人信息的犯罪,须告诉乃论。

第四章　电子合同法律制度

第一节　电子合同概论

在电子商务的大潮中，电子合同已经呈现取代纸面合同的趋势。无论是发达的美国和大部分欧洲国家，还是发展中的其他国家和地区，都在广泛地利用计算机及其通讯网络缔结合同，进行商业贸易活动。电子合同，与传统意义上的合同有很大的不同，是一种"无纸合同"，有着自身的法律特征，也对传统的合同制度形成巨大的冲击。目前，一方面无论是国际贸易，还是国内贸易，其中关于签字、盖章和用书面形式签订合同等传统要求对电子合同无疑是一个束缚；而对电子合同中关于数据信息的传输、认证等又缺乏相应规定，这些对电子合同的保护、推广十分不利。

一、电子合同的概念及特征

电子合同是随着现代电子计算机和网络技术以及电子商务的出现而产生的一个新概念。与电子商务的概念相对应，现在对电子合同的范围，有广义和狭义两种解释。电子合同是指当事人之间通过电子法律行为达成的设立、变更、终止财产性民事权利义务关系的协议。电子合同作为一种崭新的电子化合同，除了具有传统合同诸如协商性、平等性等一些特征，还具有自身的一些特征：

(一) 合同的要约和承诺均通过计算机互联网进行

在传统的合同订立过程中，当事人一般是面对面地提出要约和接受要约——作出承诺；或者，当事人有时也通过信件、电报、电话、电传和传真等方式发出要约、作出承诺；而且，当事人有时先后多次采用上述方式、方法，以便充分地协商，不过这些要约和承诺没有通过计算机互联网进行。而电子合同则不同，它的要约、承诺均是合同双方当事人通过电子数据的传递来完成的———方的电子数据的发出（输入）即为要约，另一方的电子数据的回送（回执）即为承诺；并且，由于电子数据交换（EDI）在功能上具有自动审单判断的功能，因此，合同的签订过程几乎在计算机的操作下完成，不需要也不存在传统意义上的协商过程。

（二）合同的传递也通过计算机互联网进行

在传统的合同订立、变更过程中，合同的传递一般是双方当事人面交，通过邮寄、电报传递只是其不常用的补充；而电子合同则不然，它的传递，完全在于计算机互联网络的用户终端之间，这就是说，电子合同的传递也仅是互联网络的电子传递，其完全不同于传统的合同传递方式。

（三）合同的成立、变更和解除不须采用传统的纸面形式

传统的合同成立，除即时清结的以外，必须用书面合同，而书面则意味着纸面。如我国的《合同法》第8条规定："当事人订立合同，有书面形式、口头形式和其他形式"，"法律、行政法规规定采用书面形式的，应当采用书面形式。当事人约定采用书面形式的，应当采用书面形式"。而电子合同则不同，它的成立、变更或解除，均需要书面形式，但并不意味着纸面，而恰恰是电子形式，或者说数据电文形式。由于电子合同是采用电子数据交换的方法、手段签订合同，合同的内容完全可以储存在计算机的内存中，也完全可以储存在磁盘或其他接收者选择的非纸张的中介物上，如磁带、磁盘、激光盘等，正如联合国国际贸易法委员会第29届会议通过的、作为国际上正式诞生的第一个世界范围的电子数据交换法案——《贸易法委员会电子商业示范法草案》第6条规定：如法律要求信息须采用书面（形式），则假若一项数据电文所含信息可以调取以备日后查用，即满足了该项要求。

（四）电子合同的成立需电子签名

不论是国内贸易，还是国际贸易，传统的合同要成立，都必须具有签名或盖章。例如，我国的前述法律规定；又如，国际贸易中，单汇必须有签字的要求；再如美国的《统一商法典》也规定，合同必须签名。当然，该商法典第1—201（39）条对签名的规定有所放宽："包括当事人意图认证一份书面材料的所作的或所使用的任何符号。"但在电子合同中，人们不可能也不需要通过电子方式亲笔签名或签字，它只需要每一方采用电子密码"签名"即可。这种电子"签名"的方法，不仅成为电子合同成立的特征，而且越来越获得国际社会的广泛认可。如《汉堡规则》第14条已规定："提单上的签字可以用手写、印摹、打孔、盖

章、符号或如提单签发地所在国家的法律，用任何其他机械的或电子的方法。"

二、对电子合同进行法律保护的必要性

（一）是参与国际贸易、促进对外开放的需要

当今世界，用电子合同进行商业贸易活动已成为国际潮流，据有关资料统计，全世界已有 53 个国家和地区在开发、使用 EDI（电子合同），这其中，有发达国家，也有发展中国家。且 EDI 市场正以 20% 左右的年增长率发展。在澳大利亚维多利州，州政府要求所有的贸易伙伴都必须通过电子合同来做生意；美国及欧共体也正式宣布，凡不使用 EDI 方式报关的，将延迟办理手续或不被选择为贸易伙伴。在美国，目前排名位于前 100 位的大企业中有 97% 应用 EDI。在欧洲大部分国家，EDI 已成为做生意的唯一途径。作为亚洲"四小龙"之一的新加坡，推行 EDI 应用最为突出，因其废除了所有的书面贸易文件而成为世界上第一个在国际贸易中实现 EDI 全面管理的国家。我国已经加入世界贸易组织，我国的企业必然会自觉不自觉地投入国际潮流中并成为国际贸易的主体，就必须充分运用、发挥电子合同的工具作用。而要充分发挥电子合同的作用就必须用法律来保护电子合同，否则，我国企业一旦与外国企业因电子合同发生纠纷，就只能望洋生叹，而我国的政府、法院也只能鞭长莫及、爱莫能助。何况，世界上一些先进国家已经开始着手用法律来保护电子合同，如欧洲大部分国家已制定了各自的国内立法，而国际海事委员会也于 1990 年 6 月 29 日通过了《电子提单规则》，国际商会制定了《1990 年国际贸易术语解释通则》和《跟单信用证统一惯例》来对电子单汇的法律地位加以规定，联合国为此制定了"联合国贸易数据指南"、"联合国行政、商业运输电子数据交换规则"和"电子贸易数据交换行动统一规则"，联合国国际贸易法委员会在 1996 年 5 月正式制定了电子合同的国际性法规《贸易法委员会电子商业示范法草案》，这些法律、法规都值得我们学习和借鉴。

（二）是发展电子商务的需要

我国正在建立社会主义市场经济。市场经济就是法制经济，需要用法律来保护、规范、调节商业贸易主体的民事行为。而电子商务不但是世界经济大势所趋，在我国也已形成滚滚潮流。大量企业已经开始运用电子合同进行商业贸易活动，有的甚至已是其主要业务手段。我国政府于 1990 年引进 EDI 概念后，将其列入了"八五"重点应用项目，成立了"中国促进 EDI 应用协调委员会"，中国外运和广东省还分别建立 EDI 系统、EDI 服务中心。1998 年 5 月 25 日，国家外

经贸部正式宣布，并通过新华社电告各媒体：我国决定 7 月 1 日在网上正式推出"中国商品市场"，并称：外经贸部的目标是将"中国商品市场"发展为中国"最大的网上购物系统"。这就迫切需要我国的法律对电子合同进行保护，以适应市场经济的要求和发展。

（三）是司法实践的需要

有商品交换的行为，就有纠纷的产生，运用电子合同进行商业贸易更不例外。因为电子合同本身与以往纸面合同相比，具有一些可以说是革命性的变化，如不需传统的签字、不需传统的书面形式就可成立等，使得电子合同纠纷更容易发生。目前，因电子合同而引起的纠纷已开始出现并越来越多。而要正确、公正、妥善地处理好这些纠纷，就必须有法可依。故对电子合同进行立法保护是司法实践的需要。

三、电子合同的传统法保护及不足

（一）对电子合同的立法保护

对电子合同的立法保护是多种多样、多层次的，这其中有民法的一般保护、合同法的特殊保护、行政法乃至刑法的保护等。上述保护中，民法、合同法以及相关的民事诉讼法的保护最为重要。但遗憾的是这几部法并没将电子合同放在应有的位置上进行规范，表现在：

首先，作为我国民法基本法的《民法通则》未对电子合同加以规定，在某种意义上说，我国对电子合同的民法保护目前仍是空白，急需立法界重视。在未来制定民法典的过程中，应将电子合同的民法保护纳入民法典中，在民法典中确立相应的几项制度，并对原有的合同签字有效制度、合同书面有效制度等作出重大修改，以实现民法典的完善、和谐统一。具体来说，首先应当在民法典中设立电子合同受法律保护的条款；其次，应当在民法典中明文规定，合同的签订，可以由当事人签字或用电子签名等方式进行等。其中，电子签名是指当事人用符号及代码组成电子密码进行"签名"。

其次，在单行法方面，我国的《合同法》对电子合同的保护规定过粗。虽然合同法在合同的订立中对电子合同有所触及，但泛泛几条显然难以对付电子合同带来的诸多新问题。

最后，在程序法方面，对电子合同的民诉法保护我国民诉法对电子证据未作明确规定。该法第 63 条将证据规定为七种，即书证、物证、视听资料、证人证言、当事人陈述、鉴定结论和勘验笔录。电子证据应当是视听资料的一种。但民诉法第 69 条又明文规定："人民法院对视听资料，应当鉴别真伪，并结合本案的其他证据，审查确定能否作为认定事实的根据。"这就把电子证据的可采性和确定力置于模棱两可中，并对电子证据的效力作了苛刻的限制。这对电子合同的保护和推广是十分不利的。因为电子合同是一种"无纸合同"，合同的载体为电脑（计算机），故通常条件下的书证、物证为电子数字所代替，所以，电子证据要与物证、书证等法定证据相印证在司法实践的操作中非常困难。

（二）对电子合同的司法保护

在司法实践中，要认定电子合同的成立与否，必须首先查明合同一方当事人发出的要约，这种要约，因为计算机网络的开放性、自动输入性不难查明。开放性便使得多家网络使用者可以接收到这种要约，自动输入性也使得众多的网络用户可以自动储存这种要约。其次，必须查明合同另一方当事人的承诺。要查明当事人的承诺，必须查明当事人的收到和回执，在国际贸易中，收到具有十分重要的意义。各国法律均规定，发价须经过到达受发价人，即受发价人确认收到，方能生效。在这一点上，电子合同也一样。要约须经对方适当收到并发出回执才能生效。在电子商贸中，一方当事人的要约传递输入了对方的电脑后，即为收到。必须指出的是，电子合同的回执，是通过一种被称为"收讫确认"来证实的。收讫确认是一个交易套，由接收方的收据电脑在收到源发方的信息时自动发出，它能确认一份单据已经被收到。

对电子证据的收集和认定对电子证据的收集，按照"谁主张谁举证"的原则，应是当事人自身的权利与义务。但对电子证据的认定，则是法院和法官之职责。在司法实践中，对电子证据的认定，决不可死抱着传统的证据认定方法和观念，把电子证据当作书证、物证等普通的证据来对待，也不可把电子证据当作一般的视听资料来看待，否则，就会在司法实践中变相否定电子合同的存在，给电子商业贸易带来种种障碍，从而阻碍电子商务的发展。

第二节　电子合同订立的地点和时间

合同的订立，是指双方当事人缔结合同的过程。一般认为包括合同的成立与生效两部分。合同的成立，是指合同因符合一定的要件而客观存在；合同的生效，是指成立且具备生效要件的合同开始在当事人之间产生一定的法律拘束力。前者属于事实判断问题，而后者则属于法律价值判断问题，两者又都反映了合同产生的过程。在这两方面，电子合同由于技术上的特点而显现出与传统纸面合同极大的不同。

现代高度发达的产业社会被称为"情报化（信息化）社会"。这一情报化社会经由通讯设备的尖端、迅速、简单化而实现。通讯设备的简单化在各国国内及国际上均有广泛的影响。目前各国政府都为了用最尖端通讯系统构成"无纸社会"而尽力构筑国家电脑网。除了政府的这些努力以外，在企业界以金融、运输业为主也正在引导无纸社会。在国际贸易方面，贸易一方当事人一般也主要通过电子方式来发出订单、办理货物运输、处理金融结算等事项。这种电子贸易方式的迅猛发展使以往依靠手工操作及纸张往来的方式不再适应新的交易模式。因此，只有积极适应这种变化的贸易伙伴才能生存。中国政府早就认识到这种必要性，因而，1999 年 3 月 15 日通过、同年 10 月 1 日起正式施行的《中华人民共和国合同法》对此作了明文规定，用基本法典形式规范数据电文和电子合同，走在了电子合同立法的前列。大致说来，采取数据电文订立和履行合同将带来法律上的几个主要问题是：关于订立合同意思表示实质和形式上的有效性，与此相关的信息传输的安全性，合同的网上履行及责任，以及与此相关的其他法律问题等。以下分别讨论之。

一、电子合同要约及其地点和时间

在电子合同中，一方当事人用电子数据输入即为要约，对方当事人用电子数据发出即为承诺。因要约和承诺由电脑输入进行，所以成立的时间极短，这使得此合同要约形成及承诺的成立或撤销均难以认定。在有经常交易关系的当事人之间，可以经过双方间的格式化合同解决这些问题。但如果当事人之间对此无明确约定或约定不明确时，就只能适用个别的解释方法。

依大陆法系合同理论，由于"要约的拘束力"，在要约发生效力以后，要约者不能任意撤销其要约。因为任意撤销会给受要约方造成难以预料的损失。在不会产生这样后果的场合，若要排除该要约的拘束力，要约者事先须在要约书面上表示随时撤回的意思，或说明向不特定者的意思表示或双方在对话之间未约定承诺期间的，则要约无拘束力等。而普通法对此有不同的规定。要约到达对方后，除非要约人采用签字盖印式的要约，或者该要约有"对价的支持"，否则在对方承诺之前可以撤回。但是，美国《统一商法典》与此不同，为了保护受要约一方，对要约的撤回作了限制，即要约人在要约生效的期间内不得撤销要约。那么，这些拘束力的原则能否适用于电子合同呢？

用电子方式作要约时，由于电子的传递高速，要约者不容易在要约到达前撤回。但依照英美法的契约理论，要约到达以后，要约者在受要约方承诺之前，仍然有撤回的可能性。但为保护电子交易安全，大陆法系的合同理论认为，应不许撤销或撤回，中国合同法第 16 条、第 18 条、第 19 条也作了与此同样的规定。

因此收件人指定特定计算机系统接受数据电文的，在该数据电文进入该特定系统的时间后，或在未指定特定计算机系统的场合，该数据电文进入收件人的计算机的最初时间以后，电子合同的要约者不得撤回，此符合世界通常做法。

二、电子合同的承诺及地点和时间

一般来说，承诺的生效时间为合同的成立时间。合同的成立时间关系到合同的存在与否、合同责任和缔约过失责任的区别、合同效力等，因此合同的成立问题也是电子交易上必须注重的一点。

关于承诺的生效时间，有两种不同的做法，其一是大陆法系和一些国际习惯所采用的到达主义。在到达主义中又有两种情况，即，大多数大陆法系国家的立法，在对话者之间意思表示采取到达主义，在隔地者（非对话者）之间适用送信主义。其二是英美法系采纳的发信主义或送信主义。在中国《民法通则》上没有对承诺的生效时间作出具体规定，但司法实践中采取大陆法系的到达主义，《合同法》第26条对此也采取到达主义。关于电子承诺的生效时间，若采取到达主义，则有些问题不能不特别思考。考虑到经电子方式交换双方当事人之间的意思表示，实际上与对话者之间的对话一样瞬间到达，考虑到大陆法系采取送信主义的场合是以承诺的意思表示在发送和到达之间有一定的时间间隔为其前提，因此，EDI交易中的承诺生效问题不应采取送信主义，而应当采取到达主义。

但是，由于利用电子的方式仍然有一定时隔，如到达文件箱后的保存需要一定时间，在国际外汇市场的电子金融实践上，一分一秒均具有重要意义，因此必须设定到达主义的例外。韩国《贸易处理促进法》（1992）第15条第2项规定，受要约方的信息在服务提供者的电脑文件箱里记录后，"渡过通常运行时所需要的时间后"，被推定已到达。这即规定在到达服务提供者的电脑文件箱并记录之前的危险，均由信息发送人负担。在这里，关键在于"渡过通常运行时所需要的时间"如何处理。美国实践中一直通过电子的格式合同鼓励交易当事人每天下午2点到5点调查自己的电脑文件箱，超过其时间以后，均被推定为到达一方当事人的文件。中国《合同法》第26条、第16条与韩国立法相同，采取到达主义。我国《电子签名法》第11条规定："数据电文进入发件人控制之外的某个信息系统的时间，视为该数据电文的发送时间。收件人指定特定系统接收数据电文的，数据电文进入该特定系统的时间，视为该数据电文的接收时间；未指定特定系统的，数据电文进入收件人的任何系统的首次时间，视为该数据电文的接收时间。当事人对数据电文的发送时间、接收时间另有约定的，从其约定。"

采到达主义，则承诺者的意思表示到达的地点为其合同的成立地点。在电子合同的场合，一般情况下，交换信息的当事人之间事先对合同的管辖问题有约定时，其合同成立场所也依照这一约定来确定。但没有这一约定时，承诺者的意思表示在服务提供者的文件箱上到达并记录时，应以服务提供者的地点为其合同成立场所。但中国《合同法》第 34 条规定："承诺生效的地点为合同成立的地点。""采用数据电文形式订立合同的，收件人的主营业地为合同成立的地点；没有主营业地的，其经常居住地为合同成立的地点。当事人另有约定的，按照其约定。"

第三节　电子合同订立中的特殊问题

一、自动信息系统

电子商务合同的订立，主要是通过电子数据传递实现的，除了将数据电讯作为通讯手段之外，众多商家还在电子商务中，采用自动信息系统（又称"电子代理人"），① 自动发送、接收，或处理交易订单。自动信息系统，具有按照预定程序审单判断的功能，不仅可执行数据电讯发送、接收、确认等任务，完成合同订立的全过程，而且在许多情况下可自动履行合同，较少、甚至不需要人工的介入。许多合同已经履行，通常到当事人盘点时，才知道这些合同的详细发生情况。由于不存在传统人工直接介入的协商过程，"电子代理人"在合同订立中的法律地位、性质、意义问题，显得尤为重要，其直接关系到合同效力、责任风险分担等法律后果，因此就需要在相应的法律制度中得到反映。

所谓自动信息系统，是指"不需要人的审查或操作，而能用于独立地发出、回应电子记录，以及部分或全部的履行合同的计算机程序、电子的，或其他自动化手段"。自动信息系统并不是具有法律人格的主体，而是一种能够执行人的意思的、智能化的交易工具。一般的应用工具，只是人体部分功能的复制或延伸，而自动信息系统则不同，它是商事交易人的脑与手功能的结合与延伸。从构成上看，它具有自动化功能的软件、硬件，或其结合；从其商业用途看，可用于搜索某一商品或服务的价格，完成在线买卖，或对交易发出授权，将其形容为"人造商人"，倒更为合适；它在功能上要比一般的自动柜员机复杂得多。自动信息系统甚至在某些领域，可以执行人所不能或不宜完成的工作。

虽然自动信息系统不具有法律人格，但它执行的却是商人的意思表示，或根据其意思而履行合同，所以它与当事人的权利义务有着十分密切的联系，这就是

---

①　关于电子"代理人"的含义可参见：张楚．电子商务法初论．中国政法大学出版社，2000.

法律对之进行规范的原因所在。国外有些法学家提出可将计算机自动回应的功能等同于自动售卖机。在自动售卖机交易中，当顾客投入货币或插入磁卡时，售卖机会自动作回应。在这些交易中，机器不能像人一样表达意愿，谈不上有关要约与承诺的交流过程。法院在这些案例中通常认为自动售卖行为是设置人先行设置的意愿的结果，机器的加入并没有改变这一先设的意思。所以，通过自动售卖机的要约与承诺是有效的。同理，计算机的程序是由人所编制的，当事人要通过电子邮件，以数据电文等方式订立合同时，都会预先设置好计算机自动回应程序，如商家可以设定当库存货物低于某数量时，计算机自动向供货商发出订单的程序。可见，计算机的信息自动交流和处理都是遵从用户预先设定好程序而作出的反应。当事人也可以在程序运行过程中随时予以介入。实质上，当事人订立的意思表示正是通过其所编制或认可的程序而得到了反映。所以，计算机订立的合同和人与人之间直接信息交流订立的合同一样也具有合同当事人的合意。通过计算机自动处理订立的合同应该是成立的。在某具体合同自动订立时，当事人未对意思表示作新的修订，意味着当事人仍同意按既定的条件缔约，因此，可以认为自动订立的合同反映了当事人即时的真实意思。1992 年，欧共体委员会提出的《通过 EDI 订立合同的研究报告》指出，可以把对计算机的运用拥有最后支配权的人视为该计算机所发出的要约或承诺的责任人。联合国国际贸易法委员会1996 年制定的《电子商务示范法》也肯定了自动订立的合同的法律效力。该示范法在第 11 条第 1 款规定："就合同的订立而言，除非当事人各方另有协议，一项要约以及对要约的承诺均可以通过数据电文的手段表示。如使用了一项数据电文来订立合同，则不得仅仅以使用了数据电文为理由而否定该合同的有效性或可执行性。"可见，《电子商务示范法》对自动订立的合同中的要约和承诺是承认其效力的。

二、收讫确认

"收到"这一概念，在国际贸易中具有相当重要的法律意义。各国法律都规定，要约经过到达受要约人，即受要约人确认收到时方能生效。对于接收的生效时间，英美法和法国法均采取的"投邮主义"（mail-box rule）；德国法则采取所谓的"到达主义"（received the letter of acceptance）；《联合国国际贸易货物买卖合同公约》和《国际商事合同通则（草案）》对接受生效原则上采取到达生效原则。

由于各种法律制度的差异，加上受到通讯手段的限制，因此，对合同是否成立及何时成立，存在着许多不确定因素。在电子环境中，为避免贸易纠纷，确定以到达生效原则，即：不论何种传递，只有在被对方适当地"收到了"，才具有法律意义。这就要求传递的信息必须能够进入对方在协议中指定的收据电脑。在电子合同中，"收到"的意义也与各国法律的规定是一致的，即当传递进入接收方的收据电脑时，即为收到，而不管接受方是否已了解其内容。至于由于接收方自身的原因，延误对进入信息的反应而产生的风险责任则由接受方承担。

于是产生了"收讫确认"制度。收讫确认是指根据双方达成的协议，相对人收到表意人发出的电子意思表示后，采取一定的行为对收到该电子意思表示的法律事实进行确认的法律制度。收讫确认制度的法律后果一般是在约定或者法律规定应该进行收讫确认的，未经收讫确认，该信息视为未发送。

我国《电子签名法》第 10 条规定："数据电文根据法律、行政法规规定，需要确认收讫的，应当确认收讫。发件人收到收件人的收讫确认时，数据电文视为已经收到。"

三、意思表示瑕疵

在已发送的电子资料有瑕疵的场合，若其瑕疵是由于对方当事人的欺诈或强迫或第三者的欺诈或强迫而产生时，按照民法的一般"错误理论"来解决。但在电子交易场合，为考虑交易的安全，应当限制因瑕疵撤销的范围。在计算过程当中由于软件本身的毛病（篡改传递现象）而将错误的内容发送给对方当事人时怎么办？对此有人主张，"为了公平地划分风险和商业负担，此时作为接受方应当及时通知源发方，否则接受方对此负责"。但笔者认为，如因软件本身毛病而产生错误的意思表示，从电子信息的发送至到达，应视为电子意思表示的表示行为。在这一过程中发生的瑕疵，应当分为两种情况：其一，"表示上的瑕疵"，其二，"意思表示的不到达"问题。如果这一瑕疵属于前者，只有在意思表示内容中有关于"重要部分的错误"时，才能由发送者撤销。但如果发送者对此有"重大的过失"，则不得以软件错误为由而撤销。对重大过失的举证责任在接受方。电子媒体的失误（操作或输入错误等）而产生的瑕疵，与上述的软件本身的毛病同样处理。上述这两种情形均因发送者活动范畴内的因素而产生，因此对方当事人若由此信赖发送的内容，而该信赖具有妥当的理由的话，应依照外观法理保护对方当事人。在通讯网上由事故而产生的意思表示的瑕疵，应当视为"意思表示的不到达"，而不视为意思表示的瑕疵问题。由于表意者的表示上有错误，致对方当事人收到其信息后，正当地信赖其信息，并且此信赖有妥当的理由，因此，依"外观法理"应由表意者对此负责。

与收到证实和意思瑕疵相联系的一个问题是合同订立过程中的"篡改的传递"（garbled transmissions）的现象。因为不论采用何种技术和程序，都难以防止传递的单据在被接受时，变得杂乱无章难以辨认。在这种情况下，这些杂乱无章或难以理解的信息需要得到进一步的证实和确认，为了公平地划分风险和商业负担，此时作为接收方应及时通知源发方。假如接收方没有提供有关传递被篡改的通知，则源发方传递的单据的内容的记录将起作用。当然，在发生篡改传递时，有时甚至都不知道源发方是谁？这时接受方无法提出篡改传递的通知，不承担法律责任。

"难以理解"或"难以辨认"不适应意思明确的或缺少材料的数据组成部分。因为这种数据组成部分也许会被源发方在相关单据中说明。在这种情况下，源发方的记录将起作用，除非接收方以合理的方式（包括以电子方式以外的方式）提出及时的通知。同时，"难以理解的或被篡改的"也不包括哪些人们能够阅读的形式或虽能阅读，但含有接收方知道、或有理由知道的可能是错误的信息。因为源发方和接收方可以协议采用一种程序，在这种程序中，接受方总是可以复审、确认或拒绝包含在任何单据中的禅性项目的。为了避免对篡改的传递的不同理解而导致的法律纠纷，最好的办法就是指定接受单据或指定功能性回执作为接受单据，从而使双方的利益均得以维护。

为了确保电子合同订立过程中的安全，可以考虑通过第三方网络来传递信息，最大程度地防止数据遗失或数据被篡改，或被未经许可的用户窃取的现象。一般来说，第三方网络有许多安全措施来防止上述现象的发生。

为了有效地防范和打击利用现代最新尖端科技来进行的"智能型犯罪"，有关国家已经开始研究并陆续制定了一些法律法规，如美国先后颁布了《1997年联邦计算机系统保护法》、《1978年联邦电子基金转移法》及1979年与1983年的修订本、1984年《仿造信息存取调设备与计算机欺诈及滥用法》等。

对此，国际商会1987年9月通过的《电传交换贸易数据统一行为守则》（UNCID）第6条，对安全问题规定：传送电文的中介人保证，对中转传递的电文不得将其内容透露给未经授权的任何人。第7条规定：电子贸易数据的接收人在收到电文时应发出收妥通知。如收到的电文显示条理不清、形式上不正确或不完整，接收人就尽快将此情况通知送发人。第9条规定：各方当事人可采用协议方式，对他们之间交换的数据采用密码方法或其他方法，给予特别保护。

四、格式合同条款

根据契约自由的原则，合同条款通常都是由当事人通过协商约定的。但在国际互联网上，特别是在网上消费交易中，购买者通过上网购物就是希望能节省时间和精力，如果要求每笔交易都就合同条款进行协商是不现实的。和现在的商场购物一样，顾客无需在购买之前与商家就责任承担等条款讨价还价。商家通常会依据本行业规范和国家法律制定商场，列明商家的责任条款。顾客在进入商场时就会看到商场陈列的商品及标价，当顾客购买商品时就表示他已经接受了这部分合同条款。

通过因特网的电子交易中，大部分是消费者与商家的交易。网上商家通常都预先制定好了格式合同，购买者只需按下"接受"或"拒绝"键，就决定了该购买合同是否成立。但问题在于这种格式合同可能利用商家的经济优势、消费者的疏忽大意以及技术上的掩饰隐藏着对顾客不利的条款。如美国 TIME INC、NEW MEDIA 在网上设置如下条款："按下键表示你已经同意以下使用 PATH-FINDER 产品需遵守条件"。其中一条款："TIME 公司有权在任何时候更改或修正本合同条款，修改后的合同条款一经通知即生效。"又如网上软件授权使用合同，其购买下载行为完毕后，购买者才能看到全部的协议内容。也有的商家在格式合同中设置不公平的免责条款。

根据我国《合同法》第 39 条规定，标准化合同是指当事人为重复使用而预先拟订并在订立合同时未与对方协商的条款。

标准化合同有以下特征：

1. 标准化合同的条款具有不可修改性，不同于一般合同的双方当事人协商。

2. 标准化合同具有重复使用性，不同于一般合同的一次性。

3. 标准化合同条款的完备性，由于反复使用比一般合同具有更高的完备性。

4. 标准化合同以书面明示为原则，不同于一般合同的形式（口头、书面或者其他形式）。

该法第 39 条规定："采用格式条款订立合同的，提供合同条款的一方应遵循公平的原则确定当事人之间的权利和义务，并采取合理的方式提请对方注意免除或者限制其责任的条款，按照对方的要求，对该条款予以说明。"第 40 条规定："提供格式条款一方免除其责任、加重对方责任、排除对方主要权利的，该条款无效。"第 41 条规定了对格式条款的解释："对格式条款的理解发生争议的，应当按照通常理解予以解释。对格式条款有两种以上解释的，应当作出不利于提供格式条款一方的解释。格式条款和非格式条款不一致的，应当采用非格式条款。"这些规定对于保护弱势合同当事人，特别是消费者具有重大的意义。对于电子合同来说也是适用的。

除了合同法的有关规定外，我国的《消费者权益保护法》中的一些规定也适用于网上消费合同。如该法第 8 条：消费者享有知悉其购买、使用的商品或者接受的服务的真实情况的权利。第 19 条：经营者应当向消费者提供有关商品或者服务的真实信息，不得作出引人误解的虚假宣传。经营者对消费者就其提供的商品或者服务的质量和使用方法等问题提出的询问，应当作出真实、明确的答复。据此，在我国网上商品宣传与商品真实情况不符时，消费者可以依据《消费者权益保护法》得到保护。我国合同法规定格式合同条款和非格式合同条款的约定不一致时，应当采用非格式合同条款。该规定解决了网上格式合同条款与经营者商品宣传的陈述不一致时如何确定合同条款的问题。

五、电子合同订立过程中的风险与责任

在贸易合同中采用数据电文方式的场合，由于信息易伪造或易因偶然的事故而丧失或破损，在这种情况下，由谁依何种标准对此负责？前者为证据立证问题，后者为责任问题。对这两问题的解决一般遵循以下步骤：

首先，当事人之间以及当事人与服务提供者之间对此有约定，则按照此约定确定其责任问题。但当事人与服务提供者之间的合同通常是格式合同，应当按格式合同的特别规定办理。如果格式合同规定明显有违诚实信用和平等原则的，提供格式条款一方免除其责任、加重对方责任、排除对方主要权利的，该条款无效。

其次，如果没有这一约定，按个别情况来具体分析处理。从主体方面来说，电子合同责任问题归结为电子合同的主体的责任问题。电子合同的主体分为电子发送人和服务提供者以及受信者。因而责任也分为这三个方面。送信者是电子信息的始发点，因此他必须对电子署名采取适当的安全措施，应具有自己信息的适当的认证，应维持自己电送的资料记录等。服务提供者在电子合同的技术平台中占重要地位，因为电送和受信均经过他完成，所以他应该以正确的标准来传达信息，采取措施防止信息被变造或伪造，对信息进行保全和保持信息的秘密。

但在电子交易上，由于电子文书的不稳定性而产生的责任分配问题相当困难。在责任的分配上，电子交易当事人之间必须约定服务提供者的责任限度（即负过失责任或无过失责任）、赔偿责任的限度和免责问题。当事人之间或当事人与服务提供者之间应采过失责任主义，各自负担一定的注意义务。举证责任则由发生损害的主张者（双方当事人）负责。但由于服务提供者在技术上占有优势，应负有采取高度注意措施的义务，那么当事人与服务提供者之间的举证责任就要发生转移。对于均无过错之时，损失由双方合理分担。

第四节　电子合同的形式

一、电子合同的形式

在美国和法国等有些国家有关合同的法律中，在特殊情况下，不要求书面合同。但是考虑到一些行为本身关系重大，或出于举证便利的考虑，各国法律一般

都要求某些特殊的合同或文件、单据，必须以"文书"方式由当事人"署名或盖章"。由此可见，文书和签名的关系非常密切。而在电子商务出现以前，书面形式一般是指具有签名的文书。而文书一般认为是具有形体的存在，可以在其上为特定的意思表示的纸张书面形式。而在电子合同出现以后，在形式上并无纸张文件形式的存在，而是以电磁形式储存所载内容，在需要时，在计算机的屏幕上表现所载内容。以往传统的纸文书在交易中有传达情报（信息）功能、立证功能、象征功能或形式上功能，但在电子合同中，由于电子文书的非固定性而引起法律上的不确定性，因而电子文书是否有纸文书所保具的立证功能、象征功能就很难说。电子合同能否纳入书面形式的范围，无疑是电子合同运用中的一个法律障碍。

具体来说，因电子文书而发生法律上的纠纷时，能否赋予其文书功能，能否替代文件的原本性问题急需解决。在交易关系，尤其是在国际贸易中，合同需要以文书的形式做成，特别是在有价证券或权利证券方面有更严格的要求。比如提单代表着对它所记载的货物的物权的效力，因此对于运送物的一切处分、对于送货人（卖方）的货物代价回收的担保，均必须以提单行使。但在电子合同下，提单的担保功能、文件移转的方式及转卖功能又如何解决？为了解决这些问题，国际海事委员会1990年6月制定了《电子方式提单的CMI规则》。这一规则允许当事人双方通过协议决定CMI规则的采用，规定当事人双方均由EDI方式代替以往的法律的、习惯的文件，规定不得否定电子资料的书面性问题。

电脑信息里面只有标准化、构造化的Data，根本没有与纸文书相同的原本性因素。要使电子文书具有原本性的要素，只有具备与原本相同程度的条件。为此，必须使Data具有可信赖性。但这种Data的信赖性成为证据的价值问题，将由法官来认定。在电脑里面的电子数据与打印出来的文书二者中，哪一个作为原本？笔者认为，电子数据虽然无可读性、可视性，但依照当事人的意思，若用转换软盘，就可立刻变为可读的、可视的。因此，应视为与打印出的文件一起构成原本。中国《合同法》第二章规定，合同原则上采取书面形式（第10条），但当事人可以采纳其他形式订立的方式（第10条第2款），这一形式包括EDI（电子数据交换和电子邮件）（第11条）。第36条还规定，法律规定或者当事人约定采用书面形式订立合同，当事人未采用书面形式但一方已经履行主要义务的，对方接受的，该合同成立。这当然也包括EDI形式。我国《电子签名法》第4条规定："能够有形地表现所载内容，并可以随时调取查用的数据电文，视为符合法律、法规要求的书面形式。"第5条规定："符合下列条件的数据电文，视为满足法律、法规规定的原件形式要求：（一）能够有效地表现所载内容并可供随时调取查用；（二）能够可靠地保证自最终形成时起，内容保持完整、未被更改。但是，在数据电文上增加背书以及数据交换、储存和显示过程中发生的形式变化不影响数据电文的完整性。"

仅从法律上承认电子合同属于书面形式还是不够的，这只是解决了第一步的法律问题。实际上，电子合同的书面形式总是与电子合同的证据法问题紧密联系在一起的。承认电子合同属于书面形式的目的还需待解决电子合同的证据法总是才能实现，这一点本书将在后面相关章节集中加以论述。我国《电子签名法》第 8 条规定："审查数据电文作为证据的真实性，应当考虑以下因素：（一）生成、储存或者传递数据电文方法的可靠性；（二）保持内容完整性方法的可靠性；（三）用以鉴别发件人方法的可靠性；（四）其他相关因素。"

二、电子签名

电子签名，是指用以证明电子信息签署者的身份并附加于电子信息中的，或与之有逻辑上联系的、电子形式的信息。电子签名一般来讲应满足以下三个条件：（1）签名人事后不能否认自己签名的事实；（2）任何其他人均不能伪造该签名；（3）如果当事人双方关于签名的真伪发生争执，能够由公正的第三方仲裁者，通过验证签名来确认其真伪。电子签名具体方式多种多样，包括了个人口令、密码、非对称加密、生物特征鉴别法等。

电子文书能否与一般的纸文书所需要的认证方式一样署名或签字又是一大问题。因为只有署名才能决定该文件的真伪，并且成为该文书的责任判断标准。如果在电子文书上不能署名或签字的话，那么用什么样的办法能够替代呢？如果承认数据电文作为文书之一，则必须有署名或签字才具有法律效力。但签字是由签署者在文件上亲笔签字，以防止该文书的伪造、变造。而采用电子合同时，很难满足这种要求。数据电文一旦伪造、变造出来就不能区别于原来的数据电文，因此需要事前防止这种违法行为。现在已产生替代签字的"电子签名"，是指在电子文书上表示"名义人"的文字以及能识别"作成者"的记录或符号。

为保证电子署名的安全，电子署名的方式有多种，实践中主要有"个人证明码"（PIN）和"密码"（Password）方式。为了查证电子署名的有无，可使用 call - back 程序或 TestKey。CMI 规则规定采用 PIN 方式，对电子署名作了具体规定。对电子署名的具体解释问题依赖于未来技术的进步、与此有关的立法以及法院判例的完善等。从国际规则和立法来看，联合国国际复合运送条约（1980），汉堡规则（1978）第 14 条、国际贸易术语解释通则（1990）第 8 项、第五次信用状（证）规则（1993）第 11 条，均承认机械方式或电子方式的署名效力。美国统一商法典第 3 部分第 401 条也规定"Signature"包括当事人以认证的意思所使用的任何符号。中国《合同法》第 32 条将签字或盖章作为合同成立的条件，但若当事人双方采用 EDI 方式订立合同的，一方当事人可以要求签订确认书（第 33 条），以补充 EDI 合同上的签名问题。

我国新合同法虽然对签字作出了规定，但并没有对"签字"的概念作出专门的规定。合同法承认合同的书面形式包括传统的纸张书面形式和电子文件形式。相应的，合同法第 32 条规定："当事人采用合同书形式订立合同的自双方当事人签字或者盖章时合同成立。"显然，这里的"签字"是指一般意义上的签字的概念，指当事人的亲笔签名。而合同法并没有规定电子合同是否必须有签字的要件才能成立。根据合同法的有关规定，电子合同的成立适用该法第 25 条的规定：承诺生效时合同成立。"该法第 26 条第 2 款又规定："采用数据电文形式订立合同，收件人指定特定系统接收数据电文的，该数据电文进入该特定系统的时间，视为到达时间；未指定特定系统的，该数据电文进入收件人的任何系统的首次时间，视为到达时间。"从以上的法律规定可以看出，我国合同法对电子合同的成立并没有规定签字的要件。这使得电子签名的问题成为当事人内部的问题，并不成为电子合同成立的必要条件。因此，电子合同的当事人在签订合同时，可以根据自己的意志或双方的约定决定是否采用电子签名的方法。在法律意义上，这些合同是在合同法第 16 条第 2 款规定的时间就已成立了。这就在法律上以分别规定的办法解决了电子合同的签名问题。

同时，该法第 33 条又规定："当事人采用信件、数据电文等形式订立合同的，可以在合同成立之前要求签订确认书。签订确认书时合同成立。"可见，我国合同法在签字问题是兼采了"法律途径"和"合同途径"。如果当事人采用数据电文（包括 EDI）形式签订合同不愿采用电子签名的方式或者电子签名不可靠，可以在合同成立以前要求签订确认书，"签订确认书时合同成立。"显然，签订确认书时的签字是指一般意义上的签字。

我国《电子签名法》第 13 条规定："电子签名同时符合下列条件的，视为可靠的电子签名：（一）电子签名制作数据用于电子签名时，属于电子签名人专有；（二）签署时电子签名制作数据仅由电子签名人控制；（三）签署后对电子签名的任何改动能够被发现；（四）签署后对数据电文内容和形式的任何改动能够被发现。当事人也可以选择使用符合其约定的可靠条件的电子签名。"第 14 条规定："可靠的电子签名与手写签名或者盖章具有同等的法律效力。"

三、电子认证

（一）电子认证概述

电子认证，又称为电子认证服务。所谓电子认证，是指认证机构通过一定的方法对签名者及其所作之电子签名的真实性进行验证的过程。目前在开放性网络中被广泛使用的电子签名，以数字签名为主，认证机构也主要是对数字签名的真实有效性进行确认。经过认证机构认证的电子签名，申请认证的人可以相信其真实性和有效性，为可靠电子签名，能产生手书签名的法律效力。为了贯彻实施《电子签名法》，中华人民共和国信息产业部于2005年1月28日通过了《电子认证服务管理办法》并于2005年4月1日起施行。根据《电子认证办法》第2条的规定，电子认证服务，是指为电子签名相关各方提供真实性、可靠性验证的公众服务活动。

从技术上看，电子签名的有效性在很大程度上取决于秘钥对同签名人之间必须存在一对一的对应关系，而保证这种关系存在并且真实有效的任务是不能由与交易有着密切的利益关系的交易双方来承担的，因为，这必然会降低电子签名的可行度，也就达不到利用签名从事电子商务活动的目的。所以，就需要由一个"可信的第三方"来提供这种服务。可见，电子签名与电子认证密不可分。对于认证制度的运作与内容，将在认证制度章节中介绍。

（二）电子商务的信用缺位与认证的意义

信用是现代市场经济正常运行的重要保障，如果缺乏了信用的内核，以契约为基本形式的交易活动难以顺畅进行。当现代经济步入网络时代的时候，信用更凸显了其不容忽略的重要性。电子商务发展的一个瓶颈便是网上交易安全问题。众多的网民在从事网上交易活动时，总不免顾忌重重。目前信息在网上传送，会有被第三者窃取、变更甚至伪造的可能，特别是敏感的个人及财务重要信息（如账号及密码、信用卡卡号）；资料库或其他网络资源仍有被黑客侵入，而导致资料被破坏、涂改或滥用的可能性。如果无法保证交易可以安全的进行，消费者就不会愿意在网上提供信用卡及付款的相关信息。而且商家为了避免发生交易纠纷，也不敢贸然提供网上购物的服务。大量经济信息在网上的传递，资金在网上的划拨流动，网上交易的权威性认证，网上信息的保密与可靠性，都必须确保万无一失。但这一切在网络空间却是差强人意。造成这种局面的一个重要原因就是没有一个可信赖的第三者即认证机构为交易双方提供一种安全交易机制。

在现在通用的贸易环境（纸面交易）中，重要的文件，如房地产买卖交易文件，为确保盖过章的文件的真实性，盖印人在盖章之前需把他的印章拿去向公证部门登记，并申请印章证明，之后再把印章证明连同盖过章的文件一起送给对方。收方经由印章证明的佐证与对比，就可确信文件的真实性。同样的，电子商务环境中数字签名使用所面临的总是，也可用相同的概念与方法来解决。在进行数字签名之前，签署者必须把他的公钥拿去向一个可信赖的第三者，即安全认证中心（certification authority，CA）登记，并由该中心签发数字证书（又称为凭证——certificate，电子印章），之后签署者将数字签名文件连同数字证书一起送给对方。收方经由数字证书证明的佐证及数字签名的验证，即可确认该数字签名文件的正确性。认证机构就是这样的安全认证中心，它承担网上安全电子交易认证服务、能签发数字证书，并能确认用户身份。它是为了从根本上保障电子商务交易活动顺利进行而设立的。认证机构主要任务是受理数字凭证的申请、签发及对数字凭证的管理。如果很好地解决了认证机构建立以及相应的认证机制建构问题，上述许多问题也就能迎刃而解。

（三）电子认证的分类

就目前计算机已有的认证功能及其认证的对象来分，有以下几种：

1. 站点认证。为了确保通讯安全，在正式传递数据电讯之前，应首先认证通讯是否在意定的站点之间进行，这一过程，称为站点认证。这是通过验证加密的数据能否成功地在两个站点间进行传送来实现的。

2. 数据电讯认证。数据电讯认证，必须允许收方能够确定：该电扇是由确诊的发方发出的；该电讯的内容未被篡改或发生错误；该电讯按确定的次序接收；该电讯传送给确定的收方。

3. 身份认证。交易人的身份认证，是许多应用系统的第一道防线，其目的在于识别合法用户和非法用户，从而阻止非法用户访问系统，这对于确保系统和数据的安全保密是极其重要的。用于身份认证的方法大致可分为四类：验证他知道什么；验证他拥有什么；验证他的生理特征；验证他的下意识动作特征。

除以上三点外，一般认证机构还负担资信认证（资信评估）的职责。资信评估，就是由具有国家主管部门认定资质的资信评估中介机构，运用定量分析与定性分析相结合的方法，参照国际通行的评估标准，通过对影响公司资信状况的各种因素进行调查研究和分析测算，来全面考察公司履行各种经济承诺的综合能力和可信任度，并客观、公正地评定其信用等级的中介行为。一般而言，资信评估的指标体系由基础素质、经营状况、财务质量、风险管理、投资收益、发展前景等因素组成。

（四）认证机构的设立

认证机构的组织设立，有以下几个主要问题：

首先是人员要求。这是认证机构安全运作的必要条件，因为认证机构所进行的活动大多是围绕着认证证书而开展，进行的都是高科技含量的工作，这就要求工作人员都应该是具备认证工作所必须的高知识素质及相当技术水平，而且，由于认证工作大量贸易活动的安全，所雇佣的工作人员还应该具备良好的思想品质，如未曾从事过计算机违法犯罪行为，或其他经济犯罪行为，这样才能尽量避免道德风险的发生，防止因为内部工作人员的道德败坏而而危害整个电子商务活动的安全。正是基于以上考虑，法律一般对机构发起人和从业人员规定了严格的技术条件与素质条件。如对于机构的发起人，一方面必须能承担因认证机构业务而产生的财产责任；另一方面，又必须具有从事信用服务的素质或资格。对于从业人员，一方面，从信用服务与技术服务两个方面规定了积极条件；另一方面，又同时规定必须具有良好的个人品质，禁止雇佣那些犯过重罪或涉及欺诈、虚伪陈述，或欺骗等刑事犯罪的人，作为经营人员。

其次是设备的要求。认证机构是一个对专业技术要求很高机构，所拥有的设备应该足以满足认证工作的需要，各项硬件和软件都必须是质量合格或合法使用的。

再次是资金要求。因为认证机构可能会因其所从事认证活动的失误而给当事人造成损失，而这种损失的数额可能是相当巨大的，所以就要求认证机构有一定规模的奖金，以应付这类风险的机制，如参加保险，来防止因为无法赔偿损失而使认证机构倒闭，进而引起一系列的连锁反应，危及电子商务安全的运作。一般认证机构还根据其业务的规模和类型，向主管部门提供一定金额的担保。

其四是营业场所的要求。认证机构的营业场所，一般与其业务进行地是一致的。但从业务性质上看，由于认证机构是一种在线信息服务，其场地可完全不在业务开展地，即认证机构可以跨地区，乃至跨国从事业务。

其五是信息公告的要求。从某种意义上看，认证服务本身是一种以交易人信用为内容的信息服务，所以，信息公告栏的设置与管理极为重要。认证机构必须自备信息公告栏，或加入某一权威的公告栏，以便开展认证业务，这是设立认证机构不可缺少的条件。有效用户的名单，数字证书的颁发、中止、撤销等重要信息都必须发布于其中。

最后，在满足以上条件之后，还要得到政府主管部门的批准或授权，实行核准制有设立原则，以保证对认证机构的严格控制。一般由政府机关颁发许可证的官方文件，并对机构名称、发证数量、可靠程度、业务范围限制等事项作出明确规定。

《电子认证办法》第 5 条规定："电子认证服务机构，应当具备下列条件：（一）具有独立的企业法人资格；（二）从事电子认证服务的专业技术人员、运营管理人员、安全管理人员和客户服务人员不少于 30 名；（三）注册资金不低于人民币三千万元；（四）具有固定的经营场所和满足电子认证服务要求的物理环境；（五）具有符合国家有关安全标准的技术和设备；（六）具有国家密码管理机构同意使用密码的证明文件；（七）法律、行政法规规定的其他条件。"

（五）认证机构提供的服务范围

如果任由认证机构从事活动，会影响认证机构运作的安全性，所以对其所提供的服务内容也应通过法律规定一系列强行标准，将认证机构的活动限制在一定的与认证活动及在电子商务活动中充当第三者证明人角色有关的范围内，以保证所提供的服务的可信度。

认证机构最重要的任务就是制作和发放认证证书。认证证书的内容主要包括：认证机构的名称和地址；某个公共秘钥及与之相对应的私人秘钥持有人的身份说明；认证证书签发的是期及生效的起讫期间；认证证书的编号；公共秘钥持有人和认证该公共秘钥的认证机构使用的生成秘钥对的算法类型；有关该秘钥对是否是只限于特定类型或特定范围的索取者方能使用的信息等等。

《电子认证办法》第 16 条规定："电子认证服务机构应当按照公布的电子认证业务规则提供电子认证服务。"《电子认证办法》第 17 条规定："电子认证服务机构应当保证提供下列服务：（一）制作、签发、管理电子签名认证证书；（二）确认签发的电子签名认证证书的真实性；（三）提供电子签名认证证书目录信息查询服务；（四）提供电子签名认证证书状态信息查询服务。"

（六）认证机构的权利、义务、责任

认证机构的首要的义务是保证认证证书的真实有效性，即所发放认证证书中的公共秘钥同某个确定身份的人是一一对应的，这就要求认证机构要核实申请登记人的身份，这其中还包括了证实登记人所拥有的某些特别授权证书、许可证或资格等关系该人行为能力的文书的效力。如果登记人是代理人，还要确定授权委托书的真实性即代理的权限。因此，认证机构应该享有向第三方了解有关登记人情况的权利，如向警察局或工商管理机构获取登记人的情况。而为了更有效地确保认证证书的效力，认证机构还享有撤销认证证书效力的权利，一旦认证机构发现登记人登记情况同事实不符，或经有利害关系的第三方的申请，认证机构无需经过登记人的同意，就有权撤销或暂时中止该登记人的公共秘钥及相应的认证证书的效力。

认证机构有保密的义务。认证机构要保证不会对外泄露所发放的任何秘钥对及认证证书的内容。这是因为这些内容不仅涉及到电子商务交易的安全，而且其中包含了受到法律保护属于个人隐私的信息。

认证机构有义务维护一个在线的数据库，这项工作包括：完整及时地将所有公共秘钥储存起来；对这些公共秘钥加以分类，特别是被撤销或延期的公共秘钥，认证机构更需及时地储存入在线的数据库；保证数据库的访问途径是畅通的；保证数据库的运作不会出现可预见且可纠正的错误。

认证机构有告知的义务。认证机构应该将使用电子签名及认证证书应该了解的操作规程、需要的技术条件、以及其他一些确保电子签名及认证证书有效运作的必要注意事项告知秘钥的申请人和认证证书的申请人。

认证机构违法其法定义务时，必须承担一定的责任。但必须看到，认证活动是一个技术性较强的工作，在网络保密技术尚不完善的今天，存在一定的风险。电子商务活动所涉商品交易频繁且数额巨大，由于认证活动的差错而造成的损失也将会极为严重。对此，如果认证机构要承担全部损害赔偿责任，就意味将过高的风险转给认证机构承担，势必会损害认证业的健康发展，也同样会毁损电子商务发展的前途。所以，比照海运业，采用一个固定的责任限额限制认证机构的损害赔偿责任的方式，对于起步阶段的电子认证业无疑是较为可取的。

（七）对认证机构的监管

为了维护认证机构的安全运营，有必要对认证机构加以监管。一般来讲，各个国家都由一个机构统一负责认证机构的设立和监管，主要从审批、审计、信息监督三方面着手。在进行监管时，监管机构有权进入认证机构的工作地点或经营场所稽核，检查工作使用的设备和工作人员的资质，检查各种有关的材料、账簿，认证机构应该向监管机构提供有关的信息和必要的帮助。如果认证机构有不符合法律法规的行为，监管机构有权按照法律法规的规定，对认证机构予以行政处罚，并要求其承担相应的民事责任或刑事责任，此外，还可以吊销其从事认证活动的营业执照。

认证机构一般因为经营期限届满、破产、违反法律规定而被撤销等原因而终止。认证机构终止认证活动的，要妥善处理其维护的数据库，由其他认证机构接管，以保证其继续运作，避免电子商务活动的当事人因为某个认证机构终止活动而无法证实某个相对方活动，使正常的电子商务活动被打断。

第五节　电子信息合同的履行

此处所谈及的是电子信息合同的在线履行。对于其他电子合同的线外履行，由于与传统的合同履行少有区别，这里恕不赘述。

一、电子信息合同履行的方式与地点

（一）电子信息合同信息的交付

1. 以电子传输的方式交付信息的方式与地点

以电子传输的方式交付信息时，这种电子信息的传输和数据电讯的传输无异。美国《统一计算机信息交易法》第 606 条第 1 款（2）规定："副本的电子交付地，是许可人指定或使用的信息处理系统。"

2. 以有形媒介为载体的电子信息合同的交付方式与地点

电子信息合同的标的是信息，在确定交付时可参照传统民法关于动产的规定，尤其是以有形媒介为载体时更是这样。美国《统一计算机信息交易法》第 606 条第 1 款所规定的："副本必须在协议指这定的地点交付。在没有指定时，适用以下规则：有形媒介上的副本的交付地点，在履行方的营业地，如果没有此地的，在其住所地。然而，如果人在订立合同时，知道副本在其他某一地点，该地为交付地"。

3. 信息交付的附随义务

电子信息交付的付随义务是指，为了使所交付的信息达到"商业适用性"，交付方所负有的为完成合同主义务而必须履行的、不是出于合同规定的义务；以及接受方负有的合理提供适合于接收履行的设施的义务。这是一种法定义务，主要包括如何控制、访问、处理信息的资料的交付等等。

美国《统一计算机信息交易法》第 606 条第 2 款规定："副本交付的履行，要求履行方提供并保持该有效的副本给对方支配，并且以合理的方式给对方必要的通知，使之能够访问、控制，或处理该副本。如果适当的话，要求必须在合理的时间内提交协议规定的访问材料或其他文件，接受履行的一方应合理地提供适合于接收履行的设施。"此外，还应适用以下规则：

第一，如果合同要求交付由第三人持有的副本而不需要转移，履行方应提交协议规定的访问材料或其他文件。

第二，如果合同没有要求履行方将副本交付到特定的目的地，而是要求或授权履行方将副本发送给另一方，适用以下规则：

（1）在履行有形媒介上的副本的交付时，履行方应将副本交于传送人占有，并根据信息的性质与其他的环境，与之签订运送合同，运送费用将由接收人负担。

（2）在以电子方式交付副本的情况下，履行方应根据信息的性质与其他的环境，合理的启动传输或致使传输的启动，传输费用将由接收人负担。

第三，如果要求履行方将副本交付到特定的目的地，履行方应使副本在目的地能够使用，并承担运输或传送的费用。"在信息附有权利证书的情形下，信息的交付依照以有形媒介为载体的情形处理。

（二）电子信息合同信息使用费的交付

依传统民法，合同的当事人享有同时履行抗辩权。一般情形下，合同双方当事人应同时履行合同义务。加之信息在返还上的困难，只有在电子信息合同的履行中树立同时履行原则才能有效保障提供信息方的合法权利，即在电子信息合同中，一方要求另一方交付信息的情形下，该方有权利要求同时支付信息使用费。

美国在其《统一计算机信息交易法》中贯彻了同时履行原则。其第607条就副本、与交付相关的履行、付款等规定如下：

1. 如果需要以副本的交付来履行合同，应适用如下规则：（1）应当交付的一方在接收方履行给付的义务之前，不必完全履行交付。（2）交付之履行是另一方当事人接收副本的义务的条件，并且使接受履行的当事人有权接收副本。

2. 如果支付在交付副本时才到期，应适用如下规则：（1）交付之履行是另一方当事人支付的条件，并且使接受履行的当事人根据合同支付。（2）合同规定所有副本必须一次性交付，并且支付在该履行时到期。

3. 如果条件给予任何一方行使或要求分批交付的权利，合同费用如果可以分割的话，可改为分批请求。

4. 如果支付的到期，以要求交付副本或交付权利证书为条件，接收履行一方的保留或处理副本或文件的权利，与履行一方相对应，以其有效的支付为条件。

二、电子信息的检验与接收

电子信息合同的验收，包括检验与接收两个方面。

（一）电子信息的检验

电子信息在履行中的检验分为以下两种情形：1. 大众市场的电子信息的检验，一般而言，其检验的目的是确定该信息是否正版，其方式通常是从包装、标识等方面入手检验。2. 特定电子信息的检验。特定电子信息一般为按接受方要求制作并提供的软件。检验对于特定电子信息的重要性不言而喻。

美国《统一计算机信息交易法》第608条规定，如果需要以副本的交付来履行义务，应适用以下规则：（1）除本条中另有规定外，接受拷贝的一方于付款或接受交付之前有权在合理的时间和地点以合理的方式对拷贝进行检验，以确定其是否符合合同规定。（2）验货方应自己负担检验的费用。（3）双方当事人约定的验货地点或方法以及接收拷贝的标准，应推定为具有排它效力。但是，约定的地点、方法或标准不得推迟合同标的特定化的时间，或者改变交付、所有权转移或风险转移的地点。如果不能根据约定的地点或方法履行合同，则应按照本条规定进行验货，除非双方约定的地点或方法是不可或缺的条件，且其不能实现将导致合同的无效。（4）一方当事人的验货权不得违反已有的保密义务。

（二）电子信息的接收

1. 电子信息接收的一般条件，一般原则是保留了副本或者实现了信息的利益即为接收。

美国《统一计算机信息交易法》，对接收的一般条件作了如下规定："副本的接收发生于向接收方提交副本之时：（1）对履行，或对副本以行为方式表示，是符合合同的，或该当事人愿意接受保留副本，尽管不相符；（2）没有作出有效的拒绝；（3）将副本或信息混合的方式，而使拒绝后再遵守义务成为不可能；（4）从该副本得到了实质的利益并无法返回该利益；（5）以不符合许可人所有权的方式行事，而该行为只有在许可人将其选择为接收来对待，并认可该行为在合同使用条款范围内，才能作为接收。"

2. 由多个副本构成的电子信息的接收

在一个电子信息由多个副本构成的情况下，一般原则是整体的接收才构成有效的接收。

美国《统一计算机信息交易法》第 609 条中规定："如果协议要求分部交付，而各部分结合起来才构成信息的整体，每一部分的接收，都以整体接收为条件。"换言之，只有接收人对整体的接收，才能使各部分的接收有效，而部分的接收，并不构成有效的接收。

三、电子信息控制与电子自我救助

（一）电子信息控制

电子信息控制，指电子信息开发商、供应商对信息利用所施加的限制。美国《统一计算机信息交易法》在关于"履行中的电子控制"中，规定道：本条中的"电子控制，是指其主观目的是控制信息使用的程序、密码、设施，或类似的电子的物理的限制。"

电子信息控制的方式主要有用户认证程序、软件版本使用的次数限制、信息访问范围与时间限制等。其目的是保护电子信息或服务提供方的自身利益，因此在电子信息合同的履行中和履行终止后均存在电子控制的问题。电子信息控制是一种基于合同约定、惯例或法律的规定而产生的权利。

美国《统一计算机信息交易法》所规定的实施电子控制的具体条件："当事人有权对信息的使用实施限制，可以包括信息或副本中的自动限制，并在以下情况使用：（1）协议的条款授权限制的使用；（2）该限制阻止与协议条款不相一致的使用；（3）该限制阻止合同规定的有效期或次数届满后的使用；（4）该限制阻止合同终止后的使用，而非规定的有效期或次数届满后的使用，并且许可人在进一步使用前发出了合理的通知。"

（二）电子自我救助

电子自我救助，是在被许可人侵权或违约的情形下，许可人依法定条件采取相应控制措施而进行自我保护的行为，它具体表现在占有权与阻止权两方面。

许可人的占有权是指，在撤销合同时，许可人有权占有所有被许可人控制或占有的许可信息的副本，和任何其他与该信息有关的根据合同应由被许可人退还或交付给许可人的材料。许可人的阻止权是指在撤销合同时，许可人有权阻止被许可人继续根据许可行使合同上或信息上的权利。

美国立法关于电子自我救助的法定条件是：

1. 不违反和平。并且，如果他有理由知道其电子自我救助的使用将对公众健康或安全引起伤害或损害，或会严重损害公众利益、重大影响不涉及纠纷的第三人，就不能使用电子自我救助。

2. 没有可预见的人身伤害或对许可信息之外的信息或财产的客观损害。

3. 有被许可人对电子救助明确地表示同意的条款。依美国法该条款必须包括：规定权利行使的通知；写明被许可人指定的人的姓名，以便向他递交行使通知，并且写明向该人递交通知的形式和地点；并且对被许可人规定一个变更指定人或地点的简明程序等。所谓行使权利的通知，是指在求助于许可条款的电子自我救助之前，许可人应向被许可人指定的人以记录的形式发出通知：（1）许可人有意在被许可人收到通知的15日之后，诉诸电子自我救助作为救济；（2）主张违约可使许可人有权诉诸电子自我救助；并（3）有关主张违约的人的姓名、头衔和地址，包括电话号码、传真号码，或电子邮件地址，使被许可人可与之联系。

许可人实施电子救助给被许可人造成损害的填补。被许可人可要求赔偿由于使用电子自我救助造成的直接和间接损害。被许可人还可对电子自我救助的过错主张其后续损害，无论该损害是否被排除在许可条款之外，如果：（1）在4款（1）明确的期限内，被许可人对许可人通知指定的人善意地讲述了损害的轻微程度和一般性质；（2）许可人有理由知道由于电子自我救助的使用可能引起第6条中描述的损害类型；或（3）许可人没有4款所要求的通知。

第五章　电子金融法律制度

第一节　网络银行与电子货币

金融是现代经济的核心。金融，意指货币资金的融通，是与商品生产和商品交换相联系的一类经济行为。货币的发行、流通和回笼，存款的吸收和提取，贷款的发放与收回，国内外汇的往来，国内国际货币结算，金银、外汇的买卖，信托投资，保险，有价证券的发行和交易，期货交易等，都属于金融活动的范围。实施电子商务的重要条件就是金融服务体系必须电子、数字、网络化，其中重中之重是电子银行和货币电子化。用户在互联网上直接使用电子货币进行消费和交易，将资金直接通过金融系统的电子资金过户系统划拨到商户资金账户中。这具体表现为电子银行、电子信用卡、电子钱包、电子支票、电子货币、电子支付、电子结算、电子银行等形式。正是电子金融业的稳定发展，为电子商务构建了资金正常流动的平台。

前面曾就电子金融的一个重要方面——电子支付的有关问题作过介绍，而网上电子支付关系中，银行处于一个无可替代的中介者位置。本节将主要就以网络银行为核心的网络金融制度作进一步论述。

一、网络银行概述

电子商务的真正实现很大程度上有赖于银行系统的积极参与，而电子商务是借助网络系统进行的，这必然需要新的银行服务方式的产生，传统银行起着商务领域中的结算和支付作用，网上银行是肩负着网上交易行为的结算和支付功能，它的产生主要来源于电子商务的需求，它承担着网络上的支付，交易结算和安全保障等重大责任，换句话说，网上银行是指通过因特网这一公共资源及使用相关技术实现银行与客户之间安全、方便、友好链接的虚拟银行。它可以为客户提供各种金融产品。它不同于以往的银行是指其没有经营网点，整个银行的员工也大大少于通常概念的银行，客户完全通过因特网与银行建立服务联系。实现 24 小时全天候迅速、方便、可靠的服务。

网络银行有两种形态，英文可用"Internet Banking"和"Internet Bank"来表示。"Internet Banking"可以定义为以因特网为背景的传统银行电子化业务，即传统银行利用多媒体技术和因特网通信便利在互联网上建立网站，为客户提供图形界面，以替代原来要在柜台操作的诸种业务。在这之中，前台的信息接收必须通过自身系统软件的后台处理才能使整个业务得以完成。"Internet Bank"则是在传统银行以外兴起的以因特网技术为依托，在网上存在的看不见的另一类银行。其处理金融业务的方式在技术意义上与前者几乎没有什么区别，但它不拥有存在网络之外的独立的金融信息处理系统。为完成具体的金融交易，它必须以合同的方式与传统银行或专业计算机软件商合作。

可以说，网络银行是电子银行发展到目前的极端形式，与传统银行相比，其有如下自身独特的运行特点：首先，网络银行是虚拟银行。传统银行的分行是现实的分支机构，而网络银行的物理地址正在逐渐瓦解消失，其分行是因特网带来的电子化空间。其次，网络银行是智能化银行。传统银行主要借助于资金以及众多银行员工为客户提供服务，而网络银行主要是借助知识和智能，主要靠少数脑力劳动者提供劳动。再次，网络银行是全球化银行。传统银行是通过设立分支机构开拓国际市场的，而网络银行只需要借助因特网便可以将其金融业务和市场延伸到全球每个角落。与全球化相联系的是网络的中心化。网络银行所运行的环境目前基本上是无管制的。最后，正因为以上特点，网络银行改变传统金融机构的结构和运行模式，带来了手段更新、内容更丰富、方便快捷、更富于效率的服务。

二、网络银行的电子支付业务

就目前而言，电子支付是网络银行主要的营业范围。具体而言，网络银行的电子支付业务主要有以下几种：①

（一）电子货币

狭义的电子货币是以电子形式存在的能直接用于支付并有实时支付的信息集合和处理系统，仅指货币层面的电子支付。它在目前的表现形式大体有三种：即储金卡、智能卡和数字现金。

---

① 杜庆春．Internet 环境下电子支付的法律问题//梁彗星．民商法论丛．第 12 卷．法律出版社，2000．

最典型的储金卡莫过于电话卡。在卡面的磁条中存储着关于资金金额和扣划情况的信息，将其插入受款人终端，可当即完成支付过程。它与信用等转账卡的最大区别在于：后者本身并不代表资金，需要在卡片使用后经过对其账户的信息处理才能完成交易，而储金卡本身就代表资金，它在支付时是被当作现金货币使用的。

智能卡在外观上像普通信用卡一样，但它的复杂之处是里面嵌有一个集成电路芯片，能够处理不同的信息，并有长短不同的记忆功能，就像一台微小的计算机。它可以储存和处理支付数据，在用于交易时需要有一个外设的人机界面。这种卡的特点在于其智能性，即有自动处理能力，也不需要再指向其他资源如银行账户，支付随卡的使用而完成。

数字现金类似一种无形商品，是由"发行"公司创制的各不相同的密码数字组合，欲购此商品者将其银行账户的资金通过因特网下载到由"发行"公司为其提供的软件包生成的存于其计算机中的"电子钱包"里，同时获得数字现金，即其银行资金变成了电子钱包中的以数字为存在形式的新钱。购得数字现金者，可以在因特网上花费使用，系统确保一笔数字现金不被重复使用，获得该数字现金的商家可对其继续使用，也可以通过"发行"公司兑换成真的现金或账户余额。

（二）因特网家庭银行

银行在因特网上建立网站供客户访问，客户通过自己的计算机终端上网与银行交流信息，接受服务。许多银行都用这一方式在网上提供传统服务，包括查账、转账、贷款申请等。在具体运作上，银行可能采取与大的网络服务商合作的方式，由该网络服务商充当中间人，提供与安装金融功能软件。

（三）因特网信用卡支付

这是因特网上比较流行的因特网支付方式，即用普通信用卡在网上购物付款。如果客户只是通过开放的网络向商家传送信用卡号码，则有被截获和冒用的风险，软件提供商采用一定技术方式介入为客户提供了保护。

（四）电子支票

客户利用一个电子支票簿，实际上是一张插在个人电脑上的带有个人金融信息的卡片来开始支付过程。在出票人的电脑屏幕上会出现支票图像，使用时，程序用公钥加密系统使出票人进行电子出票和签发数字化支付命令，然后将电子支票通过因特网传于收款人，在收款人处有特别程序对其真实性加以确认。

三、电子货币的法律意义与影响

在支付工具的意义上，可以说，电子货币是货币层面的电子支付，是一种金融创新。它促使着社会向"无现金社会"以至"无纸社会"的转变，但其作用又不仅仅限于"替代"现金。现金，一般是具有法偿力的纸质银行券，是国家以法律保障的银行信用。在货币的非信用阶段，金银受到了选择。金融的发展和社会需求却使信用优于价值，从而信用货币及其替代工具和衍生工具主导了社会经济活动，社会进入了货币的信用阶段。这一阶段，政府垄断了货币的发行，拥有货币主权，并赋予称为银行的商人以货币特许经营权，二者均从中获得好处。而电子货币是因特网技术为提供新的信用竞争机会这一背景下的产物，它体现了货币自由的萌芽，其实质是对现金的取代。这里最显著的标志是，非银行机构已在很大程度上已介入了电子货币业务。这些非银行机构的法律地位如何，其推向市场的电子货币的支付力有多大，却令人深思。所以，电子货币真正取得与现金货币同等的地位，还有待电子商务的成熟与发展。

正是由于法律地位的不明确与法律规范的模糊，电子货币给现行金融体制和货币政策带来一些前所未有的影响。首先是电子货币促使着货币主权的分化。所谓货币主权，是一种中央银行独有的利益，它来自货币发行权，即能够使市场参与者将其负债作为货币的权利。该利益反映在对生息资产进行无息或低息融资（以发行货币的方式）的回报上。私营机构从中央政府获取货币主权的积极性一直很高，"先付"式支付工具，如旅行支标、储金卡的流通使其发行人获得的即是一种货币主权利益。电子货币的发展，尤其是非银行机构的信用供给，使货币主权的分化要求日益强烈虽短期内不能确定官方纸币会被取代，但从长远看这是电子货币这一革命性支付方式的最大副产品。与此相关的是，电子货币可能导致货币流量的改变，尤其在以较窄的货币统计口径计量时。在其影响下，货币的需求将难以充分确定，从而中央银行确定利率的程序也将复杂化。大量而广泛的电子货币流通会在较大规模上取代中央银行的主要负债即现金发行量，令其银根收缩，从而是开始触及货币政策的执行。

从微观上来说，其交易关系当事人对电子货币的发行也承担着一定的风险。其中使用者的风险主要来自三个方面：第一，丢失电子货币时即等于丢失了现金，无法挂失止付，这正是成为货币的条件之一，即隐匿名姓或不可追踪性；第二，当发行人破产或发生危机时，其发行的电子货币会发生信用危机，一旦被拒绝接受，损失只能由使用者承担，当然中央银行也可能有此情形，但私家发行者的几率要大得多；第三，包括系统故障和外来攻击，如脱离传统银行体系，消费者将无法得到救济。此外，电子货币使用者的隐私权在网络操作过程中更容易疏于保护。

第二节　美国电子资金划拨法律制度

一、电子划拨概述

随着计算机在银行中的应用,银行在一定程度上已能将现钞、票据等实物表示的资金转变成计算机中存储的数据表示的资金;将现金流动、票据流动转变成计算机网络中数据流动。这种以数据形式存储在计算机中并能通过计算机网络而使用的资金被形象地称为电子货币,其赖以生存的银行计算机网络系统被称为电子资金划拨系统。电子划拨主要是指电子资金划拨,也叫电子处理资金划拨、电子转账及自动结算。美国1978年《电子资金划拨法》给出的定义是:不以支票、期票或其他类似票据的凭证,而是以电子终端、电话、电传设施、计算机、磁盘等命令,指示或委托金融机构向某个账户提款或从某个账户提款;零售商店的电子销售安排、银行的自动提款交易、银行客户通过银行电子设施进行的直接存款或提款等。显然,这个定义是相当广泛的。

从另一方面来说,电子划拨所体现的资金往来也是电子支付(electronic payment),是现存支付方式的一种,乃是相对于传统的支付方式而言。它有两个层面的含义:一是以计算机及其网络为手段,将传统的支付方式电子化,即以电子通信取代传统的信函、电报等方式进行资金流程的信息传递;二是以某种形式的电子信息完全取代传统支付工具如现金、票据,信息的传递就是资金的传送。对此,我们可以分别称电子支付的信息层面和货币层面。传统的电子支付,即非因特网环境下的电子支付,主要包括消费者电子支付系统(小额电子资金划拨系统和大额电子资金划拨系统)两种。随着因特网被广泛应用于商务领域,近年各国纷纷展开以因特网为基础的新型电子支付业务。其外在表现形式有两个方面,一是网络银行或称虚拟银行,一是电子货币。

电子资金划拨正以前所未有的速度迅猛发展,人们预计,正像纸币取代黄金、票据取代纸币一样,电子货币将取代纸币和票据而成为未来货币。这同时也引起了人们关于传统的调整纸质流通工具法律制度适用范围的争论。例如,美国《统一商法典》第4编——银行存款与收款调整的是票证收款与跟单汇票收款。根据第4编,票证包括一切支付货币用的工具,即使是非流通的工具,但不包括货币。有人主张电传电文或在计算机中记录的电磁信息可以作为票证。第4编能适用于电子资金划拨。佐治亚州与佛罗里达州还专门为此对其第4编的文本进行了修订。也有人认为,根据美国《统一商法典》第3编,工具就是汇票、本票、支票等票据，因而应是纸质的，美国《统一商法典》不能适用于电子资金划拨。在司法实践中，也由于立法上的滞后而出现对立的判例。由此可见，电子资金划拨这种新型的金融形式，正引发着法律上的变革。

二、电子资金划拨的基本原理与类型

根据支付系统处理划拨的类型，可以将它们分两类。一类是借记划拨（credit transfer）系统，另一类是贷记划拨（debit transfer）系统。电子资金划拨系统，特别是大额电子奖金划拨系统，基本上是贷记划拨系统。

借记划拨是债权人向银行发出支付指令，以向债务人收款的划拨。贷记是债务人向银行发出支付指令向债权人付款的划拨。支票是借记划拨的一种常用形式。在一个典型的支票交易里，付款人（债务人）开立支票并将支票移交给受款人（债权人）。不受款人因托收将支票存入基，受款人向银行发出了支付指令，从而开始了划拨程序。受款人银行根据一个使支票有足够时间清算的时间表贷记受款人账户。支票通过托收过程进行传递。这一托收过程可能涉及一个或多个中介银行，支票最后在出票人银行提示支付。这一过程的最后一步是出票人银行借记出票人账户。债务人银行借记其账户，使在同一银行或另一银行中的受款人账户得到贷记。在这一过程中，第一步是对付款人账户的借记。如果付款人或受款人没有银行账户，则可以在交易的任一端用现金代替。在英美等国，邮政服务机构或储蓄银行长期经营着称为 giro 系统业务。使用该系统的付款人填写贷记划拨表格交给邮政服务机构或储蓄银行将款项划拨给受款人。贷记划拨总的趋势也是使用电子手段传递支付指令，大多数电子划拨系统也的确采用贷记划拨方式。相对于传统的以纸为基础的贷记划拨比而言，贷记划拨既不易出错又不易出现欺诈，并可以根据需要设计时滞的存在。

如前所说，电子奖金划拨系统根据服务对象的不同与支付金额的大小分为小额电子资金划拨系统（又称零售电子资金划拨系统）与大额电子资金划拨系统（又称批发电子资金划拨系统）。前者服务对象主要是广大消费者个人，特点是交易发生频繁、交易小、多样化；后者的服务对象包括货币、黄金、外汇、商品市场的经纪商与交易商，在金融市场从事交易活动的商业银行，以及从事国际贸易的工商业企业，其金额巨大，在支付时间性、准确性与安全性上有特殊要求。常见的小额资金划拨系统有：销售点终端设备（point of sales 简称 POS）、自动柜员机（automatic teller machine，简称 ATM）、居家银行服务（home banking）、自动清算所（automated clearing house，简称 ACH）。主要的大额资金划拨系统有联邦电划系统（clearing house interbank payment system，简称 CHIPS）、清算所银行间支付系统（society for worldwide interbank financial telecommunication，简称

SWIFT）、环球银行间金融电讯协会（chinese national automated payment system，简称 CNAPS）。

三、电子资金划拨各方的法律关系

电子资金划拨涉及的无外乎是银行、客户、数据通信网络系统以及电子交换所。各方的法律关系简示如下：

1. 银行与客户的法律关系

电子资金划拨是依照银行与客户所订立的协议来执行的。不过，除了大宗资金划拨的情况下双方会就协议的某些问题进行协商。银行与客户之间的协议通常是由银行起草并作为开立账户的条件递交给客户的，换言之，这种协议属于标准合同。可见银行与客户的关系还是以合同为基础的。虽然各银行与客户协议的内容不尽相同但是银行承担的基本义务就是依客户的批示准确、及时地完成电子奖金划拨。然而，实践中常出现因过失或欺诈而致使资金划拨失误或迟延的现象。如系过失所致，自然适用于过错原则，这已成定论。如系欺诈所致，例如，银行雇员利用业务之便或第三人得悉有关电子密码后伪造或篡改支付命令，以在达到中饱私囊等目的。那么，在这种情况下，将由谁承担责任呢？美国《统一商法典》第 4A 编与联合国国际贸易委员会《国际贷记划拨示范法》均认为，为了防止未经授权的欺诈人向银行发送支付命令，客户与银行通过应建立使用电子密码或确认字符的安全程序。如经安全程序证实了支付命令的真实性之后，银行也接受了该支付命令，那么，即使该支付命令是欺诈人所发，银行仍有权借记客户在银行开立的账户。不过，这种安全程序必须能足以防止欺诈、保障支付命令的安全并在商业上是合理的。另外，如客户能证明，未经授权的支付命令既非客户（因业务之便可能了解安全程序的雇员）或其代理人所发，也非第三人（从客户所控来源而得知安全程序的人）所发，那么客户就能免于承担责任。如果因欺诈或过失而导致电子资金划拨延误，甚至未能完成，银行一般采用以下几种方式承担责任：返回资金、支付利息、补足差额、偿还汇率波动造成的损失。针对损失赔付的范围，根据《统一商法典》与《国际贷记划拨示范法》的采纳的观点，违约一方的赔偿责任公以其在订立合同时可以预见到的损失为限，银行对接受资金划拨批示时无法预见的损失不负赔偿责任，但客户事先告知银行的情况例外。

在银行与客户的关系中，其中发送银行与接收银行各自与客户的关系也有各自特殊的地方。对于发送银行与客户的关系，在发送银行的义务范围上，发送银行承担如约执行资金划拨指示的责任。一旦资金划拨失误或失败，发送银行应向客户进行赔付，除非在免责范围内。如能查出是哪家银行的过失，则该银行向发送银行赔偿，如不能查出差错出在哪里，则整个划拨系统分担损失。如果客户与发送银行之间的协定明示或暗示了发送银行在奖金划拨中依指示采取行动的期限，而发送银行未能如约行事，那么发送银行应承担违约责任。

接收银行与客户的关系较为复杂。一方面接收行与其客户的合同要求它妥当地接收所划拨的资金，也就是说，它一接到发送银行传送来的资金划拨指示便应立即履行其义务。如有延误或失误，则应依接收行自身与客户的合同处理。另一方面，资金划拨中发送银行与接收银行一般都是某一电子资金划拨系统的成员，相互负有合同义务。原则上，接收行应在收到支付命令的银行日履行义务，如果当天未能执行，则应在接到支付命令的第二个银行日的午夜之前履行其义务，但是，支付命令中特别指明或暗示了执行日期的例外。同时，接收行向客户支付的义务始于它代表客户接受支付命令之时，一旦接收行向客户支付了款项它就履行了义务，这种支付是不可撤销的。

2. 银行之间的法律关系

参与电子资金划拨的各个银行一般都是 CHIPS（美国银行间清算系统）或 CHAPS（英国银行间清算自动支付系统）等系统的成员。按照这些系统的规则，这些银行之间负有合同义务。它们应对系统的信息作出反应并遵守其规则。事实上各银行的权利义务可以说是受一个合同链约束的。当发送银行通过电子资金划拨网发送信息，其具体内容是依客户指示按时足量地将奖金划拨到接收银行，这就构成对接收行的一个要约。当接收行确认了这一信息，则形成承诺，于是发送行和接收行之间产生了合同。

3. 银行与电子交换所的法律关系

电子交换所也是整个银行业系统的组成部分，属于银行间清算系统。一般来说，电子交换所在电子资金划拨系统中很少为错误或欺诈导致资金划拨的失败、延误或失误承担责任，而由参与银行分担损失。

4. 银行与数据网络系统的法律关系

电子资金划拨的参与银行大多是环球银行金融通信系统等数据通信网络系统的成员，这些银行当然是应遵循各网络系统的规则，也就是说，银行与数据通信网络系统也是合同关系。数据通信网络系统的义务主要有：按正确的模式依协议传递信息；采取防止信息传递失误的安全措施；确保信息被传递到接收人处；保证信息的机密性和安全性。

5. 客户之间的法律关系

由于资金划拨的存在，客户之间显然有某种债权债务关系，最普遍的是依照货物买卖合同买方（转让人）指示开户银行发送这笔贷款以履行自己的合同义务。但是，即使卖方银行（受让人银行）收到这笔款项，也不等于买方完成了付款义务。除非这笔付款被接受，否则买方仍被视为未履行义务。作为履约的付款能否构成履约的接受在很大程度上依赖于银行的授权范围。如果银行确实或显然被授权能够接受作为履约的付款，那么，资金一旦划拨到银行，转让人的义务就告完成。对于附条件的支付，就银行而言，若它们已在中央银行结算，这就成为无条件的支付。就客户而言，一旦撤销付款的期限已过，这种支付就成为无条件的。另外，尽管支付已成为无条件的，但这仍不等于付款义务的履行完毕，除非受让人银行允许受让人动用该笔款项。受让人动用该款项的时间一般由受让人银行的惯例而定。

四、电子资金划拨完成的法律认定

许多法律制度均认为资金划拨的完成会产生一系列法律后果，故资金划拨的完成是资金划拨法的一个重要概念。但是，电子资金划拨中，划拨的完成是指付款过程的完成还是基础合同义务的履行完毕呢？

（一）电子资金划拨的时间

正因为电子资金划拨完成的概念不很明确，故其完成时间目前也存在争议。在联合国国际贸易法委员会起草《国际贷记划拨示范法》时，各国代表对此就难以达成共识。主要有两种观点：一种认为资金处于受益人实际控制之下才算完成了资金划拨。法国、瑞士、芬兰和中国等代表持此主张。另一种观点主张，受益人银行为受益人利益接受了支付指令之时，资金划拨即算完成。后来鉴于第二种观点能使发端方银行免除对于受益人的进一步义务，这一客观的规定易为参与划拨各方所接受，故示范法采纳了第二种观点。

（二）电子资金划拨完成的法律后果

电子资金划拨完成的法律后果在各国并不相同。即使在同一国家，随着电子资金划拨的类型不同，划拨完成的后果也不尽一致。电子资金划拨完成的法律后果通常包括以下几个方面：

1. 对于转让人与受让人

（1）转让人账户中贷方余额减少。

（2）转让人死亡、破产、丧失法律行为能力、转让人账户被扣押、转让人银行抵消或撤销资金划拨批示都已不能阻止该笔资金的划拨。换言之，电子资金划拨完成之时，资金划拨已不可撤销。

（3）受让人账户贷方余额增加。受让人有权动用这笔资金，并可按新的贷方余额获得利息。

（4）转让人、受让人的基础合同义务已经履行完毕。当然，当事人也可以在基础合同中自行约定合同义务履行完毕的时间，尤其是在巨额交易中。

2. 对于银行

（1）银行有义务通知受让人关于其账户的情况。

（2）如是中间银行，它有义务向资金划拨过程的下一银行传送资金划拨指示。

（3）受让人银行应按资金划拨指示向受让人提供资金，并有义务按受让人账户中新的贷方余额支付利息。

（三）电子资金划拨指示的撤销

电子资金划拨过程中如不撤销批示，这对于受让人和受让人银行是有利的。另一方面，因为受让人有可能无力清偿债务或出现其他问题，所以转让人希望能撤销已经发出的资金划拨指示。可见，受让人和受让人银行与转让人在此问题上利益并不一致。

各国法律尽管对撤销资金划拨指示的权利的具体规定不太一样，但有一点是共同的：转让人撤销资金划拨指示的权利到资金划拨完成时终止。由于电子资金划拨比以票据为基础的资金划拨完成得更快，故许多电子交换所的现行规则都进一步限制了撤销已提交电子交换资金划拨指示的权利。可以说，与通过票据进行资金划拨相比，转让人在电子资金划拨中更早地失去了撤销划拨指示的权利，该权利受到了更多的限制。

联合国国际贸易委员会《国际贷记划拨示范法》第12条规定：

①在支付批示本应依第11条a款或b款执行的开始之日和实际执行之日之前，接收行而不是受益银行按照撤销指示并有合理机会实施撤销指示，支付指示可以被撤销。除非是上述情形，否则，发送银行不得撤销支付指示。

②资金预定归受益人处置和资金划拨完成日之前，受益人银行撤销指示，并有合理机会实施该撤销指示，除非如此，否则，发送银行不得撤销支付指示。

③虽然①、②项如是规定，但是，发送方和接收行可以约定如下：发送方向接收行发出的支付指示是不可撤销的，或者，撤销指示应早于①、②项所指时间发出，撤销批示才有效。

④撤销指示需经认证。

⑤鉴于一有效的撤销指示已经或随后就能收到，负责执行支付指示的是接收银行而非受益人银行，或接收支付指示的是受益人银行，该接收银行和受益人银行无权凭支付指示付款。如资金划拨已经完成，则该银行应退还已收款项。

值得一提的是，各国国内法对于撤销资金划拨指示的规定与示范法并不相同，特别是英美对撤销资金划拨有着更为严格的限制，甚至认为，自从发送银行发出资金划拨指示之后，该指示便不可撤销。

五、电子资金划拨面临的证据法上的问题

电子划拨引起的证据法方面的问题主要包括计算机所存储的数据能否在诉讼中被法院采纳为证据及其证据价值，对于认证程序的要求，举证责任以及计算机所储存信息的披露。

电子资金划拨遇到的证据法问题中最重要的部分无疑是计算机记录作为证据的可采性问题，这也是所有电子数据处理共同面临的问题，因此，对于这一问题将在后面的有关证据制度章节中加以集中论述，此处恕不赘述。

一旦电子资金划拨过程出现错误或欺诈，其举证责任应由客户还是银行或是哪一家银行承担？这各种问题一般可能出现下列两种情形。其一是客户宣称已发出了资金划拨指示，而未得到执行，但银行并无有关记录。这种情况下，通常认为，银行一般不给客户用以证实有关资金划拨指示的书面收据或计算机记录，在商业用户缺乏能证明其资金划拨指示的定期商业活动记录，因此，银行应承担举证责任。其二是传送到受让人银行的资金划拨信息出现了错误或延误，但造成错误或延误的原因不明，这种情况下通常认为，如果规定发送银行负责整个资金划拨过程的顺利进行，则由发送银行承担举证责任。如果未规定由发送银行负责资金划拨的全程运行，则由转让人举证证明错误或延误的原因。

在诉讼中对计算机存储信息的披露显得格外重要。当银行是诉讼当事人时，银行必须与该案相关的所有信息，无论这些信息是否具有证据价值。对于属于商业秘密的信息，法院可以限制披露的程度，但相关信息也应披露。法院可以只让银行披露给具有独立地位的专家，而且这些专家有义务保密。披露是应双方当事人对特别项目信息的请求而开始的。通常，列出所需文件的目录，即现在或曾经处于披露人控制之下的文件。如果一方否认这些文件的存在或拒绝披露，法院则可要求这一方作出解释或加以披露。

当银行不是诉讼当事人但掌握了关于当事人的计算机笔录时，能否要求银行披露呢？这将由法院自由裁量。不过，法院常常是要求银行披露。当然，要求披露的当事人需按具体情况给银行支付相应的费用。

如果当事人要求查看的计算机记录涉及银行往来账折，银行是否有义务披露？法院对此也享有自由裁量权。不过，要求披露的一方必须提出查看的依据，说明这些信息对该案有重大价值，如足以阻止对方起诉，否则，银行也可以不披露这些信息。

第三节 韩国电子金融交易立法

在韩国，由于信息技术的发展，电子化陆续在证券交易、资金划拨和保险业等领域扩展。根据 1997 年 1 月修订的《证券交易法》（同年 4 月实施），在线证券交易是指通过电话、电报、传真和计算机等电子化方式进行的证券交易。从 1997 年 5 月第一次通过互联网提供股份买卖的交易服务开始，此后两年间，也就是到 1999 年，通过互联网的金融交易爆炸性地发展起来。从 2002 年到现在，韩国境内 60 家证券公司一半以上开展在线交易。到 2003 年，在线证券交易的比例由 1999 年的 25.4% 飙升到 2003 年上半年的 62.7%。随着电子商务的普及，韩国电子支付结算的比重增大，电子货币等新的电子支付结算手段层出不穷。在韩国流通的电子货币有 5 类：K-CASH，Mondex，VisaCASH，MYBi 和 A-CASH，这些都是 IC 卡片型的电子货币。这些电子货币的发行机关有 18 家，其中银行占 13 家，信用卡发行公司有 5 家。在"电子货币"的应用方面，交通工具的费用支付等小额支付占了一大半。2002 年到 2005 年，韩国共发行电子货币张数是 350 万张，账户余额为 31 亿韩元，日平均利用件数可达 40 万余次。电子支付也开始在中小企业商业票据结算中占有较大的市场份额，到 2005 年，中小企业使用 B2B 电子支付的企业约占总数的 16.3%。2003 年，韩国银行处理存款取款的方式：银行窗口占 38.1%、自动存款机和自动取款机（CD/ATM）占 29.6%、网络银行占 18.8%。

然而，自从 2002 年 MS（Magnetic Stripe）提款卡的伪造事件开始，人们对电子金融交易的安全表现出普遍的担忧。金融监管机构充分意识到确保电子金融"安全"是促进电子金融业发展的不二法门。电子金融交易开始逐步取代传统金融交易的核心地位，这一现实迫使政府必须考虑如何定位对电子金融交易的调整问题。从 2000 年开始，韩国政府陆续颁布了一些调整电子金融交易和监管的法规。

一、韩国调整电子金融交易的法规

（一）《IT 部门经营实况评价制度》

2000 年 1 月开始实施的《IT 部门经营实况评价制度》是监督机构加强对金融机构 IT 部门进行监管的一部规定。该制度将对于金融机构的 IT 部门的内部控制和风险管理水准分为 5 个等级，并以此构建基本的评价制度。这种评价制度的主要内容是，通过对金融机构的 IT 部门的监察（Audit），电子金融的管理

（Management），系统和程式设计（Systems and Programming），业务操作（Operations）等四个方面分别进行评估，作为评价 IT 部门经营实况好坏的依据。

（二）《金融机关电子金融业务监督规定》与实施细则

韩国金融监督委员会 2000 年 12 月颁布了《金融机构电子金融业务监督规定》，《IT 部门经营实况评价制度》中的经营实况评价制度为该规定所吸纳。《金融机构电子金融业务监督规定》是为了促进金融机构开展电子金融业务，和确保信息技术（IT）部门的安全性的一个总体规定，当然，其中也较多地注意到电子金融交易中消费者保护问题。根据该规定，电子金融业务是指金融机构通过电子化手段提供金融商品和服务的业务。所谓信息技术部门是指利用拥有计算机等信息处理能力的装置，收集信息、加工、储藏、查询、进行发送或接收信息的金融机构的业务部门。①（第 2 条）具体地讲，该规定有以下几方面的主要内容：第一，确保金融机关的电子金融业务和信息技术部门运营安全；第二，确保电子金融业务的机密性；第三，加强电子金融业务内部的管理和监督；第四，对电子金融业务的关联业务做出了规定。

其后，韩国金融监察院于 2001 年 10 月颁布了《关于金融机构电子金融业务监督规定的说明》，该说明由 25 条组成，被称为《金融机关电子金融业务监督规定》的实施细则。实施细则关于信息技术部门的事故报告的有关规定值得一提，规则第 25 条规定，在信息技术部门相关重大的事故发生的情况，金融机关必须立即向金融监督院院长报告。所谓重大的事故包括：

（1）电子计算机电容器或通信电路等发生故障，导致计算机处理业务中断 30 分钟以上的；

（2）计算机数据或程序发生故障，导致金融事故发生的；

（3）发生黑客入侵和计算机病毒攻击，导致重要的服务器工作中断的；

（4）未被认可的用户通过防火墙侵入内部的；

（5）储存电子计算机等设备的房间或电子计算机网络被擅自侵入的；

（6）电子计算机安全保障系统损坏等情况。

该条还要求金融机构为了预防信息技术部门的事故，应按照实施细则的规定建立具体的事故预防制度。

（三）《电子金融交易基本条款》

1. 《电子金融交易基本条款》的颁布和审查

---

① 参见韩国《金融机关电子金融业务监督规定》第 2 条。

韩国全国银行联合会制定的《电子金融交易基本条款》(以下简称"《基本条款》") 实质一个通用的行业标准合同范本。该标准合同范本于 2001 年 6 月获得韩国金融监督部门的审查通过, 于 2001 年 10 月获得韩国公正交易委员会的标准条款审查的审查通过。2001 年 12 月 1 日起, 该标准合同范本在加入全国银行联合会的全部银行 (21 直行) 统一适用。

2. 韩国行业标准合同的政府审查制度

韩国政府对行业标准合同的政府审查是一个特色制度。这个制度既保证了交易的便捷和行业自律, 又促进了行业自律和制定法的一致并及时接受政府监督部门的监督, 具体讲其意义在于: 第一, 由行业协会制定, 在相关交易领域具有权威性和专业性, 可以增加交易的便捷性。第二, 政府审查的目的在于确立健全和公平的交易秩序。行业协会制定的基本条款必须接受政府的审查, 这就能起到防范不公平的交易条款被采用的情况。第三, 所谓政府审查, 又称为标准条款审查制度, 是韩国经济监控的一个制度特征。此种审查可以分为两类: 一类是由法院进行的具体审查, 即在具体案件中对具体问题进行的审查; 另一类是行政机关的"抽象的条款审查", 即不依托于具体的案件, 而是通过监督机制对行业协会制定的基本条款进行普遍的、全面的审查。如果, 该标准条款得到政府审查通过, 意味着那个条款内容的公正性基本上得到了保障。

3. 电子金融交易的概念和《基本条款》的适用

(1) 电子交易的概念。根据《基本条款》第 2 条的规定, "电子金融交易" 是指顾客直接利用电子形式和银行进行的、通过电子手段提供、咨询、进款 (汇款)、支付、转账等交易。其中, 所谓 "电子手段" 包括自动付款机 (CD)、自动提款机 (ATM)、计算机、电话、借记卡终端、其他类似的电子装置等。《基本条款》主要指针对计算机而设定的进行电子金融交易的基本约款, 但是在实际业务操作方面, 根据用户和银行的通信方式不同, 也广泛适用于电话、手机等电子设备。

(2)《基本条款》的适用。在电子金融交易中, 除顾客和银行之间个别约定的事项外,《基本条款》均适用。《基本条款》没被规定的事项, 根据银行和顾客之间的约定可以适用银行的 "特别条款"。有关《基本条款》和 "特别条款" 均无规定的事项, 适用相关法律。

4.《电子金融 (服务) 利用申请书》与经认证的电子签名

顾客进行电子金融交易, 如果顾客事先没有和银行缔结专门的电子金融交易合同的话, 那么根据顾客提出的《电子金融 (服务) 利用申请书》这一事实, 而被认为合同缔结。为了保障电子金融交易的安全性, 对电子金融交易中当事人的确认以及内容的安全起见, 监督部门强烈地建议银行应使用 "经认证的电子签名"。从 2003 年 5 月起,"经认证的电子签名"被强制使用。

5. 损失负担和免除责任

《基本条款》规定,使用方法的遗失、失窃和伪造,以及不可抗力造成的故障等的损失负担和免除责任的标准如下:

第一,顾客在电子金融交易中,将必要的使用方法出借、委托或者转让给第三方的,那么顾客负有在防止使用方法盗用、伪造或变造方面的、基于管理职责的注意的义务。如果,顾客知道失窃、遗失、伪造或变造的事实发生之后,或在交易中得知秘密事项被泄露之后,在没有任何迟延的情况下,通知了银行,那么顾客不承担责任。但是,银行对因顾客延迟申报发生的损害不承担责任。

第二,银行在交易者使用了和顾客设置的交易账号、密码后,并按照交易指示的内容进行了电子金融交易,只要不是银行的过失或者黑客的行为,银行对顾客的损失的不承担责任。但是如果,交易指示在传递过程中由于顾客的故意或者重大过失造成的事故发生的损失,不在此限。

第三,银行接受顾客的交易指示,进行电子金融交易,遇到自然灾害等不可抗力或者不可归责于银行的停电、火灾或者通信障碍,以及其他的不可阻力的情况下,交易受到迟延或者不能进行,银行及时通知了不能进行交易和交易迟延的情况下,银行对顾客的损失不承担责任。另外,由于不可阻力的原因,无法对顾客进行通知,或者顾客指定的通信媒体(电话、传真等)发生故障无法进行通知,或由于顾客的原因使得顾客的金融信息泄露的情况下,银行对顾客的损失不承担责任。

第四,只要银行是根据顾客的指示的交易内容进行交易,银行对发生的损失不承担责任,除非银行做了与顾客的交易指示不同的处理。

对于该《基本条款》,引发较大的争议是事故发生时的证明责任的承担、风险负担以及消费者保护等问题,同时,政府公正交易委员会的立场——是促进电子金融交易还是加强对电子金融交易中消费者的保护这一根本性的立场问题也饱受争议。

二、电子金融交易与相关法律的关系

(一)电子金融交易与传统金融法

与金融相关的传统法律,比如银行法、保险法和证券法等均是按照银行、保险、证券等金融机关类型以及从事金融业务的类别来进行分别予以规定,其主要的理念是纸面环境下的交易理念,而非电子环境。传统的民商法的基本理念也停留在纸面环境下。因此,传统法要对电子金融交易进行系统的调整是十分困难的。这些困难主要表现在：

第一，电子金融交易为利用数据电文进行的交易，具有非书面性、非见面性的特点，这些特征派生出一系列新的法律问题，如数据电文的书面形式、效力、电子签名与认证、电子错误的后果、黑客入侵等事故发生后的责任承担等，这些问题利用传统法来解决是十分困难的。

第二，金融和通信行业的融合引起通信企业等非金融机构开始参与金融业务，这已经超出了传统金融法的金融监管体制。

第三，由于信息技术的快速发展，传统法无论是在制度上，还是在理念上都不足以承担促进电子金融交易的法制化，维持健全的电子金融交易秩序，促进电子金融交易的蓬勃发展的任务。

（二）电子金融交易与韩国电子交易相关法律之关系

在韩国，最近的几年，随着通信基础设施的建设以及使用，新的、用以调整与之相关的社会关系的法律也相继颁布实施。其中最重要的有 1999 年 2 月 8 日颁布的《电子交易基本法》、1999 年 2 月 5 日颁布的《电子签名法》、2001 年 1 月颁布的《信息通信网利用促进和信息安全保护法》以及 2002 年 3 月颁布的《电子商务消费者保护法》等法律。这些法律不仅仅解决了"电子文书"① 的法律效力和书面形式，以及电子签名和认证，还规定了电子商务中个人信息的保护以及电子商务消费者权益保护，然而，由于金融交易本身的特殊性，这些电子商务基本法的出台，仍不足以应对发展电子金融交易中遇到的基础性问题，因此，电子金融立法在韩国被提上议事日程。下面，逐一分析电子交易相关法律在调整电子金融交易中的作用和不足，以从法制体系完备的角度阐发制定单性的电子金融交易法的必要性。

1. 电子金融交易与《电子交易基本法》

韩国《电子交易基本法》是对以电子商务为中心、与契约缔结相关的事项进行调整的一部综合性法律。

在业界，电子金融交易已经远远超越了书面，然而现行金融法仍顽守书面传统，有关书面形式的法律规定以及电子金融交易规则的欠缺已成为电子金融交易进一步发展的主要障碍。这个障碍是通过电子商务立法得以解决的。在参考联合国 1996 年《电子商务示范法》的基础上，韩国 1999 年 2 月 8 日颁布了《电子交易基本法》，并于 1999 年 7 月 1 日生效。面对信息技术引起的电子交易与传统法

---

① 在韩国，法律没有直接使用数据电文这一概念，而是使用了"电子文书"这一概念，但二者表述的意义相同。

律的裂变，联合国的《电子商务示范法》从传统法的精神出发，寻求应变之道，以期使法律平安跨越纸张与网络间的天堑，采用了"功能等同（functional—equivalent）法"理论。这种理论认为数据电文本身不是书面文件，电子形式不同于传统的书面形式，并立足于分析传统书面要求的目的和基本作用，确定如何通过电子形式来达到这些目的和作用；然后以传统法中书面形式的基本功能为标准，一旦认定电子形式达到这些标准，完全具备传统书面形式的基本功能，就确认电子形式的效力并给予和书面形式同等的保护。《电子商务示范法》在第 6 条中规定："如法律要求信息须采用书面形式，则假若一项数据电文所含信息可以调取以备日后查用，即满足了该项要求。"

韩国《电子交易基本法》秉承了联合国电子商务法示范法的旨趣，该法第 1 条规定："本法旨在确定以电子文书的形式进行交易的法律效力，以保障交易安全，确保公平交易的实现，并进一步促进健康有序的电子交易模式的形成，促进电子商务的发展，从而推动国民经济的发展。"从该条看，韩国电子交易基本法的制定目的如下：

第一，明确电子文件在交易上的法律效力；

第二，确保电子交易安全和公平交易；

第三，促进电子商务发展和推动国民经济发展。

《电子交易基本法》第 3 条规定了该法的适用范围，"本法适用于所有使用电子文书进行的服务和交易"。该法第 2 条对"电子交易"下了定义，电子交易是指在商品或服务的交易方面，全部或一部分籍由电子文件所进行的交易。根据这个定义，所谓"电子交易"，简单说就是由利用"电子文件"进行的交易。同条规定，电子文件是指由信息处理系统（拥有信息处理能力的电子装置或体系）以电子形式生成、发送、接收或储存的信息。

根据该法对适用范围的规定，在其他的法律无特别规定的情况下，全部的"电子交易"都应适用。那么，"电子交易"是否囊括"电子金融交易"呢？这便成了一个争论问题。电子金融交易包括证券、保险、电子货币等问题，如果认定"证券、保险、电子货币与电子支付"为"金融商品（电子股票、电子货币等）"或"金融服务（电子支付等）"，那么如果此类交易是利用"电子文件"所进行的，就应该适用《电子交易基本法》的规定。在这里，关于"证券、保险、电子货币与电子支付"等电子金融交易的法律性质问题，实质上是电子金融交易是否适用《电子交易基本法》的问题。

《电子交易基本法》作为调整由"电子文件"所处理"电子交易"的基本法，应适用于电子金融交易。但《电子交易基本法》最主要和直接的目的是确立"电子交易"的法律效力，其在电子金融交易领域中的效能，也仅限于此。

因此，利用电子文件进行的金融交易——电子金融交易的法律效力，适用《电子交易基本法》中关于"电子文件"效力的规定，而金融交易中遇到的特殊问题，仍需要进一步明晰。笔者认为，虽然电子金融交易适用《电子交易基本法》，但制定《电子交融交易法》还是十分必要的。从电子商务法体系角度看，电子交易基本法是一般法，而电子金融交易法则为特别法。二者是一般法和特别法的关系。

2. 电子金融交易与《电子签名法》

韩国《电子签名法》是以电子签名和认证制度为核心甚至全部内容的一部法律。

手书签名或盖章的不容易模仿性有两个基本功能，第一是将一定的意思表示归属于某人，第二是确保该意思表示未被篡改。但当交易被"一网打尽"的时候，网络中数据电文却是无法手书签名和盖章的。从 20 世纪 80 年代始，以联合国贸法会为代表的国际组织，就已经着手对有关数据电文上的签名和确定签名的归属的问题进行专门研究。这个研究的成果就是 1996 年出台的《电子商务示范法》，尤其是 2001 年出台的《电子签名统一规则》，这些示范法性质的法律文本为各国进行网络立法提供了很好的范本。

1995 年美国尤他州颁布了世界上第一部《数字签名法》。随即美国、欧盟、新加坡、日本、印度、马来西亚、德国等国家先后颁布了自己的电子商务示范法律或电子签名法律。韩国于 1999 年 2 月 5 日颁布了《电子签名法》，该法是确定电子签名的基本事项的法律，是关于确保电子文件的安全性和可信性的一部法律。

韩国《电子签名法》第 2 条规定，"电子签名"是指为确认签名者，表明签名者在该电子文书上签名，和承认电子文书的内容而使用的、附着于该电子文书上的，或合乎逻辑地与该电子文件结合在一起的一个电子信息。这种表示签名的电子信息具有和当事人约定的签名盖章相同的法律效力。

然而，经过认证机关认证的电子签名，被认为是经法律认可的签名，满足签名盖章的法律要求。经认证的电子签名签署的电子文书的成立和内容，其效力被推论为有效。鉴于法律对经认证的电子签名的效力的上述推定，金融监督部门曾强烈地推荐金融机构使用经认证的电子签名，从而网络证券交易的情况看，从 2003 年 5 月开始经认证的电子签名被强制使用。

由此可以看出，《电子签名法》仅为解决电子签名的法律效力的法律，其适用于电子金融交易应无疑义。与《电子交易基本法》面临的问题一样，电子金融交易的特殊规则仍然需要另外建立。

3. 电子金融交易与《电子商务消费者保护法》

韩国《电子商务消费者保护法》是从保护电子商务的用户方面，对消费者进行保护的一部法律，其主要内容是在电子支付中对电子支付行业赋予了部分义务，比如消费者损害赔偿保险等。韩国 2002 年 3 月 30 日颁布了《电子商务消费者保护法》，并于同年 7 月 1 日起实施。该法的正式名称是《关于保护进行电子商务的消费者的法律》。该法由《访问销售法》中分离出有关邮购的规定而形成的。该法就《访问销售法》很难规定的领域（比如电子支付、数位商品的在线交付、网络拍卖等）进行了专门规定，同时，其内容覆盖电子（在线）销售商对契约缔结的明确信息提示、邮购业（电子交易）的申报制等诸多方面。在电子金融交易的规则建构方面，该法第 8 条关于"电子支付"的规定成为有关电子支付的重要的起源性规则。

该法第 8 条就电子金融领域中的电子支付做出了明确规定，所谓"电子支付"是指用电子文书的形式进行的货款支付。并且，见面确认本人的情况被排除在该法的适用范围之外。就电子金融交易的成立和完成的规则而言，该法规定，在交易成立前，顾客的指令是可以撤回或变更的。但是，对利用了电子手段的普通的客户而言，交易指令和银行的确认，几乎是同时进行的，这在实际上使得顾客取消或者撤回或者变更一个交易指示成为不可能。为了防止由输入错误给顾客带来的损害，《电子商务消费者保护法》规定，电子金融业者负有设立必要的确认和更正程序的义务。该法第 8 条还对网络支付做出了明确规定，并规定电子货币的发行者，由于财务情况的恶化，可能给消费者带来损失的，必须依法告知。一般的发行者在发行电子货币时应在网上告知：支付方法的可靠性、发行者的财务情况、电子货币余额的兑换等相关事项，以及支付方法的使用现状以及其限制和其他的注意事项等。该法还要求，电子金融业者应该依据保险法对从事的电子金融交易进行投保，以提高金融机构的支付能力，保障消费者的权益。该法 24 条将电子金融交易机构缔结《消费者受害补偿保险合同》作为一项法定义务予以规定。缔结了《消费者受害补偿保险合同》的电子金融交易机构可以使用专门的标识表明自己缔结该合同的事实。

尽管韩国《电子商务消费者保护法》中有大量关于电子金融交易的条款，但是这些条款的目的在于在电子金融交易中对消费者进行保护，而不是构建电子金融交易的基本规则。

三、韩国电子金融交易法的制定过程和法律构造

（一）修法阶段

2002 年以前，针对电子金融交易的发展，韩国主要的法律调整思路是通过

对传统金融法的修改实现对电子金融交易的规制。

社会的发展依赖于以正义为内核的正常秩序的存在。作为行为规范的法律规则是社会关系的调节器，是社会对秩序需求的反映。一般而言，与复杂易变的社会经济形态相比，法律制度却总是固守着相对的稳定。当一种现存的经济形态发生变化时，许多新的社会现实就有可能游离于传统法律的框架之外，反过来，这一情况又促使着法律积极寻求不断的应变与适宜的转化。传统金融向电子金融的转型是全面而深刻的，其对金融法的深远影响前所未有。可以预见的是，电子金融法律体系的构建将是一个艰巨的任务。从基本的法的价值理念到具体的制度设计，从权利的保护到利益的衡量，在传统的法律体系里脱胎的电子金融法不是一件愉快和容易的事情。立法作为产生或者变更法的活动，是法律变化的基本形式。但严格的立法程序使新的法律总是姗姗来迟。法律修订，既可以避免立法骤然的改弦易张，保证法律的连续性和社会的稳定性，同时又适度地扩张了现行法的效力，保证法律对新的社会现实作及时的调整。

韩国调整电子金融交易的修法活动，从 1993 年就已经开始了。1997 年关于制定《电子资金划拨法》的大讨论就是明显一例。1997 年，以使用自动存款机（CD）和自动取款机（ATM）等自动存取款方式进行的资金转账的发展为背景，金融改革委员会就《制定电子资金划拨法》进行了较为深入的讨论，但在 1997 年 6 月金融改革委员会最终决定先对传统法的条款进行修改，根据今后的发展趋势再来制定相关法律。1997 年 1 月，韩国修正了《证券交易法》（修正部分于同年 4 月实施），经过修正后的《证券交易法》对在线证券交易做出了明确规定。该法规定，在线证券交易是指通过电话、电报、传真和计算机等电子化方式进行的证券交易。

（二）立法阶段

法律修正，毕竟是零散的。对电子金融交易进行单独立法是最终的选择，也是最后的选择，而电子金融与传统金融法碰撞和交流的结果便是电子金融法的形成。

随着电子金融交易的进一步发展，政府和业界都认识到对传统法的一般性修补，已经不能满足电子金融交易的发展要求。2002 年 1 月 7 日，以财政经济部为中心，由金融监督院、信息通信部、韩国银行、金融研究院等组成了工作组，设计了电子金融交易法的制定方案，2002 年举行了公开听证会，2002 年 10 月进行了立法预告等立法程序。为了促进电子金融交易，保障电子金融交易安全，保护消费者的合法权益，促进电子金融业的发展，推动国民经济的进步，韩国于 2006 年 4 月 28 日颁布了《电子金融交易法》（简称韩国电子金融交易法），该法已于 2007 年 1 月 1 日生效。韩国电子金融交易法对电子金融交易做出了整体性的规定，是全面规范电子金融交易的一部独立的法律。这说明，电子金融交易法作为一个部门法，已不仅仅是一个趋势、一种思想，而且已经变成了现实。

韩国制定电子金融交易法的基本方向是：只规定因为电子特性而绝对需要进行其他途径调整的事项；以及为了能够灵活适应迅速的技术发展，只提示确保电子金融系统安全性和保护金融消费者的调整框架。韩国电子金融交易法是调整以电子文书进行的金融交易的综合性法律。尽管交易不同，但新规则的构建应该与既存金融交易规则和制度保持一贯性，其目的在于针对非见面性、非书面性等电子特性的金融交易设计专门的法律规则。这些规则应该是传统金融法不具备的，又是进行电子金融交易必需的。也就是说，借鉴美国发展电子商务的基本政策的思路，将政府干预限制在最小范围，只规定仅仅反映电子特性的最低限度的规则，尽可能不限制现有市场情况和营业形态；第二，规范的方式也以柔性相对性规范为主。以此因应迅速多变的电子金融技术的发展，法律只规定大的方向和框架，细节性、技术性的事项，在施行令、施行规则等下位法令中规定。

（三）韩国电子金融交易法的构造

韩国电子金融交易法由 7 章和附则构成，它们分别为：第一章总则（第 1～11 条），第二章电子金融交易用户的权利与义务（第 12～20 条），第三章电子金融交易的安全保障和用户保护（第 21～27 条），第四章电子金融业的批准、登记和业务范围（第 28～38 条），第五章电子金融业的监督机制（第 39～46 条），第六章补充规则（第 47～48 条），第七章罚则（第 49～51 条），以及附则（第 1～4 条），共由 51 条正文，4 条附则构成。电子金融法既涉及私法领域的问题，也涉及了行政法领域的问题。

四、韩国电子金融交易法的立法目的与适用范围

（一）韩国电子金融交易法的立法目的

韩国《电子金融交易法》第 1 条规定，本法的立法目的在于促使电子金融交易法律关系的明确化，保障电子金融交易安全性和可靠性，增强消费者保护，谋求电子金融业的健全发展。宏观目的在于促进国民经济发展。

1. 电子金融交易的法律关系的明确化

关于"电子文件"的法律效力和"电子签名"的法律效力，同样适用在"电子金融交易"中的"电子文件"和"电子签名"，也就是说，《电子交易基本法》和《电子签名法》可以适用在电子金融交易领域。然而，此两部法律并

未关注到电子金融交易关系的特殊性；另外，《电子交易基本法》和《电子签名法》多为任意性规范，一般允许当事人约定更改。这一点和加强电子金融交易的安全性的要求不符。在《电子商务消费者保护法》方面，虽然有大量关于电子金融交易中电子支付的规定，然而是将"电子支付"作为电子商务的履行的内容加以规定的，规范内容来看，其中心是为了保护消费者而强调支付过程的电子商务业者和电子支付业者的注意义务。而电子金融交易法则不同，它以电子金融交易的基本规则建设为中心内容，是关于电子金融交易整体性的一部法律，其第一目的就是使电子金融交易关系明确化。

2. 用户保护

在电子金融交易领域，消费者又称为用户。韩国银行联合会制定的《电子金融交易基本条款》，顺利通过了监督机构和公正交易委员会的标准条款审查。作为政府部门，公正交易委员会的基本立场，是保护电子金融交易中的消费者。当然，银行方面对此表现除一定程度的抗拒。公正交易委员会也在某些方面进行了妥协让步。某些重大的妥协受到了消费者保护协会等消费者保护组织的广泛批评。

3. 促进电子金融业的全面发展

电子金融交易法的一个最大特点是允许非金融机关参与电子金融业务。通信公司等非金融机关参与电子支付领域尤为引人注目，引起了监督机构的特别关心。关于电子货币，新加坡和墨西哥等国家，对电子货币的发行采取限制政策，仅允许银行发行电子货币；另一方面，EU、美国和加拿大等国家和地区，允许非金融机关发行电子货币。在韩国，直到现在，"电子货币"的发行缺乏制定法的明确规定。根据《信贷专门金融业法》规定，信用卡业者的附带业务"借记卡"的发行、销售和支付被承认。① 所谓"借记卡"，是指信用卡业者预先接受付款，并以电子或磁的方式制作记录，按照接受的款项货款的数额发行的金融票证就是借记卡。持卡人可以在信用卡加盟店持卡购买商品或接受服务，但持卡人的使用金额限定在预付的记录金额范围之内。② 该法关于信用卡业者发行借记卡的规定，使得韩国的现行法突破了只有银行才能发行电子货币的限制，承认了非金融机构的电子货币发行权。除非金融机构可以发行电子货币以外，非金融机构开展的电子支付业务也很快发展起来。通信公司开通的移动电话转账业务，已经发展成为移动电话费用支付的主要方式，这是一种新的、由通信公司开发和使用的小额支付系统方式。这些现象表明，电子金融业的发展前景使得很多有实力的

---

① 参见韩国《与信专门金融业法》第 13 条。
② 参见韩国《与信专门金融业法》第 2 条。

非金融机构跃跃欲试，而金融机构容忍非金融机关参与电子金融业务到何种程度，非金融机构的此种参与是否会对整个金融产业造成影响，还要依靠通过社会分析形成政府政策来平衡。而政策平衡社会关系的最有力手段就是法律。电子金融法的一个重要意义是保障非金融机关的金融业务安全，提高消费者的信赖度，建立全面监督的体制，全面促进电子金融相关产业的发展。

（二）韩国《电子金融交易法》的适用范围

韩国《电子金融交易法》，在其他法律无特别规定的情况下，适用于全部电子金融交易。① 原则上，韩国《电子金融交易法》适用于金融机构和电子金融业者通过电子文书进行的所有金融交易，包括金融商品的提供和金融服务的提供。所谓"电子金融交易"，是指金融机关和电子金融业者通过电子设备提供金融商品和金融服务的业务（"电子金融业务"）。所谓"电子金融业者"为非金融机关，但是由《电子金融交易法》的规定，被批准发行电子货币，并接受监督管理的人，或进行电子支付业务并按照要求进行登记的人。所谓"用户"，是指电子金融交易中，和金融机关以及电子金融业者缔结电子金融交易合同的相对方。② 所以，该法适用于用户和金融机关或和电子金融业者之间进行的电子金融交易，但是金融机关间的电子金融交易可以不适用该法。具体地讲，该法在适用方面有以下两种情况的例外：

第一，金融机构或者电子金融业者的协议排除。金融机构之间和电子金融业者之间的电子金融交易，根据总统令③的规定，可以通过约定排除该法的适用。比如金融机构间的电子金融交易，在当事人有协议的情况下，该法被排除适用。

第二，特别机构的法定排除。按照特别法运营的金融机构或者非金融机构（如邮政机构和金库等），其监督机关和一般的金融机构和电子金融业者从事电子金融业的监督机关不同，这些机构所为的电子金融交易仍然依照特别法的规定，并且由相应的监督机关进行监督。

根据韩国电子金融法第4条"相互主义"的规定，外国人和外国法人也适用该法，但是在韩国与该国有相互保护的条约的情况下，若外国无相关法律，或者限制韩国人适用其相关法律的，韩国也给予相应的限制。

---

① 参见韩国《电子金融交易法》第3条。

② 从消费者保护的角度，用户即为消费者。

③ 总统令是经过国会审议，由总统发布的命令。总统令分为委任命令和执行命令，委任命令是指总统在法律规定的具体范围内，并就法律允许的具体事项而发布的命令；执行命令是指为了执行法律，而就必要的事项发出的命令。

五、电子金融交易合同的缔结规则以及特别规定①

(一) 电子金融交易合同的缔结时间和地点

根据《电子金融交易法》的规定，在电子金融交易的合同缔结的时间、地点、数字签名以及证据效力等具体规则方面，原则上，适用韩国《电子交易基本法》第 4 条至第 10 条的规定。韩国《电子交易法》第 5 条确认了电子文书的法律效力，该条规定，并不能仅仅因为其为电子文书而否认其法律效力。第 6 条规定了数字签名的法律效力，主要包括承认经过认证机关认证的数字签名和法律要求的手书签名以及该章具有相同的法律效力，以及经过数字签名的电子文书视为未被更改的电子文书。《电子交易法》第 8 条是关于电子文书保存的规定，而第 9 条是关于电子文书发出和到达时间和地点的规定。根据第 9 条的规定，电子文书的发出时间为其进入一个不处于发件人或者发件人的委托人的控制之外的信息系统的时间。电子文书的到达时间分为两种情况加以确定：第一种是指定了信息系统的情况。在此情况下，电子文书进入该制定信息系统之时为电子文书的到达时间，如果在制定信息系统的情况下，发件人将电子文书发送到收件人的其他的信息系统之中，那么，收件人检索到该电子文书的时间为电子文书的到达时间。第二种是未指定信息系统的情况，如果收件人没有制定信息系统，那么发件人发送的电子文书金融收件人的任何一个信息系统的时间为电子文书的到达时间。

第 9 条第 3 款规定了电子文书的发出和达到地点。电子文书的发出和到达地点为发件人或者收件人的营业地，如果发件人和收件人有一个以上的营业地，则为与基础交易有最密切关系的营业地，在没有基础交易的情况下，则为其主营业地；如果发件人和收件人没有营业地的，则以其惯常居住地为标准。

(二) 特别规定

但是，《电子金融交易法》注意到反映电子金融交易特性的规则的例外情况：

第一，反复接收的电子文书

为了电子支付的正确性，在反复接收消费者的交易指示（电子文书）的情况下，金融机构不能当作一个电子文书对待。金融机关和电子金融业者接受的用户交易指示，有时可能是反复接收的同一内容的电子文件，此时，在电子金融交

---

① 参见韩国《电子金融交易法》第 5-8 条。

易上，各个文件被认为相互独立。这是因为，为了确保电子金融交易的正确性，即便用户的交易指示（电子文件）反复被接收，金融机关也不能随意就其中的任意的一个电子文件进行业务处理。

第二，《电子金融法》强化存取设备的管理和义务

所谓存取设备一般是指用户账号、密码、认证证书、IC 卡等，这些存取设备是用以鉴别用户身份的，对于电子金融交易非常重要。因此，电子金融法强化了对确认用户身份和确保交易的真实性所必需的存取设备（用户账号、密码、认证书、IC 卡等）的管理和义务，包括以下 3 方面内容：

1. 存取设备仅在用户申请的情况下，经用户本人亲自确认后发放，存取设备更新和代理申请的情况除外。

2. 用户在使用、管理存取设备时，承担善良管理者的注意义务。

3. 存取设备在法律没有特别规定的范围内，不能转让、让他人使用和设定质权。

第三，交易内容的确认，错误更正

1. 内容的确认。① 原则上，金融机构和用户通过电子设备确认电子金融交易的内容，但应用户的请求，金融机构应当在两周内以书面方式向用户交付交易明细表。金融机关和电子金融业者，从事电子金融交易的时候，应保证用户能确认交易的内容；否则应在用户请求提供交易内容的情况，在接受日后的两周内，必须提供关于交易内容的纸面"交易清单"，除非用户要求提供的是电子文件。但是，法律法规另有规定的除外。

2. 错误的通知和改正程序。② 用户在确认电子金融交易有错误的情况下，应立即通知相关金融机关和电子金融业者。接受了错误通知的金融机关和电子金融业者，应立即对错误进行调查并做出处理。接受通知之日起两周内必须做出处理结果。金融机关和电子金融业者，发现错误确实存在，应马上订正错误，从知道之日起两周以内通知用户。

六、电子金融事故的责任③

（一）归责原则概述

对电子金融交易中发生的事故应该适应何种归责原则，学者们有不同的见

---

① 参见韩国《电子金融交易法》第 7 条。
② 参见韩国《电子金融交易法》第 8 条。
③ 参见韩国《电子金融交易法》第 9-10 条。

解。一是过错责任说，该说认为，过错责任为民法规定基本归责原则，因此电子金融交易中发生了事故首先应考虑过错归责。过错责任强调主观上的过错，认为过错是损害赔偿责任构成的基本要件之一，缺少此基本要件，行为人不承担责任。因此过错责任原则又被称为主观归责原则。这一原则要求在确定责任归属的时候，要依行为人的主观意识来确定，而不是依行为人的客观方面来确定。二是过错推定责任说，该说认为，电子金融交易中当事故发生并造成损害的情况下，应推定金融机构有过错，除非金融机构证明自身无过错，否则应承担赔偿责任。过错推定是过错责任原则的一种特殊形式，不是独立的归责原则。它是指在适用过错责任原则的前提下，在某些特殊情况下，推定加害人有过错，并据此适用过错责任原则。它是在对方难以举证的几种法定情况下，实行举证责任倒置，由加害人证明自己无过错而免责，否则就要承担责任。三是无过错责任说，该说认为电子金融事故导致损失的承担，不以主观过错为要件，无论金融机构有无过错，均应对电子金融交易中的事故引发的损失承担责任。无过错责任原则是不以行为人的过错为承担责任的要件，而以法律的特别规定承担的责任。四是严格责任。严格责任是与过错责任相对的一种归责形式。一般认为，严格责任是英美法系合同法上发展出来的一种责任形式。严格责任是一种既不同于绝对责任又不同于无过错责任的一种独立的归责形式。第一，严格责任的确立，是不考虑当事人有无过错而分配责任，无过错责任仍然将过错作为考量因素，只是选择了无过错也承担责任这一似乎和过错无关的结果。第二，严格责任，仍然允许加害人提出特定的抗辩事由以求免责，如不可抗力；而无过错责任一般为客观归责，可免责的事由范围十分狭窄，比如受害人的自杀行为等才可以免责。

（二）电子金融交易法上的归责原则

1. 根据电子金融交易法的有关规定，过错责任原则是电子金融交易事故的责任承担的一般原则。也就是说，对造成事故有过错方承担电子金融交易事故引发的损害。

2. 事故的责任承担

在双方均无过错的情况下，比如黑客入侵等情况，电子金融法以"事故"为中心制定了责任承担原则。

（1）事故。"事故"是一个涵义非常丰富的概念，对于韩国电子金融交易法而言，所谓事故主要是指因不可归责于双方当事人的原因而发生的或者可能发生的故障。和"事故"这个概念相关联的是"风险"。所谓风险是事故发生后的损失承担。私法中的风险历来是一个含义丰富的概念。在罗马法中，"风险"有多种含义。它意味着可能遭受的损失或债务人在给付不能的情况下可能承担的风险责任。也指那些与当事人的过错没有任何联系的，由法律规定或当事人约定的风险。① 其次，从我国《合同法》的规定来看，风险即指物的风险也指价金的风险。《合同法》第142条规定了"标的物毁损、灭失的风险，在标的物交付之前由出卖人承担，交付之后由买受人承担"，从这一条文中我们可以看出这里的"风险"包含了物的风险与价金风险两层含义。然而不管属于哪一种风险，都表现为一种"损失"。在电子支付过程中，风险就是指因不可归责于双方当事人的原因（主要表现为黑客、网络服务提供者的原因、不可抗力等事故），致使电子支付不能完成，或者导致金钱损失。电子支付中的风险主要是由第三方或者不可抗力引发的。如果在电子支付中，因为当事人有故意或者过失，导致事故而引发的损失，按照过错责任处理，不构成韩国电子金融交易法上的法定的"事故"范围。

（2）存取设备的伪造、变造的责任承担②

韩国电子金融交易法规定，因存取设备的变造伪造或黑客、计算机障碍造成的电子文书传输、处理过程中的事故而发生损害的情况下，金融机构承担严格责任。也就是说，在此种情况下，金融机构承担责任与过失的有无没有任何关系。此类规则主要是基于电子金融交易的特性和对用户的保护两个方面的原因确立的。

电子金融法规定了金融机构严格责任的两种例外情况：

第一种是，如果双方约定，在用户有故意或重大过失，由用户承担责任的时候，金融机构的责任可以减轻或免除。用户的故意或者重大过失仅限于总统令规定的约款范围。金融机构或者电子金融业者为了履行该责任应当加入按照金融监督委员会指定的标准投保，或者缴纳一定数额的储备金等必要措施。

第二种是，用户为法人（《中小企业基本法》第2条第2款规定的小企业）时，发生损害时，金融机关或者电子金融业者为了防止事故的发生履行了充分的注意义务以及充分的保障措施的情形下，金融机构或者电子金融业者的责任可以减轻或免除。

需要说明的是，在2002年的草案中有，"在不可抗力的情况下，如天灾地变、不能归则于金融机构的停电、火灾、通信障碍等，以及由不可抗力的缘由所引起的其他情况，金融机构和金融业者可以减轻或免除"的规定，在法律正式文本中被删除。其目的在于加强用户的保护，维护电子金融业的信誉。

3. 遗失和被盗的责任承担

---

① 王利明. 违约责任论. 北京：中国政法大学出版社，2003：290-291.
② 参见韩国《电子金融交易法》第9条。

由于存取设备遗失和被盗发生的责任分通知前后两种情况处理：

第一种情况，在收到声明通知后发生的损害由金融机构或者电子金融业者承担。金融机关和电子金融业者接到用户有关存取设备的遗失、被盗的通知后的时间起，由第三者带来的该存取设备的使用对用户造成的损害由金融机构或者电子金融业者承担赔偿责任①。这个规定源自《电子金融交易基本条款》。但是，对于电子货币、预付电子支付手段而言，对于已经充值的金额，金融机构在接到声明以后，仍然可以免除责任。因为，在此种情况下，金融机构无法控制他人对已充值的数额的使用。

第二种情况，存取设备已经遗失或者被盗，在用户对此做出声明前，发生的损害由用户承担。

4. 消费者保护条款优先的规定

电子金融法规定，在其他法律中，存在有利于用户的规定时，应该优先适用该法律的规定，以保护消费者的合法权益。

七、电子支付制度

随着计算机在银行中的应用，银行将现钞、票据等实物表示的资金转变成计算机中存储的信息，资金流变为信息流。在当前的技术背景下，此种代表着资金的信息流是通过电子手段进行传输的，因为此种以电子手段进行的支付被称为电子支付。电子支付（Electronic Payment），是现存支付方式的一种，乃是相对于传统的支付方式而言。它有两个层面的含义：一是以计算机及其网络为手段，将传统的支付方式电子化，即以电子通信取代传统的信函、电报等来进行资金流程的信息传递；二是以某种形式的电子信息完全取代传统支付工具如现金、票据，信息的传递就是资金的传送。②

智能卡类型的预付型电子支付手段是韩国电子支付的主要方式。智能卡是指具备微处理器、运营体制、保安模块、内存等，内置具备特定事务处理能力的集成电路芯片，其外观为信用卡大小的塑胶卡片。韩国智能卡以首尔、釜山交通卡为起点发展起来，目前已经广泛使用于全国公共汽车、地铁、乡村公共汽车、出租车等小额支付行业，而且今后计划将使用范围进一步拓展到铁路、公路、停车场等更广泛的领域。除了交通卡之外，还可以使用于"On & Off Line"小额结算用电子货币、电子健康保险卡、电子身份证等，而大学、医院、军队等单位还可以实现无现金社会。不同领域使用功能和特征不同的智能卡支付手段。"Pre-pay-

---

① 参见韩国《电子金融交易法》第 10 条。

② 齐爱民，徐亮. 电子商务法原理与实务. 武汉：武汉大学出版社，2001：150.

ment"智能卡是以预先付款方式购入的、在适用于一定的服务领域中的优惠券，每次接受服务时被扣除一定的金额的电子支付方式，如地铁定额券、公共汽车卡、加油商品券等。"E-cash"智能卡为具有电子货币价值的、购买产品和接受服务的具有支付功能的电子货币，包括 Mondex、K-cash 和 VISA Cash。"Charge（Credit&debit）"智能卡是由信用卡公司和银行等金融机构联合发行的信用卡及现金服务功能的 VISA EMV 卡、Master EMV 卡。① 除了上述电子支付功能的智能卡外，还有其他的一些智能卡。"Access Control"智能卡主要是具有记录持卡者的认证书及简介数据的功能的智能卡，具有可接近特定社事务及网络的权限或接受特定服务的权利，比如公司员工卡和出入卡等；"Identity"智能卡是灵活运用智能卡的便携性、保安性、数据储存性，可确认持卡者身份的智能卡，如驾驶证、护照、学生证、公务员证等。"Loyalty"智能卡是记录智能卡用户的卡片利用模式，累计购买金额的积分价值，或者提供个性化服务的"OK Cashbag"智能卡。

（一）电子支付的范围——预付型电子支付工具

美国 1978 年《电子资金划拨法》给出的定义是：不以支票、期票或其他类似票据的凭证，而是以电子终端、电话、电传设施、计算机、磁盘等命令，指示或委托金融机构向某个账户提款或从某个账户提款；零售商店的电子销售安排、银行的自动提款交易、银行客户通过银行电子设施进行的直接存款或提款等。

韩国电子金融交易法将调整范围仅仅限定为预付型电子支付工具。

1. 预付型电子支付工具。预付型电子支付工具是指事先接收现金等对价，以电子、电磁等方式发行后，在购买商品和服务时可以使用的支付工具。以通用性和可兑现性为标准，预付型电子支付工具可以分为：电子货币和预付电子支付。

2. 电子货币。电子货币是预付型电子支付工具的一种，具有通用性和可兑换性，可以在一定数量以上的地域和加盟店使用，能够保证现金和预付金 1:1 兑换的电子支付工具。

电子货币法律关系中电子货币的发行者，负有将电子货币兑换现金或存款的义务；电子货币的持有者应尽量使用电子货币。电子货币的发行者应保障电子货币的持有者可以通过电子设备使用电子货币。电子货币的发行者，承担电子货币的持有者要求兑换现金或存款的义务。电子货币的持有者一经电子付款成功，就

---

① 比利时 Europay International、美国 Master Card International 及 VISA International 等三个公司共同决定的 IC 卡标准规格，摘取三个公司名称中第一个字母而命名为 'EMV'。

被认为主债务已经偿还。但是，在电子货币有伪造或变造等其他瑕疵的情况不在此限。电子货币的持有者，可以根据法律的规定，进行转让或提供担保。①

3. 预付电子支付。预付电子支付是预付型电子支付工具的一种，是指和电子货币相比通用性较低，并且不保证可兑现性的电子支付手段。

4. 电子商品券——电子支付的例外。并非所有的电子支付都纳入电子金融法的适用范围，电子商品券被排除在适用范围之外。所谓的电子商品券是指韩国电子金融法规定的电话卡、购票卡、代金卡等仅用于特定商品、特定区域（如特定百货商店）之类的仅用于发行者，且通用性极低、没有可兑现性的电子支付手段。此类支付手段的应用被排除在电子金融交易法的适用范围之外。

电子支付手段类别	电子货币	预付电子支付手段	电子商品券等
通用性	高	中	无
可兑现性	高	中	无
是否纳入调整对象	纳入调整对象	纳入调整对象	排除在调整对象之外

（二）电子支付的完成时间

电子支付的完成会产生一系列法律后果，故电子支付的完成时间是电子支付制度中的一个重要概念。正因为电子支付完成的概念不很明确，故其完成时间目前也存在争议。在联合国国际贸易法委员会起草《国际贷记划拨示范法》时，各国代表对此就难以达成共识。主要有两种观点，一种观点认为资金处于受益人实际控制之下才算完成了支付，法国、瑞士、芬兰和中国等代表持此主张。另一种观点主张，受益人银行为受益人利益接受了支付指令之时，电子支付即算完成。后来鉴于第二种观点能使发端方银行免除对于受益人的进一步义务，这一客观的规定易为参与电子支付各方所接受，故示范法采纳了第二种观点。② 韩国电子金融法沿袭了示范法的规定，采纳了示范法关于"受益人银行为受益人利益接受了支付指令之时，电子支付即算完成"的观念，按照交易类型，具体地规定了电子支付完成的时间③：

第一，对于电子资金划拨而言，接收金融机关的计算机户头分类账目上的存

---

① 参见韩国《电子金融交易法》第 18 条。

② 齐爱民，徐亮. 电子商务法原理与实务. 武汉：武汉大学出版社，2001：154.

③ 参见韩国《电子金融交易法》第 13 条。

款记录完成时，为电子支付的完成时间。

第二，对于电子货币而言，作为交易指示的电子文书到达接收金融机关的电子设备时，为电子支付的完成时间。

（三）电子支付交易指示的撤回

电子支付过程中如不允许撤回交易指示，这对于受让人和受让人银行是有利的。另一方面，因为受让人有可能无力清偿债务或出现其他问题，所以转让人希望能撤回已经发出的交易指示。各国法律尽管对撤回交易指示的权利的具体规定不太一样，但有一点是共同的：转让人撤回交易指示的权利到电子支付完成时终止。

由于电子资金划拨比以票据为基础的资金划拨完成得更快，故许多电子交换所的现行规则都进一步限制了撤销已提交电子支付交易指示的权利。可以说，与通过票据进行资金划拨相比，转让人在电子支付中更早地失去了撤回交易指示的权利，并且该权利受到了诸如技术和制度等诸多方面因素的限制。根据联合国国际贸易委员会《国际贷记划拨示范法》第 12 条规定的，在执行的开始之日和实际执行之日之前，接收行有合理机会实施撤回指示的，应允许撤回交易指示。受益人银行在电子支付完成日之前，并有合理机会实施该撤回指示的，受益人银行应允许撤回指示。但是，双方当事人有约定的，从其约定，比如，约定支付指示是不可撤回的，该交易指示不可撤回。撤回交易指示的法律后果是，当有效的撤回指示已经或随后就能收到，负责执行支付指示的金融机构无权凭支付指示付款。如电子支付已经完成，则该银行应退还已收款项。《国际贷记划拨示范法》第 12 条专门规定，撤回交易指示的数据电文需经认证机关的认证。

韩国电子金融交易法规定，用户原则上在交易指示效力发生以前，随时可以撤回有关电子支付的交易指示。但是，在预约交易、大宗交易中，为了能够反映交易的特性，可以依据约定另行指定撤回交易指示的时间。①

（四）电子支付完成的法律后果

电子支付完成的法律后果在各国并不相同。即使在同一国家，电子支付的类型不同，划拨完成的后果也不尽一致。电子资金划拨完成的法律后果通常包括以下几个方面：（1）在转让人与受让人之间，除非另有约定，一般而言电子支付完成之时，交易指示已不可撤销。纵使转让人死亡、破产、丧失法律行为能力、转让人账户被扣押等都已不能阻止该笔资金的支付。（2）受让人有权动用这笔

---

① 参见韩国《电子金融交易法》第 14 条。

资金。（3）转让人、受让人之间的基础合同义务履行完毕。对于受让银行而言，有如下法律后果：（1）银行有义务通知受让人关于其账户的情况。（2）中间银行有义务向电子支付过程的下一银行传送支付指示。（3）受让人银行应按电子支付指示向受让人提供资金，并有义务按受让人账户中新的贷方余额支付利息。

韩国电子金融交易法规定，在与接收人协商，以电子货币支付的情况下，视为已偿还相关支付债务，支付完成，支付人所负债务消灭。①

（五）电子支付合同中的用户和金融机关（包括金融业者）的义务

1. 电子支付合同。从合同法的角度看，电子支付是委托人委托金融机构和电子金融业者通过电子手段进行转移资金的合意，是合同的一种，称为电子支付合同。

2. 电子支付合同中金融机构的主要义务。电子支付合同中，金融机构的最主要义务是承担直接或经由其他机构将交易指示的金额传送至接收人的金融机构的义务。

3. 电子货币发行者的义务。韩国电子金融交易法规定，电子货币持有者要求兑现时，发行者承担不请求追加费用而将记录的余额兑换为通货（现金或预付款）的义务。

4. 预付电子支付手段的情况。在预付电子支付手段的情况下，发行者承担返还余额 20% 以上的义务（在协议条款中反映，并义务化）。

5. 用户的防止洗钱义务。为防止洗钱，法律有限承认用户之间转让电子货币、预付电子支付手段或者转让上述支付工具的使用，将这些行为严格限制在法律规定的范围内，并附加一些监督条件，比如经由发行者的情况等。

八、电子债权制度

电子债权并不是指根据电子合同产生的债权，而是指应当事人请求通过电子债权管理机关登记，由原因债权转化形成的电子赊卖债权。电子债权制度的出现是支付手段电子化的必然产物。韩国 2007 年 1 月 1 日开始实施《电子金融交易法》（简称韩国电子金融交易法），该法对电子债权制度做出了明确的规定。紧跟其后，日本同样欲设立电子债权市场，以促进企业融资多样化。② 电子债权制度，作为在电子商务过程中，具体讲是支付手段电子化过程中产生的新制度，是

---

① 参见韩国《电子金融交易法》第 17 条。

② 日本欲设立电子债权市场，促进企业融资多样化．［2006-10-03］．http：//telecom. chinabyte. com/424/1934924. shtml.

民法应电子商务的冲击的具体体现，同时，也是债法和电子商务法两个领域共同面临的具有突破性的重大理论问题。

（一）电子债权的概念与民法性质

1. 电子债权的概念

所谓电子债权（e-claims），是指以数据电文形式记载的金钱债权，是为了促进企业进行电子赊卖方式的交易，而通过电子债权管理机关的登记，由银行发出的以数据电文形式存在的金钱债权。电子债权的基本功能在于支付，因此韩国法认为电子债权是一种支付工具。①本文所称的电子债权主要指电子赊卖债权②，它是指以原因债权为基础、通过电子商务手段形成的、销售企业（债权人）赊卖产品或者服务给购买企业（债务人），并同意购买企业延期以电子手段支付而形成的电子债权。电子债权是在企业间结算应用的一种工具，因此其产生、转让都必须经过金融机关的介入，因为根据金融法的要求，企业之间是不能跨越金融机关而双方直接进行结算的。

2. 电子债权的民法性质

电子债权是一种记名债权，性质上属于普通债权，而非证券债权；由于电子债权具有可转让性，因此被广泛应用于支付领域，发展成为一种新的电子支付工具。

以表现债权人的方法为标准，债权可以分为记名债权、指示债权和无记名债权三种。无记名债权是指以无记名证券为凭证，由证券持有人享有和行使证券权利的债权，如无记名公司债、车票、戏票等。无记名债权的券面并不表明其债权人，其成立、存续、先例均以证券之实际持有为必要，因而是一种证券化的债权。一些国家民法将其视为特殊动产，如日本民法第86条的规定。③指示债权是指以记名证券为凭证的，由证券记名的债权人或其指示的持票人享有或行使权利的债权。④无记名债权和指示债权都属于证券债权，其转让要通过背书或者交付方式进行，与记名债权的转让方式不同。记名债权，也称指名债权，是指表明特定债权人的姓名的债权，属于普通债权。⑤传统的记名债权以纸质债权文书为

---

① 电子债权和电子资金转账系统、直付电子支付工具、预付电子支付工具、电子货币、信用卡等一样属于电子支付工具的一种。参见《韩国电子金融交易法》第2条第11项。

② 在韩国，金融界和法学理论界已经提出金融机构的"电子贷出债权"这一新概念。

③ 冯玉军. 物权法的经济学透视［OL］.［2007-05-12］http：//www. studa. net/jingjifa/061024/11465769-2. html.

④ 一般而言，指示债权在表明特定债权人的姓名之外，附加"或其他特定人"字样。

⑤ 郑玉波. 民法债编总论第二版. 北京：中国政法大学出版社，2004：433.

载体，而电子债权是以数据电文为载体的记名债权，电子债权只是记名债权的电子化，性质上仍属于非证券化的普通债权。

3. 电子债权和我国电子国债的区别

电子债权与电子国债不同。电子国债是我国财政部面向境内中国公民储蓄类资金发行的，以电子方式记录债权的，不可流通人民币债券。电子国债具有以下几个特点：一是认购对象限于中国境内的个人投资者（中国公民）。二是电子国债具有不可流通性。电子国债采用实名制，不可流通转让，不得进行交易性转让。三是采用电子方式记录债权。韩国法确立电子债权制度的主要目的在于促进企业间结算手段的电子化，因此电子债权具有流通性。从促进企业间交易的角度看，电子债权是指在电子计算机上实现的，有着票据类似功能的一种电子支付手段。

（二）电子债权的成立要件

根据韩国电子金融交易法的规定，电子债权成立要件如下①：

1. 电子形式要件。债务的内容须记载于电子文书。

2. 记名性要件。电子债权为记名债权的一种，须记载销售企业（债权人）的名称。

3. 内容要件。电子债权电子文书，须记载购买企业（债务人）和销售企业（债权人）的债权债务关系的内容。

4. 电子签名要件。电子债权应该是经过电子签名的债权文书记载的债权。签署电子债权的电子签名，应是《韩国电子签名法》规定的经过认证的电子签名，而非一般电子签名。

5. 登记要件。记载债权的电子文书在电子债权管理机构成立登记。

6. 通知要件。购买企业（债务人）须通知销售企业（债权人），销售企业（债权人）并对此通知予以确认。

已经成立的电子债权，可以经过销售企业（债权人）和购买企业（债务人）的合意而变更或取消，但是必须重新在电子债权管理机关进行变更或者取消登记。

（三）电子债权的管理机关及其民法地位

电子债权管理机关是统一管理电子债权的机关。电子债权管理机关是由银行界共同出资组成的一个社团法人，它和成员（银行）之间存在着一种管理与被

---

① 参见韩国《电子金融交易法》第2条第16项。

管理的关系。

电子债权管理机关是负责电子债权登记业务的主管机关，在韩国法上称为电子金融辅助业者。① 作为电子金融辅助业者，韩国法要求电子债权管理机关在金融监督委员会进行登记，接受金融监督委员会的监督。

电子债权管理机关，实际是民法上的履行辅助者，因此电子金融辅助业者的故意或者过失视为金融机构或者电子金融业者的故意或者过失。金融机关或者电子金融业者因电子金融辅助业者的故意或者过失而承担的赔偿责任可以向电子金融辅助业者进行追偿。用户可以依据金融机关或者电子金融业者的约定，应向金融机关或电子金融业者进行的通知，可以径行向电子金融辅助业者做出，视为向金融机构或者电子金融业者做出。②

电子债权管理机关的主要职责是对电子债权进行各种登记和管理。对于未结算的电子债权，电子债权管理机构应比照票据进行管理。电子债权管理机构在管理电子债权过程中，具有遵守安全性交易标准以及保护客户交易信息等主要义务。在发生使用媒介的伪造和变造以及黑客入侵等行为（包括客户个人信息被盗取）而致使客户受损的情况下，赔偿责任原则上由金融机关和电子金融业者承担。发生使用媒介的遗失和被盗的情况下，自事故通知时起由金融机关和电子金融业者承担。

（四）电子债权的发行

一个完整的电子债权的发行流程是"协议＋变更权的行使＋确认＋登记"。

1. 企业之间的协议

企业是否选择电子债权作为结算方式，是完全自治的。也就是说，企业之间应用电子债权进行结算，应事先达成一个使用电子债权的契约。

2. 购买企业（债务人）变更权的行使

购买企业（债务人）和销售企业（债权人）通过产品或服务交易而建立起原因债权债务关系，二者之间的普通债权称为原因债权。通过购买企业（债务人）向发行银行申请发行电子债权的申请，其与销售企业（债权人）之间的普通债权变更为以电子化形式存在的电子赊卖债权。具体说，购买企业（债务人）实际上是通过一种变更的意思表示，或者说行使变更权将原因债权变更为电子赊卖债权。电子债权具有有因性，其与原因债权直接相关。购买企业（债务人）为了对抗销售企业（债权人）的债务不履行，往往在事先承诺中做出保留，以

---

① 参见韩国《电子金融交易法》第 11 条第 1 项。
② 参见韩国《电子金融交易法》第 11 条第 1-3 项。

便将来行使抗辩权。

3. 销售企业（债权人）的确认

销售企业（债权人）需要对购买企业（债务人）的变更意思表示进行确认。由销售企业（债权人）发出的"确认"，是销售企业（债权人）知晓购买企业申请电子债权的表示，而不是对购买企业发行电子债权行为"同意"的表示。由于，电子债权是发行银行发行的，因此，销售企业（债权人）的"确认"只能向电子债权的发行银行做出。

4. 电子债权管理机关的登记

登记是电子债权成立的必备要件。发行银行发行电子债权，应报告电子债权管理机构并进行登记。经过电子债权管理机关的登记的电子债权，才能满足法律规定的程序要件。电子债权管理机构接到发行银行发出的发行登记申请后，应即时进行电子债权登记。电子债权管理机构对电子债权进行登记后，应即时通知发行银行和保管银行。保管银行接收到发行通知后，应即时通知销售企业（债权人），以便销售企业（债权人）知晓电子债权的存在以及确认电子债权的内容是否和原因债权的内容一致。

（五）电子债权的转让及其效力

1. 电子债权的转让

电子债权的法律性质是普通债权，可以转让，电子债权的转让主要是指担保贷出。以下就电子债权的转让过程，分两种情况进行予以讨论：一种是当交易没有在电子债权管理机构进行登记的情况，另一种是登记的情况。

销售企业（债权人）转让电子债权，应通知购买企业（债务人），或由购买企业（债务人）事先对电子债权转让做出承诺。电子债权是发行银行发行的，因此对它的事先承诺只能向发行银行做出。购买企业（债务人）做出事前承诺后，销售企业（债权人）就可以电子债权作担保进行贷款，以销售企业（债权人）的担保贷款为标志，电子债权开始流通。此后的程序分两种情况而有不同：

第一种情况是，若产生电子债权的基础交易没有在电子债权管理机构进行登记，保管银行应将电子债权转让的事实通知购买企业（债务人），让其知道新的债权人。① 通过转让通知和事前承诺，电子债权的转让有效成立。至此，购买企业（债务人）与销售企业（债权人）之间就只存在基础合同关系——产品或服

---

① 根据日本法的规定，保管银行的通知应以特定的证书进行，否则不能对抗债务人以外的第三人（比如发行银行）。

务交易合同关系，而不在存在电子债权债务关系了。① 当转让事实的通知到达债务人（购买企业）以后，银行就可以给销售企业（债权人）发放贷款。此时的电子债权排除了所有的抗辩权，一旦电子债权到期，交易方之间就可以进行正常的结算。

第二种情况是，若基础交易是在电子债权管理机构登记的交易，由于发行银行与保管银行都是电子债权管理机构的成员，处于同一交易系统下，所以此时保管银行的电子债权转让需要以公认的电子签名的方式通知电子债权管理机构，同时，电子债权管理机构还应将这一事实通过电子认证机关进行认证，以获得公信力。认证机关对电子债权转让的时间进行确认以后，将此事实通知电子债权管理机构，电子债权管理机构在电子登记账簿上进行登记，确认该电子债权已经转让。② 电子债权管理机构在进行登记时，应将电子债权转让的事实通知发行银行，由发行银行通知购买企业（债务人），以便其履行债务以及银行之间的结算的顺利进行。

2. 电子债权转让的要件③

在日本，学界对记名债权转让法律行为的性质有不同看法，但通说认为，将债权作为财产转移，可视为准物权行为。这意味着，如果作为转让标的的债权不存在或者有瑕疵，转让人应承担相应的担保责任。对于记名债权转让的方法，没有特别规定，只要依当事人的意思表示即可以发生，而不像证券债权那要以背书或者权利证书的交付作为其成立的要件。

根据以上原理，电子债权的转让要件具体如下：

第一，登记要件。只有经过登记的电子债权才允许转让。登记了的电子债权的转让，自在电子债权管理机关登记之时产生电子债权转让的法律效力。同时，记载通知或同意的电子文书必须在电子债权管理机关进行登记。

第二，通知和承诺要件。债权转让涉及债务人的权益，因此往往需要通知债务人。我国《合同法》第80条规定："债权人转让权利的，应当通知债务人，未经通知，该转让对债务人不发生效力。"记名债权作为非证券化的普通债权，有的没有债权文书，有的即使有债权文书（如借条），其债权文书也只起证明债权存在的作用，不具有有价证券的性质。因此，记名债权的转让或出质无须交付

---

① 至于债务人此时有无抗辩力，可不可以主张抗辩，还在看他的事前承诺是否有保留，有保留的承诺，则对保留的事项可以抗辩，没有保留的承诺，则不能主张抗辩，此时的债权就成了一种无瑕疵的债权。

② 此时，保管银行可以对购买企业（债务人）进行电子债权担保贷款了。

③ 参见韩国《电子金融交易法》第20条。

债权证明文书，只须债权人将转让或出质的情况通知债务人即可"。根据日本民法第467条的规定，"记名债权的转让，非经债权人向债务通知，或由债务人向其承诺，不得以之对抗债务人或第三人。前项的通知或承诺非以附有确定日期的证书为之，不得以对抗债务人以外和第三人。"由于电子债权是记名债权，销售企业（债权人）是特定的，债务人只能向特定的债权人履行债务，故当债权人转让电子债权时必须通知购买企业（债务人），或由购买企业（债务人）事前对电子债权的转让做出事先"承诺"。购买企业（债务人）的"承诺"不是"同意"的意思表示，而是对债权转让的事实的知晓。由于电子债权的发行是通发行银行来进行的，因此债务人的事前承诺只能向发行银行做出。

第三，签名要件。转让人的债权转让通知，或者债务人的同意必须依据《电子签名法》第2条第3款的规定采用经过电子认证机关认证的电子签名签署的文书。

第四，场所要件。电子债权的转让只有转让给金融机关才是被许可的。

3. 电子债权转让的效力

电子债权的法律性质是普通债权，具有可转让性。为了对抗第三人，保障电子债权转让的法律效力，韩国电子金融法规定，满足电子债权转让全部要件的电子债权转让，视为满足韩国民法第450条规定的记名债权转让的要件，发生债权转让的全部法律效力。① 债权转让自销售企业（债权人）将确定的转让日期的证书通知购买企业（债务人）时发生效力。

（六）电子债权的期满结算

1. 结算机关

电子债权由电子债权管理机构统一进行管理和结算。当电子债权管理机关管理的电子债权到期后，电子债权管理机关将到期事实通知发行银行和保管银行，启动电子债权结算程序。

2. 结算过程

发行银行通知购买企业（债务人）与其结算。购买企业（债务人）在发行银行规定的时间内将现金存入发行银行的账户。发行银行应即时将购买企业（债务人）的入金事实通知电子债权管理机关。电子债权管理机关应立即对此进行登记。电子债权管理机构登记的完成，意味着该电子债权对购买企业（债务人）来说已经消灭。电子债权管理机关应即时通知保管银行，以启动保管银行与发行银行进行的结算程序。结算完成，购买企业（债务人）与销售企业（债

---

① 参见韩国《电子金融交易法》第20条。

权人）之间存在的电子债权消灭。也就是说，电子债权在两银行之间结算完成之时，就是购买企业（债务人）与销售企业（债权人）之间的债权债务关系消灭之时。

（七）建设电子债权市场的意义

电子债权市场是指在企业进行电子商务过程中，将资金入账前发生的债权债务关系通过网络进行买卖和结算的市场。电子债权管理机构的作用在于对企业的电子债权内容和权利人进行登记，通过登记，金融机关和有关企业掌握未来债权交易的可行性，以保证交易安全。

韩国政府建设电子债权市场有以下重大社会意义：

第一，促进企业间结算手段的电子化。韩国政府率先建立电子债权市场的基本目的在于解决 B2B 电子商务中所需的支付手段电子化问题，同时也可以克服票据支付的缺点，如连锁拒付、伪造等。

第二，促进债权流通，解决企业融资问题。通过电子债权制度，企业的应收账款可被转换成电子债权，并可以直接以该债权为担保进行贷款，将推动债权的转让以及促进企业经营中遇到的融资问题的解决。

第三，促进电子商务的深化和发展。设立电子债权市场的目的是为了促进企业间融资手段的电子化，如果电子债权市场趋向成熟，必将促进企业之间电子商务活动的增长。

九、电子金融交易安全与监管

（一）电子金融交易安全

1. 金融机构和电子金融业者的安全性确保义务

金融机构和电子金融业者为了确保电子金融交易的安全性和可信赖性，必须要具备开展业务所需的专业技术人才和设备。金融机构等为了确保电子金融业务内部 IT 部门的安全性和健全性，应遵守金融监督委员会所规定的基本标准——《金融机构电子金融业务监督规定》。金融监督委员会为了确保电子金融交易的安全性和可信赖性，可以对金融机构等的认证方法采取必要的限制措施，如限定使用经过认证机关认证的电子签名等。

2. 金融机构和电子金融业者的善良管理人的注意义务[1]

韩国电子金融交易法规定，为了保障电子金融交易的安全性和健全性，金融

---

[1] 参见韩国《电子金融交易法》第 21 条。

机构和电子金融业者应当尽作为善良管理人的注意义务。善良管理人的注意义务不以行为人的主观意志为判断标准，而是以客观上的社会观念为判断标准，是特定人依其特定职业的要求所应负的注意义务，为最高要求的注意义务。

从损害赔偿责任的承担角度看，过失构成的关键在于行为人违反了对他人的注意义务。民法理论上将注意义务分为三个层面。一是普通人注意义务。普通人注意义务是以一般人在通常情况下是否注意为标准来进行判断的，若普通人在通常情况下难以注意而没有注意的，不认定行为人存在过失；一般人能够注意而没有注意，应认定行为人存在过失。二是与处理自己事务相同的注意义务，该注意义务较普通人的注意义务要求要高，它要求行为人在行为过程中要尽到与处理自己事务同一的注意义务。三是善良管理人的注意义务，该义务以社会的一般观念为标准，行为人有无尽此注意的知识、经验和能力，以及他向来对于事务所用的注意程度，均不过问，仅依其职业性质给予考虑。以保管人责任的认定为例，我国《合同法》第 374 条规定无偿保管人只承担普通人的注意义务，该条规定："保管是无偿的，保管人证明自己没有重大过失的，不承担损害赔偿责任。"《德国民法典》第 690 条和《日本民法典》第 659 条规定，无偿保管人应负与处理自己事务同一的注意义务。而根据《法国民法典》第 1137 条，无偿保管人应负善良管理人的注意义务。

金融机构和电子金融业者应当尽作为善良管理人的注意义务，主要是承担遵守金融监督委员会制定的关于电子金融业务安全性和健全性标准的义务。为了确保电子金融交易安全性和可信赖性，金融监督委员会为金融机构和电子金融业者在电子认证的方法上予以必要的限制，如限定使用经过认证的电子文书等。

3. 电子金融交易记录的保管义务[①]

韩国电子金融交易法规定，金融机关等发现电子金融交易发生错误，必须进行和保存对此做出确认和更正的记录。为了进行电子金融交易的验算和错误改正，金融机构和电子金融业者应将电子金融交易记录保存至少 5 年。在实施细则中，还详细规定了电子金融交易记录的保存内容和保存方法。

4. 电子支付手段的使用限度和充值限度[②]

为了防止洗钱以及确保电子支付的安全，金融机构、电子金融业者必须遵守实施细则规定的与电子支付手段的发行和使用相关的限额制度的义务。这里的限额制度包括电子支付手段（电子资金转账、电子货币等）的使用限度、充值限度、总发行限度等电子支付结算代行业务的使用限度。金融监督委员会根据施行

---

① 参见韩国《电子金融交易法》第 22 条。

② 参见韩国《电子金融交易法》第 23 条。

令的规定、可以设定下列的限度，还可以采取必要措施。如，debit card 的 1 次以及 1 日的利用限度，电子货币（money）的 1 次以及 1 日的充填金额和发行记录（券面）额的最高限度，电子预付的 1 回还有 1 日的填充金额以及发行记录额的最高限度等（24 条）。

5. 条款的制定及其变更的监督

金融机关和电子金融业者制定或者变更有关电子金融交易条款必须事先向金融监督委员会提出报告。但是，对用户的权利和义务没有不利影响的、在符合金融监督委员会规定的情况下，可以在制定或变更后的 10 日以内向金融监督委员会报告。金融监督委员会为了维持健全的电子金融交易秩序，在有必要的情况下，可以对金融机关和电子金融业者进行劝告，以变更其条款。

（二）用户保护制度

1. 电子金融交易格式条款的用户保护

（1）格式条款审查。金融机构和电子金融业者制定和变更电子金融交易协议中的条款时，有向金融监督委员会报告的义务。金融监督委员会应对变更的协议条款重新进行审查，发现有违用户保护宗旨的条款及时发出变更劝告。

（2）格式条款的公布、通知和解释。首先，金融机关和电子金融业者，与用户签订电子金融交易协议的时候，有义务明示有关电子金融交易的条款。金融机构和电子金融业者在合同缔结时通过相关电子设备向用户公布和明示合同全部条款的内容。该公布和明示应符合醒目原则。其次，在用户要求时，金融机构和电子金融业者应当通过电子邮件等通信手段提供合同副本，并对条款内容进行解释。最后，金融机构和电子金融业者变更电子金融交易条款时，有提前一个月以电子邮件等电子方式对金融用户进行通知的义务。用户在施行之日前，可以解除合同；若用户没有提出异议，则视为用户承认条款的变更。但是根据法令的改正以及制度改善等原因，紧急变更条款的时候，应及时告知，并通知用户。

2. 交易手续费变更的公告义务

金融机构和电子金融业者可以向用户以现金方式收取交易手续费，也可以从用户的户头进行转账。在增加和变更交易手续费时，应提前一定时间，在营业场所公告其内容，并同时以电子方式进行公告。

3. 电子金融交易信息保护

在电子金融交易中，客户的个人信息本身并不具有直接的财产利益，但其是一种重要的社会资源，特别是对于金融机构来说，客户的个人信息是其为客户提供信息服务的基础，掌握客户的个人信息可以创造出巨大的商机，甚至可以将其出售以获利。客户金融信息是指客户在与银行进行业务往来的过程中提供给银行或银行通过其他途径获得的可识别信息，主要有：（1）客户在接受银行提供服务或与银行进行交易时提供给银行的个人信息，如姓名、住址、电子邮件地址、电话号码、个人收入状况等；（2）客户账户的账号和密码；（3）客户的业务交易数据，如交易记录、交易金额、账户余额、支付记录、透支记录、借记卡或贷记卡的购物信息等；（4）银行与客户交易过程中获取的客户其他衍生信息，如银行对客户的主观印象、对客户数据进行挖掘分析产生的信用报告以及潜在价值等；（5）银行与客户曾经发生过交易的事实以及银行在因特网上通过 Cookies 收集到的个人信息，如客户的投资倾向。① 单个客户的非识别信息，如银行全年账户余额、储蓄总额、贷款总额等，这些信息是银行对所有客户的信息进行统计分析后的整合信息，其并不能识别单个客户，因此不属于客户信息保护的范畴。

韩国电子金融交易法规定，未经本人同意，禁止向他人提供与电子金融交易相关的金融客户的账户、户头、交易情况等个人信息。②

4. 用户异议和纷争处理

韩国电子金融交易法明确规定了用户向金融机构、电子金融业者提出异议或损害赔偿问题的纠纷的处理程序，建立了切实可行的用户权利保障制度。金融机构和电子金融业者对用户提出的有关电子金融交易异议，应正确处理，并确立赔偿用户所受损失的方法和手续。该方法和手续应该在签订电子金融交易合同的时候明示。用户在电子金融交易处理方面有异议的时候，金融机关和电子金融业者必须按照已规定的手续解决纷争。用户还可以向金融监督院的金融纷争调停委员会、消费者保护院的消费者纷争调停委员会、根据电子交易基本法成立的电子交易纷争调停委员会等机构申请调解。

值得注意的是，韩国《电子金融交易法（草案）》第 28 条关于禁止强制用户进行电子金融交易的有关规定，在正式文本中被删除。禁止强制用户进行电子金融交易是指金融机关和电子金融业者不得强制要求用户进行电子金融交易，并且金融机关和电子金融业者不得对用户强制要求放弃有关电子金融交易中的权利和免除金融机关以及电子金融业者不当行为的责任予以免除。③

（三）电子金融业者及其从事电子金融业务的要件

为了促进电子金融行业的健全发展，电子金融交易法打破了只有金融机构才

---

① 张成虎，王雪萍，常继武. 美国银行业个人财务隐私保密制度及其对我国的启示. 金融论坛，2003，10.

② 参见韩国《电子金融交易法》第 26 条。

③ 参见韩国《电子金融交易法（草案）》第 28 条。

能进行相关金融业务的垄断规定，规定了作为非金融机构的电子金融业者参与电子金融业务的条件和程序。

1. 金融机构及其从事电子金融业的一般原则

（1）金融机构的概念

金融机构是指专门从事货币、信用活动的中介组织。根据韩国电子金融法第2条的规定，金融机构是指符合下列条目之一的机关或者团体又或者经营者。

"金融监督机构的设立等相关法律"第38条第1款至第8款、第10款至第12款中规定的机构。"信贷专业金融业法"规定的信贷专门金融公司。"邮局储蓄保险相关法律"中规定的邮政机关。"新村金库法"中规定的新村金库与新村金库联合会。依据其他法律所规定的，进行金融业或者金融相关业务的机关、团体或经营者；以上机关、团体或者经营者须满足总统令所规定的条件。

（2）金融机构从事电子金融业务的一般原则

根据韩国电子金融交易法的规定，原则上，法律限定仅由金融机构开展电子金融业务。电子债权管理机构应该在金融监督委员会进行登记，接受金融监督委员会的监督。

银行以及法律规定的金融机构，其开展的传统金融业务相当于上述电子金融业务的情况下，可以不必再次获得许可和登记。其他金融机构进行上述业务，应当在相关法律中作为兼营业务或附随业务认定，根据电子金融法接受金融监督委员会的许可，并进行登记。

2. 电子金融业者与电子金融辅助业者的概念

试图提供电子金融业务的企业是否属于电子金融业者，电子金融辅助业者或者电子债权管理机关，由金融监督委员会依据事先公布的标准来认定。[①] 以直接从事电子金融交易和代理部分电子金融业务、进行辅助工作为标准，可以将金融机构和电子金融业者同电子金融辅助业者区分开来。金融机构和电子金融业者是直接从事电子金融交易的机构，而代理部分电子金融业务、进行辅助工作的机构为电子金融辅助业者。

（1）基本概念。电子金融业者是指按照第28条的规定，取得电子金融经营许可或者等级的机构（金融机构除外）。[②] 一般讲，电子金融业者以自己的名义与用户缔结电子金融交易契约，通过金融机构账户接受用户的资金。电子金融业者必须在金融监督委员会进行"电子金融业者"登记，并取得许可。电子金融业者必须为商法上的公司，包括人合公司、合资公司、股份有限公司和有限责任

---

① 参见韩国《电子金融交易法》第33条第1项。
② 参见韩国《电子金融交易法》第2条第4项。

公司，或者民法上的非营利法人。不具备法人资格的企业，不能成为电子金融业者。

电子金融辅助业者，是指为金融机关和电子金融业者的电子金融交易进行辅助工作，以及代理其部分工作的企业（包括中介结算系统营运者），① 是金融机关和电子金融业者的辅助工作者。电子金融辅助业者的工作是部分代理和辅助金融机构的电子金融交易，传达金融机构之间的交易信息、进行资金清算、结算业务。法律并不要求电子金融辅助业者另行登记，但是金融机关和电子金融业者与电子金融辅助业者，从事有关电子金融交易的互助或外部委托业务的合同（包括合同的变更）应向金融监督委员会报告。金融监督委员会就是否遵守了金融监督委员会所定的标准进行审查，并且提出相关建议。② 金融监督委员会认定该合同不符合金融机关和电子金融业者正常经营标准或侵害了用户的权益，有权责令金融机关和电子金融业者更正或补充相关事项。

（2）电子金融业者和电子金融辅助业者的区别

第一，业务开展。电子金融业者从事的是电子金融交易，而电子金融业者只能代理部分电子金融业务和进行辅助工作，如通过电子设备提供发送、接收关于用户购入商品、服务的资金结算信息、中介对价清算的业务等。

第二，登记义务。电子金融业者需要依法登记后才能开展电子金融业务，而电子金融辅助业者没有另外登记的义务。

第三，报告义务。金融机构、电子金融业者和电子金融辅助业者缔结合同，委托电子金融辅助业者代理一部分电子金融业务时，应向金融监督委员会进行报告。

第四，责任承担。电子金融辅助业者，视为金融机构和电子金融业者的履行辅助者，在电子金融辅助业者有故意、过失致人损害的情况下，金融机构、电子金融业者对第三人承担损害赔偿责任后，可以向电子金融辅助业者追偿。

金融机构、电子金融业者、电子金融辅助业者以及电子债权管理机构的业务范围以及相关问题之比较，见下表：

3. 电子金融业者的登记要件

电子金融业者的登记要件和发行电子货币的许可要件不同。韩国电子金融交易法将电子金融业者分为股份公司和商法上的公司和民法上的非营利法人，分别规定了登记要件和发行电子货币的许可要件。

---

① 参见韩国《电子金融交易法》第2条第5项。
② 参见韩国《电子金融交易法》第46条第1项。

机构	业务范围	批准方式
金融机构	按照传统金融法界定的业务范围从事电子金融业务，如银行法、信贷专业金融法等金融法律。	根据相关法律的具体规定
电子金融业者	1. 预付电子支付手段的发行、管理 2. 电子资金转账业务（手机转账、电子邮件转账等等） 3. 借记卡的发行、管理 4. 代理电子资金结算（Payment Gateway 等） 5. 发行和管理电子货币	1. 1~4 项业务需要登记才能进行， 2. 第 5 项业务，发行电子货币需要经过许可。
电子金融辅助业者	1. 电子金融交易信息中介业务、DB 管理业务、IT 设计、管理业务等 2. 中介结算系统运营者（如金融结算院）的业务	不需要进行登记和许可
电子债权管理机构	电子债权登记和管理业务	登记

（1）电子金融业者的登记要件

金融机构以外的企业，欲经营以下的各项业务，必须在金融监督委员会进行登记。这些电子金融业务包括：①电子资金转账业务，②大卫卡的发行及管理业务，③预付款电子支付手段的发行及管理业务，④电子支付结算代理业务，⑤法律规定的其他电子金融业务。① 发行以上业务，电子金融业者必须在金融监督委员会进行"电子金融业者"登记。金融监督委员会对以下要件加以审查以决定是否给予"登记"：①资本金要件。电子金融业者登记的资本金为 5 亿韩元以上。②财务要件。电子金融业者的负债比例等财务要件必须符合法律的规定。③人才和设备要件。电子金融业者须具备完成业务所必需的专业人才和电子计算机设备。

（2）电子金融业者不需要进行电子金融业务登记的情况

关于免于登记的规定，主要是为了不阻碍小规模经营者的技术研发。如果仅仅发行预付电子支付手段，而仅在法律规定的地域标准以下的加盟店中使用，或总发行余额在法律规定的数额以下的情况，可以免除登记。②

---

① 参见韩国《电子金融交易法》第 31 条第 2 项。

② 参见韩国《电子金融交易法》第 31 条第 3 项。

免于登记的具体情况如下：

①发行规模在法律规定的标准以下的小规模预付电子支付手段的电子金融业者，免于登记；

②进行电子支付结算代理业的电子金融业者，如果只是单纯从事交易信息中介的企业和人员，在法律规定的情况下，免于登记。

但是，通用性和可兑换性高的电子货币的电子金融业者，必须进行登记并取得金融监督委员会的许可。

4. 电子金融业者发行电子货币的许可要件①

原则上，电子金融业者发行电子货币必须经过金融监督委员会的"许可"。但是，银行法规定的金融机关及其他法律规定的金融机关，被看作满足了"许可"的要件。金融监督委员会对以下5项要件加以审查：

①资本金要件。电子金融业者发行电子货币的最低注册资本金为50亿韩元。

②财务要件。股份公司的负债比例等财务要件必须符合法律的规定。

③人才和设备要件。须具备完成业务所必需的专业人才和电子计算机设备。

④营业计划要件。须具备健全和妥当的营业计划。

⑤出资者要件。主要出资者的财务状况需要符合法定的要求。

电子金融业者的登记要件和发行电子货币的许可要件之比较，见下表：

电子金融业者	电子金融业者的登记要件	电子货币发行者的许可条件
资本金要件	5亿元以上（按照业务类型在实施细则中具体规定）	50亿韩元
财务要件	负债比例等财务要件健全，符合法定条件	负债比例等财务要件健全，符合法定条件
人才和设备要件	具备完成业务所必需的专业人才和电子计算机设备	具备完成业务所必需的专业人才和电子计算机设备
营业计划要件	法律无特别要求	须具备健全和妥当的营业计划
出资者要件	法律无特别要求	主要出资者的财务状况需要符合法定的要求

①　参见韩国《电子金融交易法》第31-32条。

5. 电子金融业者登记和许可的不合格事由

韩国电子金融交易法上规定的登记和许可的不合格事由和《信贷专业金融法》规定的信贷专业金融公司的登记和许可不合格的事由类似，主要包括：

①曾经申请登记的公司，申请登记取消后未满一年的；

②获得登记和许可的公司，登记和许可被取消后未满三年的；

③根据韩国公司整顿法，处于整顿程序中的公司；

④根据总统令确定的信用不良的公司；

⑤以申请日为标准，过去三年内按照金融相关法令受到罚金刑以上的刑事处罚的公司。

（四）电子金融业的安全保障

1. 分业和混业的限制

（1）与传统法对金融机构的营业限制不同，韩国电子金融交易法为了与电子、通信等领域形成合力效果，认可电子金融业者混业经营，不设置固有业务和兼营业务的范围限制。①

（2）为了保护用户和维护电子金融业务的信誉，法律对电子金融业的开展作出了如下限制：

第一，电子货币发行者必须确保电子计算机的正常运转以及系统安全；

第二，对于有些电子金融业者，不得从事该法第 28 条第 2 款规定之外的业务，且必须登记，这些业务包括：

①电子资金转账业务，

②直付电子支付手段的发行和管理，

③预付电子支付手段的发行及管理，

④电子支付结算代理业务，

⑤总统令所规定的其他电子金融业务。

第三，在有发行余额 100% 的支付保证或者加入偿还保证保险的电子金融业者可以与非金融业务进行兼营。

2. 对信贷业务的限制

对于非金融机构的电子金融业者，不允许进行贷款业务，禁止保证对用户的贷出等信用供与和利息支付的信贷行为以及与之类似的行为。

3. 发行电子货币的限制

（1）电子货币发行者的兼营限制

---

① 参见韩国电子金融交易法第 35 条。

被认许可发行电子货币的电子金融业者不得兼营电子金融交易法所规定的其他业务（电子货币的发行和管理以外的业务）。只有电子货币发行者进行了登记，才有权经营其他的电子金融业务，还可以从事为实现被许可的业务以及已经登记的业务必要相关的业务，以及法律规定的业务。①

但只有在电子货币发行者确保正当使用电子货币发行款、被认为确实有兑换现金保证的场合才允许其从事已经许可或登记的业务，以及相关业务以外的业务（非金融业务）。关于认定实现兑换现金保证的情况，电子金融交易法规定了如下标准：

①对电子货币未偿还的全部余额，须在法律规定的金融机关得到支付保证或参加偿还保证的保险；

②因发行电子货币而接受的资产应与进行其他业务的资产分开管理。这是因为，一般情况下，电子金融业者在原则上被允许兼营非金融业务。

③电子金融业者可以在各电子金融业务中对用户提供借贷等信用服务、但不得以保证利息等来取信。② 电子金融业者为了有效的金融监督、在会计处理上把被许可或登记的业务与其他的业务区别开来计算。③

（2）预备金制度。④ 为了防止在电子货币兑换中导致的流动性不足，电子货币发行者（包含所有金融机构、非金融机构）必须按照金融通货委员会确定的数额，支付预备金。预备金必须存入韩国银行。

（3）保证金制度。对电子预付电子支付方法的发行者要求提供保证金。金融监督委员会对作为电子预付方法发行者的金融机构和电子金融业者（合称"电子预付方法的发行者"）要求提供数额在电子预付方法总发行余额的百分之十范围之内的保证金。

（4）名称使用制度。⑤ "电子货币"作为金融商品名称，在使用上是有限制的。为了维持电子货币安全性和可信赖性，"电子货币"的名称只有得到发行许可的电子金融业者可以作为"商号"使用；预付电子支付手段、商品券等电子货币类似物，不能使用"电子货币"的名称，发行以上电子货币类似物的公司在其商号中，也不能使用"电子货币"。

---

① 参见韩国《电子金融交易法》第38条第1项。

② 参见韩国《电子金融交易法》第39条。

③ 参见韩国《电子金融交易法》第48条。

④ 参见韩国《电子金融交易法》第37条。

⑤ 参见韩国《电子金融交易法》第38条。

4. 与加盟店相关联的金融机构、电子金融业者的责任①

"加盟店"是指按照同金融机构或者电子金融经营者间的合约，使用借记电子支付手段、预付电子支付手段或者电子货币，在交易中，为使用者提供财货或服务的非金融机构及非电子金融经营者。②"加盟店"的概念最初来自于特许经营或特许连锁（business format franchising or franchise chain）的经营模式。在该种模式下，加盟者按特许人的全套经营模式进行经营，其主要特征是加盟者有权使用特许人的商标、商号名称、企业标识及广告宣传，完全按照特许人的模式来经营。目前这种经营模式已经发展成为特许经营的主流，如"麦当劳"、"肯德基"等均是采用特许经营模式实现全球化经营的特许。电子金融法提及的加盟店的含义和以上有所不同，主要是指接受同一预付型电子支付手段的商店或者服务提供者。关于与加盟店相关联的金融机构、电子金融业者的主要责任如下：

（1）金融机构和电子金融业者在募集加盟店时，有实地检查营业场所的义务；

（2）金融机构和电子金融业者不得将电子金融业务开展中的风险转嫁给加盟店；

（3）禁止加盟店转嫁手续费和不利待遇；

（4）当加盟店有违法行为时，金融机构和电子金融业者有告示义务；

（5）当加盟店有违法行为时，金融机构和电子金融业者有和加盟店解除加盟和他的义务。

（五）对电子金融业者和电子金融辅助业者的监督与检查③

1. 金融监督委员会的法律监督

金融监督委员会依法享有对金融机构和电子金融业者的法令遵守监督权。韩国电子金融法明确规定了关于金融监督委员会依法享有电子金融业务的监督权，有权要求和检查电子金融业务的财务状况报告，并根据实际情况作出建议停业、解任相关工作人员等纠正命令权。

金融监督委员会有权对金融机构和电子金融业者以及电子债权管理机关进行监督，看其行为是否遵守电子金融交易法以及根据本法的形成的命令。

2. 银行监督④

---

① 参见韩国《电子金融交易法》第39-40条。
② 参见韩国《电子金融交易法》第20条。
③ 参见韩国《电子金融交易法》第41-48条。
④ 参见韩国《电子金融交易法》第43条。

为了确保电子支付相关的通货信用政策的有效性和支付结算制度的健全性，法律赋予银行行使对金融机关和电子金融业者的资料提出要求权、共同检查要求权、更正命令权、再议要求权。资料提出要求权是指银行有权要求金融机构和电子金融业者提供有关其业务以及财务状态的报告。银行在有必要时要求金融机构和电子金融业者提交相关资料，予以监督检查。但由于这些资料可能涉及用户的个人信息和企业的商业秘密，因此，该资料被限定在最小必要范围内。共同检查要求权是指银行还可以要求对金融监督委员会共同检查该机构的实际业务开展。更正命令权是指银行根据审查报告或检查得出的结果，认为有违反电子金融交易法以及相关命令的事实或者存在安全健康经营漏洞的，有权责令停止相关业务并采取相关补救措施①。再议要求权是指银行可以要求再议金融监督委员会提出的措施。

3. 财务分开和健全经营的监督与指导②

为了确保对电子金融业务进行监督的有效性，按照许可、登记的业务类型，实施财务分开；金融监督委员会为了指导电子金融业者的健全经营、预防电子金融事故，根据实施细则的规定，制定对资本、资产、流动性的经营等财务指导标准；明确规定电子货币发行者违反金融监督委员会许可的兼营时，应该及时纠正的措施等。

4. 对停止营业的一般监督措施③

根据信贷专业金融业法和银行法关于合并措施的规定，电子金融法对符合法定情况的企业可以采取的停止营业的措施有：

（1）许可、登记业务的停止和取消制度。

（2）明确了许可、登记的取消的征询程序。

（3）电子货币发行者的合并、解散、停业的认可制度。

（4）替代停止业务的罚金处分制度。

5. 对电子金融辅助业者的监督

金融监督委员会对电子金融辅助业者，原则上进行间接监督，通过金融机构和电子金融业者和电子金融辅助业者签订的合同以及变更建议等对电子金融辅助业者进行监督。金融机构、电子金融业者和电子金融辅助业者缔结或变更关于业务合作或外部订购业务的合同时，承担报告是否遵守了金融监督委员会规定的标准、并向金融监督委员会提交相关协议书的义务。通过此种渠道，金融监督委员

---

① 参见韩国《电子金融交易法》第 45 条。

② 参见韩国《电子金融交易法》第 44 条。

③ 参见韩国《电子金融交易法》第 45-48 条。

会可以对电子金融辅助业者进行间接监督。

韩国电子金融交易法规定，在必要的情况下，金融监督机构在监督金融机构、电子金融业者时，也可以直接监督电子金融辅助业者（包含中介结算系统运营者）。

（六）统计调查权制度①

为了促进电子金融业的健康发展，韩国电子金融交易法明确规定了韩国银行对电子金融业的统计调查权限：

1. 银行为了促进电子金融交易、树立有效的通货信用政策，实施对电子金融交易的统计调查权；

2. 国家机关、金融机构、电子金融业者、有关团体等，在没有正当事由的范围内，有义务协助银行统计调查权的实现。

---

① 参见韩国《电子金融交易法》第49-52条。

第六章 电子商务的法律规制

第一节 电子商务中的利益冲突与秩序协调

一、电子商务与利益冲突

在历史上，一项革命性工具的产生与广泛运用，总是会对传统的社会关系造成前所未有的冲击，从而极大地改变以往的社会形态。因特网作为一个全新的传播交流工具，它的出现与普及在很大程度上改变了原有的人与人之间的交往联系方式、学习工作的环境、乃至整个社会结构，其意义早已突破了单纯作为工具的内涵。信息和知识对权力与利益有着不容忽视的影响，而信息传播的方式的改变往往意味着权力的转移和利益的重新分配。因特网上无中心的信息传播模式，完全改变了现在"权力决定信息分配"的模式，将出现"信息决定权力分配"的模式，从而从根本上影响基于现行权力结构的社会稳定观，也动摇了原有的相对平衡的利益分布结构。

因特网独特的"非中心化"的组织形式，使得这个虚拟世界有自己独特的行为规范和价值体系，因特网上普遍推崇的网络文化是无政府状态和自由主义，其用户普遍接受的道德规范和信条是："进入计算机网络应该是无限制的，所有的信息应该是自由的，不服从任何权力机构，促进权力分散。"这种价值观念的影响随着因特网的不断发展逐渐会超越技术层面，对原有的社会价值观念形成冲击。

二、电子商务中的秩序协调

因特网作为先进生产力代表的技术工具，其背后蕴藏着无限的利润与财富。这些前所未有的利益机会成为整个社会追逐与争夺的新目标，这种竞争产生于新的社会条件下，必然需要一套与之相适应的竞争规则，否则无序的竞争最终只会导致社会的失控与冲突的不断。而另一方面，虽然因特网为人们的生活、学习、工作等提供了诸多便利，但如果对其的使用不加节制与约束、任人滥用，最终只会沦为心存不轨之徒肆意作恶的工具。在网络空间，个人隐私、交易安全、消费者权益等等，已成为一个个不可回避的严重社会问题。

由此可以看出，网络的出现可谓是集矛盾于一身。在以网络为基础形成的电子商务中，这些矛盾集中表现为各种利益群体之间的利益冲突，如因特网的运营商与广大客户之间、信息资源的所有者与社会大众之间、商家与消费者之间等。如果这些利益之间缺乏一个有效的调节机制，对新技术因素带来利益失衡作积极的干预，愈演愈烈的利益冲突会让一度红红火火的电子商务变成一片毫无生息的废墟。

于是世界各国都意识到了因特网给社会稳定带来的前所未有的挑战，因此纷纷加强对因特网的管理，由原来完全放任的态度转向积极的干预。据有关部门对世界上 42 个国家的调查表明，大约 33％ 的国家正在制定有关因特网的法规，70％ 的国家在修改原有的法规以适应因特网的发展，有 92％ 的国家对因特网进行不同程度的审查和监督，有 26％ 的国家开始出现对因特网的执法案例。我国早在 1995 年底，中共中央办公厅、国务院办公厅就发出通知要求加强计算机信息网络国际联网管理，要求加强管理，兴利除弊。针对我国计算机信息网络国际联网中出现的问题，要采取统筹规划、统一标准、分级管理、促进发展的原则，实行资源共享，防止重复建网。要通过规范有效的管理，一方面充分利用有价值的国际信息资源，另一方面防止和控制反动、淫秽色情等有害信息进入。

根据电子商务发展的现实，对电子商务的监控应主要从以下几个方面着手：加强网络基础运营设施服务的管理，建立起网络管理关系各方的责任制度；对网络信息资源进行有效的安全管理，建立网络信息的披露公开制度；规范网上市场的交易秩序，保障电子商务中消费者的基本权益；加强电子商务的金融秩序和国家税收管理，在促进电子商务发展的同时，防止国家财政收入的流失；建立完善的认证制度，为电子商务提供可靠的信用保证等。这几个方面相互配合、相互协调，共同建立起一套严密的电子商务宏观调控系统。正是基于以上考虑，本章将从这几个方面分别展开论述。

第二节　网络的基础运营管理

一、因特网的运营管理概况

因特网是一个以平等、互利、合作、安全为原则的开放性民间团体，它不属于任何机构或个人所有。但为了确保其正常运行和进一步的发展，需要有适当的机构负责协调各方面的关系、分配域名和 IP 地址、组织技术标准的研究与确定、考虑技术管理与发展等。鉴于因特网的民间性质，它的管理机构相当松散，可以说至今仍不存在一个权威性的管理机构。比起它的规模和重要性，显得不太对称。

因特网的最高国际组织是 Internet 协会 ISOC（Internet Society），它创建于 1992 年初，其目的是推动 Internet 的国际化、全球化，促进世界各地的用户利用因特网交流信息。其总部设在美国弗吉尼亚州的雷斯顿市，是一个非盈利的志愿性组织，其成员包括院校科学研究和工作领域的个人和机构，该组织致力于通过促进计算机信息网络之间的合作来建立一个全球性的科研信息基础结构。ISOC 由它的国际董事会（International Board of Trustees）操作，并通过国际会议和研讨会进行技术交流和国际协调等活动。ISOC 每年召开一次年会 INET，并出版季刊 *Internet Society News*。

ISOC 下设 Internet 体系结构委员会 IAB（Internet Architecture Board），负责协调技术管理与发展。IAB 的主席由 IAB 成员选举产生，任期两年。下设两个主要部门：网络工程部 IETF（Internet Engineering Task Force）和网络研究部 IRTF（Internet Research Task Force）。前者负责因特网运行的技术支持；后者负责网络的研究与开发，技术标准的审定。研究课题有网络自治管理、用户界面、隐私权的保护等。IAB 的主要职责是：（1）制定 Internet 技术标准；（2）审定发布 Internet 的工作文件 RFC；（3）检查 IETF 和 IRTF 的工作情况；（4）规划 Internet 的长期发展战略；（5）作为 Internet 技术策略等问题的国际协调中心。

另一个重要的因特网国际组织是成立于是 1990 年的 EFF（Electronic Frontier Foundation），它所关注的问题扩展到计算机和网络对人类社会的影响以及对策。其宗旨是致力于信息与通信交流的自由与开放，确保全世界从中受益。在有关隐私权、计算机犯罪的立法及网络发展等方面，它一贯强调维护计算机信息网络用户自由权利的立场。

因特网的机构是松散的，它的资金来源也是分散的，采用加入因特网的各个网络自己筹措的方式。比如美国，NSF 负责美国 Internet 主干网 NSFnet 的费用，各地区由各州政府负责，行业性广域网如空间科学网由美国国家航空航天局负责，各个大学及其他机构则支付各自局域网的费用，个人用户缴纳入网费及使用费，网络互联的费用则由各入网单位分摊。

因特网的日常网络服务是由组成 Intrnet 主干网的有关机构共同提供的。服务机构可分为各级网络信息中心 NIC（Network Information Center）和网络运行中心 NOC（Network Operation Center）两类。前者向用户提供有关网络服务的各种信息，后者负责维护网络的正常运转。

由因特网的管理机构和管理方式可以看出，因特网的管理基本上是技术管理和一些业务性的管理，几乎没有行政管理，是相当松散和开放的。形成这种管理方式的原因，一是因为它并不是通过官方机构或国际机构的规划而建设的，是从一些非官方机构民间形成并像滚雪球似地自行扩大的，最终形成一个民间团体类型的组织。二是因为最初因特网的用户较少，而且基本上都是学术机构和科研、教学人员，用户能够自行进行监督管理，也自发形成了一些道德规范和惯例。得到用户广泛认同的信条是：进入计算机信息网络应该是无限制和完全自由的，不受任何权力机构的约束，从而使因特网处于无政府状态。因特网的开放性发挥过而且还发挥着一些积极的作用，在一定程度上体现了自由、民主、平等的精神，思想解放，学术思想活跃，促进了因特网本身和其他许多事业的发展。

随着世界上越来越多的用户进入因特网，使其变成一个庞杂的信息集市。各种不同的用户和各式各样的信息充斥其中，精华与糟粕并存。各类用户都想利用因特网达到自己的目的，而手段五花八门。在这种情况下，因特网管理上的弊端就突出显现出来了。在加强网络信息、网上行为的监控管理方面，对网络的日常运行与基础经营方面管理显然首当其冲。

二、我国的网络管理与经营机构

（一）国家的宏观管理

1996年5月成立的国务院信息化工作领导小组是负责全国信息工作的议事协调机构，其职责包括负责全国的大型计算机网络国际联网的协调与管理工作，是对我国计算机信息网络进行宏观管理的最高领导机构。1997年6月，中国互联网络信息中心（CNNIC）成立，并由国务院信息化工作小组授权中国科学院计算机网络信息中心运行及管理中国互联网络信息中心。CNNIC的主要任务是：为我国境内的互联网用户提供域名注册、IP地址分配、自治系统号分配等注册服务；提供技术资料、使用网络的政策、法规、用户入网的办法、用户培训资料等信息服务；提供网络通信目录、网上各种信息库的目录等组成，其任务是对我国互联网络的发展、方针、政策及管理提出具体建议，协助国务院信息办实施对中国互联网络的管理。

（二）连接国际互联网络的各级管理与经营机构

目前我国计算机信息网络的管理体系还不十分健全，从国际联网的角度讲，根据《中华人民共和国计算机信息网络国际联网管理暂行规定》，国家对国际联网实行分级管理的原则，由国务院信息化工作领导小组负责协调、解决有关国际联网工作中的重大问题；其办事机构国务院信息办负责依此规定制定具体管理办法，明确国际出入口信道提供单位、互联单位、接入单位和用户的权利、义务和责任，并负责对国际联网工作的检查监督。然后再将网络管理与经营机构分为以下几个层次：

1. 物理信道的管理机构

物理信道是指构成计算机信息网络的计算机、通信设备、网络终端以及连接这些设备的电缆和光缆，也包括卫星信道。我国的国家公用电信网的物理信道（例如 CHINADDN）以及它为全国所有的物理信道提供的国际出入口信道都是邮电部电信总局直接管理的。其他一些政府部门或行业建立的专用物理信道由该部门或行业自行管理。

2. 互联网络的管理机构

互联网是指"直接进行国际联网的计算机信息网络"。它可能有自己的专用物理信道，但多数是使用国家公用电信网物理信道的业务网。其管理机构称"互联单位"，是指"负责互联网络运行的单位"。我国现有的中国公用计算机互联网（ChinaNET）由邮电部电信总局管理，其余的几个互联网络 ChinaGBN、CERNET 和 CSTNET 则分别由电子工业部、国家教育部和中国科学院管理，并根据需要还分级建立网络中心和信息服务中心。

3. 接入网络的管理机构

接入网络是指"通过接入互联网络进行国际联网的计算机信息网络"，如企业网、校园网和一些商业性服务网络。接入单位，是指"负责接入网络运行的单位"。它们必须具备下列条件：第一，是依法设立的企业法人或者事业法人；第二，具有相应的计算机信息网络、装备以及相应的技术人员和管理人员；第三，具有健全的安全保密管理制度和技术保护措施；第四，符合法律和国务院规定的其他条件。

4. 从事国际联网经营活动的机构

这指利用国际互联网络资源，经营网络服务的机构。它们一般是接入单位，但要向有权受理从事国际联网经营活动申请的互联单位主管部门或者主管单位申报，并领取国际联网经营许可证，主要是指 ISP。此外，我国各行业部门的信息中心大多建立了存储本行业信息资源的数据库，有一些已经与国际互联网连接，并向广大用户提供服务，则可归入 ICP 一类。ISP 与 ICP 是网络服务行业的重要主体，也是我国亟待发展的新兴产业。

（三）其他在线服务经营机构

在线服务（Online）是指消费者利用计算机，通过公用网或数据网及其他公用电子传输媒体而获得各种信息服务的统称。在线服务又称联机服务，它包括商业性在线服务、因特网服务和交互电视服务。我国由于在线服务起步较晚，商业性在线服务机构与 ISP 的区别不很明显，这里主要是指未与因特网联网，不以因特网信息服务方式（如 WWW）提供网络信息服务的机构，比如一些 BBS 站点。

三、网络管理与经营机构的权利、义务及责任

根据《中华人民共和国计算机信息网络国际联网管理暂行规定》、《中国公用计算机互联网国际联网管理办法》和《计算机信息网络国际联网出入口信道管理办法》，对管理各级网络和利用网络提供互联服务和信息服务的机构的权利和义务作了一些相关的规定。

（一）邮电部电信总局

负责建设、运营和管理中国公用计算机互联网 CHINANET（以下简称公用互联网），面向公众提供计算机国际联网服务，并承担为全社会服务的义务。其中包括：

（1）为接入单位办理接入手续。

（2）负责公用互联网内接入单位和用户的联网管理，并为其提供性能良好、安全可靠的服务。

（3）通过下属的国际联网出入口局及其网络管理中心，面向全国提供并管理国际联网出入口信道，并为互联单位提供优质可行的服务。

（4）对互联单位的申请进行审核，对符合规定条件的，应在 30 日内提供所需国际出入口信道。

（5）发现违法犯罪行为和有害信息，应及时向有关主管机构报告；对国家有关部门依法实施的信息安全检查和采取的相应措施，应予以配合。

（二）互联单位

（1）负责互联网络的运行并建立相应的网络管理中心；为该网的接入单位办理接入手续；负责该网的接入单位和用户的管理，并为其提供优质可行的服务。

（2）负责本单位及互联网内接入单位和用户的关于国际联网的技术培训和管理教育工作。

（3）发现违法犯罪行为和有害信息，应及时向有关主管机关报告；对国家有关部门依法进行国际联网信息安全的监督检查，应予配合，并提供必要的资料和条件。

（4）建立互联网络时，必须报经国务院批准，并向邮电部申请办理使用国际出入口信道手续；办理手续时，应提供有效批准文件及有关网络规模、应用范围、接入单位、所需信道等相关资料，每半年将前述事项的变更情况向邮电部申报一次。

（5）使用专用国际信道，按照现行国际出租电路标准付费；教育、科研部门内部使用的国际信道，享受资费优惠待遇。

（三）接入单位

（1）负责接入网络的运行并建立相应的网络管理中心，负责对接入网内用户的管理，并按规定与用户签订协议，明确双方的权利、义务和责任。

（2）负责本单位及接入网内用户的关于国际联网的技术培训和管理教育工作。

（3）遵守国家法律、法规，加强信息安全教育，严格执行国家保密制度，并对所提供的内容负责；发现违法犯罪行为和有害信息，应及时向有关主管机关报告；对国家有关部门依法进行国际联网信息安全的监督检查，应予配合，并提供必要的资料和条件。

（4）通过互联网络进行国际联网。建立接入网络时，应当报经互联单位的主管部门或主管单位审批；办理手续时，应当提供其计算机信息网络的性质、应用范围和所需主机地址等资料。

（四）经营网络和信息提供者

为遵循市场经济的规律，繁荣我国的信息服务业，国家在电信业务中引进竞争机制，允许符合条件的互联单位和接入单位从事国际联网经营活动，但要按规定申请领取国际联网经营许可证，而且除具有一般接入单位的权利义务外，还应当为用户长期、稳定地提供良好的商业性服务。对于 BBS，则应要求其完善用户注册机制，对入站者都要进行身份验证，取得合法 ID，使其了解对自己在 BBS 站点中的行为要负责任。

在规定网络管理与经营机构的权利义务的同时，上述法规也对违法行为作出了相应的法律责任规定：

（1）对自行建立信道，或者使用国家规定的国际出入口信道以外的其他信道（含卫星信道）进行国际联网的；对未经批准，接入单位擅自接入互联网络用户擅自接入网络的，给予警告、通报批评、责令停止联网，还可以并处一定的罚款。

（2）对未经邮电部的批准，擅自为计算机信息网络国际联网提供出入口信道的，责令其停止提供信道，并建议给责任者及其负责人以行政处分。

（3）接入单位和用户均应对自己所提供的信息内容负责。对利用国际联网从事危害国家安全、公共秩序、网络安全和他人合法权益的，给予警告、责令停止联网的处罚；触犯其他法律、行政法规的，按相关规定予以处罚；构成犯罪的，依法追究刑事责任。

四、域名系统的管理

现行域名系统是一个包含多种管理层次、多种管理机构及多种管理规则，并事实上由美国单方控制的体系。虽然美国政府已提出了使 Internet 域名系统管理私有化的政策主张，但到目前为止，美国政府仍然直接或通过合同间接地在 Internet 地址资源的分配、域名注册系统的管理、根服务器系统的维护与操纵、Internet 协议的制订以及 DNS 具体规则与运作方式的确定等方面发挥着至关重要的作用。为了加强对因特网域名的管理，我国于 1997 年 6 月 2 日发布了《中国互联网络域名注册暂行管理办法》(以下简称管理办法) 和《中国互联网络域名注册实施细则》(以下简称实施细则)，对域名管理进一步规范化。

（一）管理机构

国务院信息化工作领导小组办公室（以下简称国务院信息办）是我国互联网络域名系统的管理机构，负责：

（1）制定中国互联网络域名的设置、分配和管理的政策及办法；

（2）选择、授权或者撤销顶级和二级域名的管理单位；

（3）监督、检查各级域名注册服务情况。

中国互联网络信息中心（以下简称 CNNIC）工作委员会，协助国务院信息办管理我国互联网络域名系统。在国务院信息办的授权和领导下，CNNIC 是 CNNIC 工作委员会的日常办事机构，由它制定实施细则，并负责管理和运行中国顶级域名 CN。

（二）管理体制

CNNIC 用逐级授权的方式确定三级以下（含三级）域名的管理单位，各级域名管理单位负责其下级域名的注册。我国在国际互联网络信息中心正式注册并运行的顶级域名是 CN，在顶级域名 CN 下，采用层次结构设置各级域名。

中国互联网络的二级域名分为"类别域名"和"行政区域名"两类。"类别域名"6 个，即 COM—适用于工、商、金融等企业；ORG—适用于各种非营利性的组织等。"行政区域名"34 个，适用于我国的各省、自治区、直辖市。三级以下（含三级）域名未经国家有关部门的正式批准，不得使用含有"CHINA"、"CHINESE"、"CN"、"NATIONAL"等字样；不得使用公众知晓的其他国家或者地区名称、外国地名、国际组织名称；未经各级地方政府批准，不得使用县级以上（含县级）行政区划名称的全称或者缩写；不得使用行业名称或者商品的通用名称；不得使用他人已在中国注册过的企业名称或者商标名称；不得使用对国家、社会或者公共利益有损害的名称。

（三）管理制度

我国按照"先申请先注册"的原则注册域名，不受理域名预留。注册域名可以变更或者注销，但不许转让或者买卖。各级域名管理单位不负责向国家工商行政管理部门及商标管理部门查询用户域名是否与注册商标或者企业名称相冲突，是否侵害了第三者的权益，任何因这类冲突引起的纠纷，由申请人自己负责处理并承担法律责任。但在实际操作中，负责注册管理的工作人员往往根据自己了解的商标或企业名称对所申请的域名进行粗略审查。

（四）注册的申请与审批程序

可以用电子邮件、传真、邮寄等方式提出注册申请，随后在 30 日内以其他方式提交所需的全部文件，其申请时间以收到第一次注册申请的日期为准。如在 30 日内未收到全部文件，则该申请自动失效。

申请人应当保证其申请文件内容的真实性，并且在申请人的范围内，保证其选定域名的注册不侵害任何第三方的利益；申请人应当保证此域名的注册不是为了任何非法目的；在申请被批准以后，申请人就成为该注册域名的管理单位，必须遵照相应法规对该域名进行管理和运行。

第三节　网络信息资源保护与信息安全

人类从自然选择发展到行为选择，再到信息选择，表明人类社会发展到了一个新的发展阶段。世界的三大要素物质、能量和信息在不同的时代具有不同的价值。在现代科学技术的支持下，信息日益走向数字化、虚拟化、网络化，信息在网络空间中的价值得到前所未有的突出与抬高。然而，网络空间决非世外桃源，在信息网络上，信息污染、信息侵权、信息渗透乃至信息犯罪的现象俯拾皆是，如果没有一个良好的法律与政策环境，盲目上网必定得不偿失，所以网络时代信息安全已经成为国家政治、经济、文化、军事安全的集中体现。相应地，对网络时代信息安全的法律与政策调控就应摆到议事日程上来。

一、网络信息资源的共享与矛盾

网络时代无疑是一个信息化社会,是以信息为社会发展的基本动力,以信息技术为实现信息化社会的手段,以信息经济为社会存在和发展的主导经济,以信息文化改变着人类教育、生活和工作方式以及价值观念和时空观念的新兴社会形态。信息资源共享是促进信息交流、科技进步和经济发展的必由之路,通过广泛的社会的信息资源共享,信息主体获取所需的种种信息,经加工处理形成新的知识,最终推动了人类文明的发展。

网络信息化同时也给社会带来一系列的矛盾与冲突,而这正是我们在分享网络丰富信息带来益处的同时,不得不去正视和解决信息环境方面的问题:

首先是信息自由与信息安全的矛盾。信息自由权是公民依法可以自由地采集、加工、处理、传播、存贮及利用信息的权利,具体可体现为政治获知权、受教育权、言论出版权、通信秘密不受侵犯权以及隐私权等。而另一方面,由于信息违法活动的猖獗使得信息安全保障成为一个社会问题。在法律规制上,如何建立一个能够较好地协调信息自由与安全关系的机制显得无比重要。

其次,信息不足与信息过滥的矛盾。人类社会的信息流动呈不均衡性。一方面,由于信息的获取行为受到各种因素限制导致获取信息不充分,而另一方面,网络中各类信息不断增多,各种信息垃圾、信息污染充斥其间,那些劣质信息反而掩盖了真正有益的信息,这使得相对信息量减少了,于是信息过剩反而带来新的信息匮乏。

再次,信息的社会公益性和个体盈利性的矛盾。信息作为一种重要资源和商品,既对社会发展产生重要作用,又对社会产生经济效益。信息的公益要求它广泛、无偿和公开地提供给社会公众利用,然而信息所有者一般不愿免费提供,而是希望以此获取较高利润。效率与公平的矛盾表现为个人利益与社会利益之间的矛盾,也是信息的某种私有性与共享性的矛盾。

最后,信息保密与信息公开的矛盾。信息资源所有者主体既有个人、法人,也有国家,个人信息、法人信息或其他机构的秘密信息及国家秘密性权利人所专有,他人不得侵犯。然而对于社会发展所需要的可以公开的个人信息、工商业信息、其他机构信息和政府信息,不应加以限制利用。目前信息保密和公开之间缺乏应有的协调,致使应当公开的信息得不到公开,应当保密的信息不能有效地加以保护。我国已经颁布《政府信息公开条例》,急待制定《个人信息保护法》、《商业秘密保护法》等,以调整信息保密和公开利用之间的矛盾。

法律在调和这些矛盾,建立和维护秩序中起到了一定的作用,特别是在充分利用信息资源,推进信息共享方面表现突出。其主要作用表现为:规范信息主体的信息活动，保护信息主体的信息权利，解决和调节信息矛盾，保护国家利益和社会公共利益，进一步推动信息资源的有效配置。但同时也应看到，信息资源的有效利用是建立在信息安全的基础上，因此，解决信息安全问题将是一段不短的时间内网络世界面临的艰巨任务。

二、网络时代所面临的信息安全问题

（一）信息污染

信息网络可以在全球范围内传递声像、图文并茂的多媒体信息，具有速度快、使用方便和难以监控的特点，因此它成为不法分子传播色情的工具与场所。信息污染主要有两种表现形式：信息垃圾与信息病毒。前者主要是泛指网络上的一切无用信息、失真信息、误导信息、陈旧信息、污秽信息等；而后者则是一种具有复制性、传播性、和破坏性等特点的恶性电脑程序。

（二）信息侵权

所谓电子版权是指版权人对其智力产品在数字环境下所拥有的专有权或独占权，它是与非数字环境中的著作权相对应的概念。由于信息网络的自由开放性，任何人都可以在网上发表作品，而在网上抄袭他人作品比现实世界更容易且难以被人发现。在数字环境下，用户可以随时随地随意地套录和访问原作及数据库加以利用，在网上复制、发行、播放盗版作品速度快质量好获利又丰厚，所以侵权现象愈演愈烈。

（三）信息渗透

信息渗透是指发达国家利用其信息优势向发展中国家输出其价值观念的行为，通过信息网络进行政治渗透和价值观的推销，既方便又有效。信息网络是文化传播的重要手段，加拿大学者基蒙·瓦拉卡明确提出了"文化渗透"的概念，指出信息渗透将导致一种新的国际信息秩序的出现，这种秩序是以牺牲绝大多数国家的民族文化为代价的。

三、网络时代信息安全的法律调控

从理论上分析，信息安全的法律、法规是针对网络信息安全采取的一种强行限制，是国家利用法规、法律等强制性力量对信息服务单位和信息用户利用信息资源进行法律调整、制裁的一种手段，它使人们的信息行为自觉或强制地局限在正当合理的范围内，从而限制非法的、偶然的和非授权的信息活动，支持正常的信息活动。网络信息安全是信息社会健康发展的保证，针对信息安全工作的具体运作，必须调整信息源、信息用户网络时代信息安全的法律与政策调控的行为准则。这些信息安全法律准则由合法信息系统、合法用户、信息公开、信息利用、信息限制原则等组成。无论在国际范围内还是在我国，目前已经有很多法律来对此问题进行规范。俄罗斯于 1995 年 2 月 22 日颁布了《关于信息、信息化和信息安全》联邦法，并同时在俄联邦新的刑法典中提出增设电脑犯罪的建议。德国政府为了构建规范电脑信息网络空间的法律主框架，于 1996 年 12 月 20 日向联邦参议院提交了关于《信息服务和通讯服务法》草案。世界知识产权组织在去年底召开的外交会议上，提交《关于数据库的知识产权条约》草案，并将在今年审议通过。欧盟则于 1996 年 2 月颁布了《欧洲议会与欧盟理事会关于数据库法律保护的指令》。

我国从 1997 年至今，已有《中国计算机信息系统安全保护条例》、《中国公用计算机互联网国际联网管理办法》、《计算机信息网络国际联网出入口信道管理办法》、《计算机信息网络国际联网安全保护管理办法》等条例，还在新的《刑法》中确定实施了与利用计算机犯罪有关的条款，它们都是信息安全的依据。这些法律和安全法规的实施，对于净化我国互联信息网络，对于计算机网络信息的安全保护起到法律保障的作用。

首先，规定了信息安全管理机构。公安部主管全国计算机信息系统的安全保护工作，公安监察机构负责计算机信息网络国际联网的安全保护管理工作。省、自治区、直辖市公安厅（局），地（市）、县（市）公安局，应当有相应机构负责国际联网的安全保护管理工作。

其次，明确了安全责任。从事国际联网业务的单位和个人，应当遵守国家有关法律、行政法规，严格执行安全保密制度，不得利用国际联网从事危害国家安全、泄露国家秘密等违法犯罪活动，不得制作、查阅、复制和传播妨碍社会治安的信息和淫秽色情等信息。任何单位和个人不得利用国际联网制作、查阅、复制和传播以下信息：①煽动抗拒、破坏宪法和法律、行政法规实施的信息；②煽动颠覆国家政权、推翻社会主义制度的信息；③煽动分裂国家、破坏国家统一的信息；④民族仇恨、民族歧视，破坏民族团结的信息；⑤捏造或者歪曲事实，散布谣言，扰乱社会秩序的信息；⑥宣扬封建迷信、淫秽、色情、赌博、暴力、凶杀、恐怖，教唆犯罪的信息；⑦公然侮辱他人或者捏造事实诽谤他人的信息；⑧损害国家机关信誉的信息；⑨其他违反宪法和法律行政法规的信息等。此外，任何单位和个人不得故意制作、传播计算机病毒等计算机信息网络安全的活动。

最后，明确了法律责任。有关法规明确规定：违反法律和行政法规，制作、查阅、复制和传播非法的、色情和反动的信息，传播计算机病毒等危害计算机网络安全的由公安机关给予警告，有违法所得的，没收违法所得，对个人并处5000元以下的罚款，对单位处15000元的罚款；情节严重的并可以给予6个月以内停止联网、停机整顿的处罚；构成违反治安管理行为的，依照治安管理条例的规定处罚；构成犯罪的依法追究刑事责任。刑法也规定，违反国家规定，对于计算机信息系统功能和数据进行删除、修改、增加、干扰，传播计算机病毒等破坏性程序，造成计算机系统不能正常运行，结果严重的，处十五年以下有期徒刑或拘役，后果特别严重的，处十五年以上有期徒刑。

四、网络时代信息安全的政策调控

世界各国对信息污染、信息产权保护、信息渗透等问题都进行了不同程度的政策调控。但从各国现行的信息安全政策来看，尚存在以下几个方面的不足。

首先，缺乏一个整体而全面的政策体系，政策的制订陷入一种亡羊补牢的被动局面。如发展中国家致力于信息污染和越境数据流的控制，对信息侵权和数据保护则重视不够；美国等发达国家鼓吹信息流动自由化，但又担心自己的信息利益得不到保障，于是更多地注重对信息攻击的防护。

其次，信息安全政策的制订避重就轻，缺乏打击力度。由于各国片面地维护网络无条件地自由联结、自由传播和自由利用的网络规则的自由天性，对滥用网络的行为要么投鼠忌器要么宽厚有加，政府法律的制订缺乏釜底抽薪的气魄，最终导致了网络安全问题受到威胁。

最后，信息安全政策的执行缺乏具体实用的实施方案。虽然对于信息污染、电脑病毒、信息侵权、网络犯罪等非法信息行为各国政府都先后制订过有关政策，但网络滥用现象仍屡禁不止，主要原因是执行不力，没有形成制度化管理，使许多政策仍停留在宏观领域，没有采取切实可行的办法将政策落到实处。

针对这些问题，可对信息安全政策采取以下的改进办法：

第一，建立整套完善的政策体系。首先要制定一个基础性的《国家信息安全政策》作为国家的基本政策框架。这一政策的第一要件就是要确立新型的信息自由原则，即个人的信息不能建立在妨害公共信息自由和国家信息安全的基础之上，也就是说，为了保障公众和国家的信息利益与安全，有限制地牺牲一些个人信息自由是必要的。在此原则之下，政府有权采取必要的有限度的手段将信息网络置于有效的控制之下，在尽可能不影响个人信息自由的前提下，将信息网络现存的自由运行机制逐步转化为政府适当施控的运行机制，以防止那种滥用网络行为的产生，网络的信息自由才能得到真正意义上的保障；第二，这一政策必须综观全局，适度超前，以覆盖产生内外信息的各个领域，包括对信息污染的控制、电脑病毒的防治、信息产权的保护、网络犯罪的打击和信息主权的维护、民族文化的保存、信息攻击的防御七个主要方面。

第二，采取信息输出政策，倡导集体主义价值观。信息网络发源于西方，西方文化中的个人主义价值观是网络自由运行机制的集中体现。而个人主义的盛行对不法信息行为起着推波助澜的作用，因此要摆脱信息网络面临的危机，就必须向网络输出新的文化理念。这就是中华文化倡导的集体观念。首先，整体观念和群体意识是中华文化的重要特色；其次，中华文化所强调的修身养性、道德完善对形成全球的"网络伦理"有积极的推动作用。

第三，实行网络的制度化管理。①网络准入制度。即对网络用户的身份进行行业审查，对那些曾经传播信息污染或电脑病毒，或者有过信息侵权、网络犯罪行为的人在一定时期内剥夺其联网或上载的权利。②联网登记制度。联网登记制度在我国已经实行，按有关规定：凡与国际联网的计算机系统的使用单位与个人都必须到指定公安机关办理备案手续，这样政府就能保证对网络的有效控制。但这一制度还应进一步完善，即在要求网络用户履行登记义务的同时，还要相应地赋予他们一定的权利，联网登记制度才能深入人心。③电子审查制度。即运用先进的网络监测技术在网络的各级出入口局对来往信息尤其是越境数据流进行过滤，将不宜出口的保密或宝贵的信息资源留在国内，将不符合国情或有害的信息挡在网络之外。④标准化管理制度。信息网络目前只对上载信息的格式提供了统一标准，为了便于信息的管理与利用，对上载信息的内容也要制定统一规范。有三项标志：版权标志，表示该信息是否享有版权保护；分级标志，表示该信息适合何种年龄段的用户；密级标志，表示该信息是否属于公私秘密和机密程度。根据以上标准，进行统一管理。⑤完善联网电脑的管理制度。我们一方面要大力强化联网电脑的安全管理制度，建立健全联网电脑使用单位内部的安全管理机制，从而把信息安全工作落到实处；另一方面，必须建立雇员审查制度，尤其对重要岗位的工作人员要严格把关，这样才能保证传播主体的纯洁性。

第四，对网络信息进行监管的同时，也必须注意依法保障公民的隐私权以及信息主体的信息自由，防止公力的滥用。加强网络服务商的管理责任，规定网络服务商的检查义务、对国外具有不良内容站点进行监察或隔离的义务、通知和报告的义务以及协作义务。

第四节　网络广告的法律规制

一、网络广告概述

现代商业在很大程度上依赖于广告的推动，而现实生活中广告可说是无孔不入，网络空间也不例外，网络广告的出现与风靡便是证明。所谓网络广告，是指在互联网的站点上发布的以数字代码为载体的各种经营性广告。

就目前而言，网络广告有下面几种形式：一是通过出版物发布广告。这种方式与传统广告的发布方式非常相似，采用较为普遍。如美国的 CNN，日本的 NHK 电视台就提供了这样的广告服务，我国的《人民日报》和《大公报》专门开设电子版，为公众提供广告服务。二是开设网址直接发布商业电子信息。这种方法主要被一些著名的企业所采用，依靠其知名度吸引社会公众来访问自己的站点，从而实现广告宣传的目的。三是电子邮件广告。它通过电子邮件的方式来散布广告，实现广告宣传的目的，而且它比传统的信函广告在操作和发送上要简便得多。四是通过媒体经营者服务发布广告。这种方式主要是在 ISP 的主页上发布广告，公众在访问主页寻求服务时，就必须要接触主页上的广告内容。五是通过个人主页发布广告。

从上可以看出，网络广告与既不同于平面媒体广告，也不是电子媒体广告的另一种形式。其基本特征为：（一）在技术上，利用数字技术制作和表示，并且具有可链接性，交流方式具有双向性。（二）广告经营主体范围广，且广告主、广告经营者、广告发布者三者界限日益模糊。（三）覆盖范围广泛，种类繁多，同时隐性广告趋多且更加隐蔽。（四）自由程度比较高。正是这些同传统大众传播媒介的巨大差异，也使得网络广告遭遇到前所未有的新问题。

二、网络广告的管理及不法广告行为的法律责任问题

（一）网络广告管理的困境

网络广告由于是一个新生事物，因此在很多方面都还缺乏规定。一方面，网络广告在实质上和传统广告别无他致，但另一方面，依照现行的有关法律又很难对之进行适当的调整和规范。按照我国现行的《广告法》的规定，网络广告也可以适用该法，但是由此就产生了若干问题。根据广告法的规定，对广告业的管理是通过对广告主、广告经营者和广告发布者的管理来完成的。但如前所说，三者界限已日益模糊。在因特网上任何人都可以从事广告的发布活动，也可以通过广告进行经营活动，甚至可以自行发布自己的广告。在这种情况下，如果要按照广告法的规定将整个广告活动分为不同的部分由不同的专门机构来完成是非常困难的。另一方面，从事广告业的无论是法人还是个人，按照有关规定都必须取得相应的法律资格才能进行有关活动，而个人是不能从事广告发布活动的。但因特网在事实上就打破了这些规定与限制。同样，广告活动还必须进行适当的登记和审查工作，这一点因网络广告数量巨大、来源复杂、迅即易变而显得非常

困难。

法律上困难也是显而易见的，目前的广告法是不能管理国外的广告的。由于因特网没有国界的限制，任何一个广告都可以对全世界发布，但是诸如 ISP 一类的机构则是分别受其国内的法律的限制的。由此一来，通过国外的 ISP 来发布广告就很难受到国内法的限制，但在客观上跟在国内发布广告并无太大区别。另一方面，国内的个人和机构也可以利用国外的服务器设置域名和网页，如果通过这些方法来进行广告活动也是很难受到广告法的约束的。此外，以下要谈及的几个问题是网络广告管理困境的典型表现。

（二）虚假广告及责任

虚假广告及其责任问题，是我国市场经济管理过程中一个非常重要的问题。对于传统广告，我国现行的《广告法》、《反不正当竞争法》、《消费者权益保护法》等法律都有明确的规定。根据《广告法》第 2 条的规定，广告指的是商品经营者或者服务的提供者承担费用，通过一定的媒介和形式直接或者间接地介绍自己所推销的商品或者所提供的服务的商业广告。网络也是广告的媒介之一，网络广告自然也就属于《广告法》的调整范围之列。同时《广告法》第 38 条规定："违反本法规定，发布虚假广告，欺骗和误导消费者，使购买商品或者接受服务的消费者的合法权益受到损害的，由广告主依法承担民事责任；广告经营者、广告发布者明知或者应知广告虚假仍设计、制作、发布的，应当依法承担连带责任。"《消费者权益保护法》第 39 条规定："消费者因经营者利用虚假广告提供商品或者服务，其合法权益受到损害的，可以向经营者要求赔偿。广告的经营者发布虚假广告的，消费者可以请求行政主管部门予以惩处。广告的经营者不提供经营者的真实名称、地址的，应当承担赔偿责任。"

依照有关的规定，广告的经营者和发布者对虚假广告需要承担一定的连带责任，由此就对虚假广告起到了一定的遏制作用，同时也对因虚假广告而遭受损害的消费者提供了更好的法律救济手段。但是如果有关规定要适用于网络广告就存在一个先决问题，即诸如 ISP 之类是否属于广告经营者或广告发布者的范畴。对这一问题，有些国家和地区都倾向于将 ISP 纳入"媒体经营者"或"广告媒体经营者"，强调 ISP 作为网络广告的经营者或发布者必须对网络广告的内容承担连带责任。但无疑这种作法对处于起步阶段的 ISP 要求过高、责任过重，也并不一定有利于网络广告业的发展。我国补充这方面的立法时，是否考虑对此有所限制，只有在 ISP 明知或积极参予虚假广告制作与发布或从中直接盈利时，才应该承担连带责任。

（三）广告骚扰问题

广告骚扰问题，是商品经济高度发展的市场经济条件下一个令人十分头痛的问题。在现实生活中，广告骚扰问题早已在传统的广告宣传中广泛存在。在因特网上的广告骚扰，主要是利用电子邮件进行的。随着电子邮件的日益增多，网络上的垃圾广告也在日益增加。由于因特网上的电子邮件都是匿名邮件，收件人无法判断信件的来源，因而也就无从选择是否拆阅，只有对所有的电子邮件逐一打开阅读，才能有所取舍。使得网络用户将大量的时间和金钱浪费在信息垃圾的处理上，这是垃圾广告给我们造成的危害之一。另一方面，对于一般的用户，一般都由 ISP 提供一定的物理空间来保存其电子邮件，而这些空间的容量是有限的，一旦被垃圾邮件占满，其他一些重要邮件就可能被耽误，从而造成重大的损失。而从各国的立法来看，无论是对普通邮件的广告骚扰问题，还是对电子邮件的广告骚扰问题，都没作出明确的规定，对广告骚扰问题明显缺乏适当的手段进行规范和制约。

（四）不正当竞争与超链接

利用网络广告，同样也可以进行不正当竞争，但是这一问题基本上属于传统的不正当竞争的范围，此处略而不谈。下面所讨论的，主要是网络广告业中利用超链接技术进行的不正当竞争行为。

对超链接技术，本书前面曾有介绍，其本身是种方便用户对网络进行访问的手段，它是建立在所谓超文本的技术基础上的。在网络的页面上，以一些文本或图形作为主题供用户选择，用户只需用鼠标点击这些主题就可以得到这些主题所链接的内容，有时主题也会直接链接到其他页面。这种技术一般被用来优化页面设计，以方便用户查询操作，所以在网络上采用超链接的技术是相当普遍的，也是非常自然和正常的。但是，随着网络广告的不断发展，一些人受潜在利益的驱动，为了自身的利益，企图以极小的投入赚取巨额的广告收益，纷纷利用超链接技术来损害他人利益，使用他人站点的吸引力，招徕访问者，为自己谋取利益。从行为的性质来看，这无疑是一种广告侵权行为，属于广告经营的不正当竞争。而我国现行法律尚未对此作出规定。

以上只是网络广告普遍存在的几个最基本的问题，这些问题的存在，已严重影响着公众的日常生活，妨碍了网络广告的健康发展。从全球网络广告来看，问题远不止这些，如广告诈骗问题、色情广告问题，在某些国家和地区就已成为令人大伤脑筋的事情。因此，加强对网络广告的全方位管理，已是一个不容忽视的紧迫问题。

三、网络广告问题的法律对策

网络具有与传统媒体迥然不同的开放式的互动结构，因此不可能完全生搬硬套地用管理传统媒体的办法来规制网络广告，而应当采用一种比较缓和的规制办法。具体方式是：

首先，建立网络交易制度，规范网络监管机构，并同时强调政府管理与 ISP 自律相结合。网络上的信息流通和各种交易几乎是在一个完全没有监控的体制下进行的，这显然是虚假广告屡屡得逞的一个重要原因。因此，要有效地防止虚假广告的侵害，就必须建立起安全可靠的网络交易制度，做到规则健全、交易有序，通过政府的监控把真实广告同虚假广告真正区分开来。同样，作为网络运作与管理的重要环节，ISP 的自律甚是关键。一方面，ISP 自身必须遵守广告法和相关法规，抵制不正当竞争和虚假与欺骗广告，另一方面，ISP 应当在经营范围内，规制所托管的主页，一旦发现恶意广告行为时，尽善意管理人之法律责任。甚至法律可以赋予其一定的监管职责。其次，加强网络管理立法，完善网络管理法律规范，注重法律与业界规章相结合。最后，加强国际协作，实现网络广告的国际保护。此外，面对浩如烟海的网络广告，在法制尚不健全，管理尚不规范的时候，增强消费者的鉴别能力，提高消费者自身的防御能力，是消费者减少受骗的可能、避免侵害的必需。

第五节　电子商务竞争规则与网上消费者权益保护

一、电子商务与反不正当竞争

竞争是市场机制的灵魂，而电子商务作为现代意义上的市场经济，其竞争的激烈程度、广泛程度更是传统经济形态下所不能比。但竞争必须在良性轨道上运行才能赋予市场以活力。因此，反不正当竞争是保证电子商务健康发展的必要措施。所谓不正当竞争，是指经营者违反法律规定，损害其他经营者的合法权益，扰乱社会经济秩序的行为。其主要表现有：采用欺骗性标志从事交易行为、强制性交易行为、滥用行政权力限制竞争行为、商业贿赂行为、虚假宣传行为、侵犯商业秘密的行为、压价排挤竞争对手行为、搭售和附加不合理交易条件行为、不正当有奖销售行为、诋毁商誉行为、串通勾结投标行为等。由于网络空间信息传输方面的特点，其中采用欺骗性标志从事交易行为、虚假宣传行为、侵犯商业秘密的行为以及诋毁商誉的行为在网络空间表现得尤为突出。对这几类违法行为的制裁，在运用我国《反不正当竞争法》的同时，还可以援引商标法、广告法等法的相关规定采取针对性措施。

二、电子商务与消费者权益保护

消费作为社会再生产的一个重要环节，是生产、交换、分配的目的与归宿。在经济学上，消费者是与政府、企业相并列的参与市场经济运行的三大主体之一，是与企业相对应的市场主体。没有消费者，也就没有市场经济细胞——企业的生存，电子商务亦是如此。与消费者相伴生的是消费者权益，即消费者依法享有的权利以及该权利受到保护时而给消费者带来的应得的利益。消费者权利作为一项基本人权，是生存权的重要组成部分，也是电子商务生存与发展的源头活水。很难想像，当电子商务缺少了消费者的信赖会有什么前途可言。电子商务中的消费者的保护显得尤为重要。企业为了营利，极可能置诚实信用等商业道德于不顾，通过非法的、不正当的手段去侵害消费者的利益。其中最为重要的是向消费者隐瞒有关商品或服务的质量、价格等各个方面的信息，从而会导致在企业与消费者之间出现"信息偏在"或称"信息不对称"的问题，以及企业的垄断、不正当竞争等问题，这些会导致在经济大潮中处于弱者地位的消费者的利益受损。在网络的信息泛滥的情形下，企业与消费者之间的"信息不对称"问题更为严重。在网络信息潮中，消费者在五花八门、真假难辨的商品与服务信息面前难免手脚无措，其利益也更易受到侵犯。因此，在电子商务中消费者权益保护的重中之重是对消费者知悉真情权的切实保障。依据我国《消费者权益保护法》的规定，消费者有权根据商品或者服务的不同情况，要求经营者提供商品的价格、产地、生产者、用途、性能、等级、主要成分、生产日期、有效期限、检验合格证明、使用方法说明书、售后服务，或者服务的内容、规格、费用等有关情况。

第六节　电子商务税收管理

以因特网为基础的全球化电子商务在改变传统贸易框架的同时，必然在某种程度上给现行税收制度及管理手段提出新的要求和挑战。信息革命在推进税收征管现代化、提高征税质量的同时，也使传统的税收理论、原则受到不同程度的冲击。

一、电子商务对现行税收体制的挑战

电子商务课税的最基本问题是如何将现存的国际税收原则恰当地适用于电子商务，且保证能同时得到不同利益征税主体的一致赞同，这将是十分困难的。现行税法主要是针对有形产品制定的，并以属地原则为基础进行管辖，通过常设机构、居住地等概念把纳税义务同纳税人的活动联系起来。而电子商务是高科技发展下的网上贸易，它具有无国界性、超领土化以及数字化等特点，使现行税法已远远落后于交易方式快速演进的步伐，伴随企业通过网络贸易避税现象的逐渐增多，税法本身应具有的公平、效率等原则正一步一步地受到威胁。如何制定一个合乎规律的电子商务税收模式颇费思量。

（一）对纳税人身份的判定

简单地说，纳税人身份判定的问题就是税务机关应能正确判定其管辖范围内的纳税人，在传统的交易模式中，纳税人及交易活动是以实际物理存在为基础的，因此对纳税人判定不存在问题。

但在互联网环境下，互联网具有虚拟性。互联网上的商店不是一个实体的市场，而是一个虚拟市场，网上的任何一种产品都是触摸不到的，在这样的市场中，看不到传统概念中的商场、店面、销售人员，就连涉及商品交易的手续，包括合同、单证，甚至于资金等，都以虚拟方式出现。

其次，互联网的开放性使人们在传统贸易中刻意追求的国界、地域概念变得毫无意义，国内贸易和跨国间贸易并无本质上的不同，很多跨国交易甚至可不受海关检查而自由进行，网上贸易是突破了地域观念的贸易。

再次，网络电子商务打乱了商品和服务的分类标准，增加了划分纳税义务的难度。传统商务中购销书籍、音像制品、软件都是作为销售产品来征税的，但是在网络中载体和介质无形化，真正的价值体现在其所载内容上，如果通过网络传输一定信息内容，这种交易的征税对象似乎更接近提供劳务而不是销售产品。关于网络传输数字化住处所得究竟应属于特许权费、产品销售收入还是服务收入，从计算机软件业兴起之后理论界一直争论不断。

另外，互联网的使用者具有隐匿性、流动性，通过互联网进行交易的双方，可以隐匿姓名、隐匿居住地；企业只要拥有一台电脑、一个调制解调器、一部电话就可以轻而易举地改变经营地点，从一个高税率国家移至低税率国家，因而对使用者交易活动的地点也难以确定。以上这些，都为纳税主体的判定增加了难度。

（二）商务交易过程的可追溯性

电子商务交易过程的可追溯性，简单地说就是确定了纳税主体后，是否有足够的依据收到的税，证据是否足够、是否可查。税收征管无账可查。以往征税有发票、账簿作依据，纳税人纳多少税通过发票、账簿来计算。而电子商务交易过程中发票、账簿等均可在计算机网络中以电子形式填制，而这些电子凭证又可以轻易地修改，不会留下任何痕迹、线索。并且，随着电子银行的出现，一种非记账的电子货币可以在税务部门毫无知觉的情况下完成纳税人之间的付款业务，无纸化的交易没有有形合同，使本应征收的增值税、消费税、营业税、关税、所得税、印花税等均无从下手。这也使税收征管稽查工作失去了基础，税务部门无账可查。再加上随着计算机加密技术的发展，纳税人可以利用超级密码掩藏有关信息，使税务机关搜集信息更加困难。

目前我国电子商务还处于初级阶段，网上提供的信息基本上是公司介绍、产品性能和价格单、通讯地址电话以及有关公司产品和服务的数据库。由于我国的网上 CA 和网上支付系统正在建设之中，在线的电子商务还较少。商家之间的电子商务主要是商谈、合同和订单处理，这基本上没有进入电子支付阶段。消费者网上购物与电视购物基本相同。

在间接电子商务阶段，商务交易过程电子化，送货或支付手段仍然是传统的办法，商务交易过程基本上还是有据可查的，可追溯的。但在实现网上支付和网络下载产品后，商务交易过程的可追溯性显得十分重要。

（三）电子商务过程的税务稽查

在具备税收管辖权、商务交易过程的可追溯的前提下，电子商务稽查是保障电子商务税收的重要一环，即是否能足额征收的问题。

税务机关要进行有效的征管稽查，必须掌握大量有关纳税人应税事实的信息和精确的证据，作为税务机关判断纳税人申报数据准确性的依据，为此，各国税法普遍规定纳税人必须如实记账并保存账簿、记账凭证以及其他与纳税有关的资料若干年，以便税务机关检查，这便从法律上奠定了以账证追踪审计作为税收征管的基础。

但在互联网这个独特的环境，由于订购、支付、甚至数字化产品的交付都可以通过网上进行，使得无纸化程度越来越高，订单、买卖双方的合同、作为销售凭证的各种票据都以电子形式存在，且电子凭证可以被轻易的修改而不留任何线索、痕迹，导致传统的凭证追踪审计失去基础。其次，互联网贸易的发展刺激了电子支付系统的完善，联机银行与数字现金的出现，加大了税务机关通过银行的支付交易来进行监控的难度。另外，随着计算机加密技术的成熟，纳税人使用加密、授权等多种保护方式掩藏交易信息。如何对网上交易进行监管以确保税收人及时、足额地入库是网上征税的又一难题。

（四）国际电子商务中税收管辖权确定的困难

税收管辖权确定困难在国际电子商务中已经显现出来，这主要是由于世界各国所采取的确定税收管辖权的标准不同引起的。所谓税收管辖权是指一国政府对一定的人或对象征税的权力。世界上不同的国家之间确定税收管辖权的标准主要有两个：属人原则和属地原则。但与这两原则相联系的常设机构与商品供应地标志性因素，在网络空间中已难以确定，上述两原则在电子商务中的运用自然也因此遇到了障碍。

属人原则也称居民或公民原则，是指一国依人员范围作为其征税权力所遵循的指导思想原则；属地原则也称行为地发生原则，是指一国依地域范围作为其征税权力所遵循的指导思想原则，根据这一原则，一国在行使其征税权力时，要受该国地域界限的限制。常设机构建立的位置和税收收入有特别的关系。在传统的税收中，交换的形式、固定商业的位置、企业机构所在地、管理中心、合同缔结地等概念都有着重要意义。如我国就规定固定业户应向其机构所在地主管税务机构申报纳税。电子商务将使这些概念受到新的挑战，一般都认为，"常设机构"是指一个企业进行全部或部分营业活动的固定场所。在网络世界里，一个可以进行买卖的网络地址或服务器算不算"常设机构"？假设涉及的管理系统和销售系统被分别安置在不同的国家，那么法人的常设机构所在地应如何确定？法人的居民身份如何判断？因而位置的问题应被看作是影响税收管辖权确立的一个尤为重要的问题。同样的，商品供应地与消费税也面临着如是的困扰。

二、中国电子商务税收政策导向

随着因特网技术的日趋成熟、普及，以及电子支付手段的逐渐完备，纳税人利用因特网进行商贸活动的份额将不断扩大，为此国家现有的税收政策、征管稽查办法必将在数字化、电子化操作方式的带动下，进行相应的修正、补充和完善。同时也要强化税收系统的电子商务运用。在未来的电子商务税收政策上应该注意如下几点：

1. 在制定和完善税收政策的出发点上：首先，应坚持税收中性原则。税收政策应在加强征管、防止税收流失的同时不阻碍网上贸易的发展。目前世界上已颁布网上贸易税收政策的政府和权威组织都强调取消发展电子商务的税收壁垒，坚持税收的中性与公平原则。在考虑电子商务税收政策时，也应以交易的本质内容为基础，而不应考虑交易的形式，以避免税收对经济的扭曲，使纳税人的决策取向于市场规则而不是出于对税收因素的考虑。其次，在税收管辖权问题上，要充分考虑我国及广大发展中国家的利益，联合其他发展中国家，坚持以居民管辖权与地域管辖权并重的原则，保护自己的切身利益。再次，积极开展国际合作与协调，站在发展中国家的利益上参与国际对话，参与互联网贸易协定、政策的制定。最后，在互利互惠的原则下密切配合、相互合作，包括国际情报交换、协调税基和税率、协助征管等。

2. 采取有效措施对实行网络贸易的企业加强监管：首先，应建立备案制度，即责令所有网上经营业务的单位将与上网有关的电子信息报当地税务机关，便于税务机关控管。其次，建立登记和单独核算制度，即要求上网企业将通过网络提供的服务、劳务及产品的销售等业务，单独建账核算，并将上网的资料报送税务机关备案，便于税务机关管理控制。最后，对商务性外汇实行申报和代扣税制度。

3. 积极研究制订关于电子商务的法律、规章、制度，使网上交易、资金支付等商贸行为早日步入规范化的轨道。

4. 加大投入，培养一批既精通税务专业知识，以精通外语和计算机网络知识的高素质、应用型的税收专业人才，以适应"网络时代"的要求。

第七章　电子商务犯罪

第一节　计算机犯罪概述

近二三十年来以计算机技术为核心的信息技术在全世界发展异常迅速，在迎接信息社会来临的同时，人们也发现计算机犯罪现象正在急剧增加，它不仅给受害者造成巨大的经济损失，而且扰乱社会的经济秩序，对各国的国家安全、社会文化等构成威胁。目前，对计算机技术的滥用已成为日益受关注的社会现象。

新的犯罪形式第一起有案可查的滥用计算机事件 1958 年发生在美国。1960年美国斯坦福研究所发现一位计算机工程师通过篡改程序的方法而修改银行账目上的余额。为此，这位工程师受到法办。这是世界上第一例受到法律追究的计算机犯罪事件。20 世纪 70 年代以后，计算机犯罪开始大幅度增长。在过去的 20多年中仅美国斯坦福研究所就有 3 000 多起发生在世界各地的计算机犯罪案件记录，它们包括伪造、盗窃、间谍、共谋、勒索及计算机软硬件偷窃。近年来在西方一些发达国家，计算机犯罪每年都在翻番，成为十分严重的社会问题。据报道，美国计算机犯罪造成的损失已在千亿美元以上，年损失达几十亿至上百亿美元。英国、德国在这方面的年损失也达几十亿美元。为了对付计算机犯罪，美国去年在网络保安工作上花费了 60 亿美元，英国的公司每年也要花 53 亿英镑来对付计算机伪造和入侵。美国联邦调查局和一个著名智囊机构于 2007 年 3 月检查约 400 家公司和机构时，40% 的公司和机构报告说最近遭受过侵入，其中约有30% 的入侵事件是突破防火墙从互联网络入侵的。英国 1997 年计算机中心报告说，80% 以上的英国公司在过去两年中安全系统受破坏。据不完全报道，我国在1986 年到 1987 年查获过 9 起利用计算机进行犯罪的事件，1989 年查获上百起，1993 年达到 1200 多起，其数量呈直线上升。计算机犯罪也已成为我国困扰电子商务发展的一大社会问题。

但科学技术不是外在于社会的力量，在发展高技术的同时，社会的生产关系、规章制度、法制法规以及人们的生活方式、道德观念都要有相应的变革，只有这样，高技术的发展才能真正造福于人类而不至成为祸害。

一、计算机犯罪的概念

计算机犯罪有广义、狭义之分。广义的计算机犯罪是指行为人故意直接对计算机实施侵入或破坏，或者利用计算机实施有关金融诈骗、盗窃、贪污、挪用公款、窃取国家秘密或其他犯罪行为的总称；狭义的计算机犯罪仅指行为人违反国家规定，故意侵入国家事务、国防建设、尖端科学技术等计算机信息系统，或者利用各种技术手段对计算机信息系统的功能及有关数据、应用程序等进行破坏、制作、传播计算机病毒，影响计算机系统正常运行且造成严重后果的行为。在本书中，笔者指的计算机犯罪是广义的。

因此可以说所谓计算机犯罪，是指针对和利用计算机系统，通过非法操作或者以其他手段对计算机系统内数据的完全完整性或系统正常运行造成危害后果的行为。计算机犯罪的犯罪对象是计算机系统内部的数据，所谓数据包括计算机程序、文本资料、运算数据、图形表格等所有在计算机内部的信息（以下我们均在这种意义上使用"数据"一词）。在主观上计算机犯罪不一定表现为谋取利益，客观上则表现为非法使用计算机系统。

所谓非法操作，是指一切没有按照操作规程或是超越授权范围而对计算机系统进行的操作。非法操作是对计算机系统造成损害的直接原因，可以说没有非法操作就没有计算机犯罪。这里我们还需要将法律上规定的非法操作同计算机科学上的非法操作区分开来。

计算机学中将一切错误的指令均视为非法操作，对这种操作计算机一般会给出错误信息，提醒使用者操作错误，这种意义上的非法操作含义非常广，只要是计算机系统不接受的操作都是非法操作。

我们在法律上所说的非法操作则主要是指未经授权的操作，例如使用者可以通过某些手段使计算机系统错误地认为其操作是合法的并且接受和运行这些指令，再如使用者可以利用计算机系统设计上的某些缺陷来超越权限地接触一些数据或者修改它们，这样的操作都是计算机认为合法但在事实上是超越了使用权限的。这种操作在法律上的性质就是越权使用。

计算机犯罪中包括针对系统的犯罪和针对系统处理的数据的犯罪两种，前者是对计算机硬件和系统软件组成的系统进行破坏的行为，后者是对计算机系统处理和储存的信息进行破坏。

二、计算机犯罪的特点

(一) 计算机犯罪在法律上具有的特点

1. 具有社会危害性

同所有的犯罪一样，正是因为计算机犯罪具有社会危害性，我们才在刑法中规定其为犯罪，并且对其予以刑事制裁，没有社会危害性的行为绝对不能构成犯罪。虽然计算机犯罪人在主观上不一定是为了谋取利益，但是所有的计算机犯罪在客观上都会造成社会或者他人的损失。例如非法侵入计算机系统，虽然在表面上看犯罪者不一定获得什么利益，被侵入的计算机系统也不一定会发生什么变化，这种行为也似乎没有造成什么危害，但是事实上对计算机系统成功地侵入势必使得整个计算机系统的安全系统进行重新构置，耗费的人力物力甚大，同时计算机系统所有者对资料的安全性在心理和物质上造成的损害甚至是难以估量的。

2. 具有非法性

这种非法性体现在两个方面：道德，计算机犯罪是法律所不允许的行为，这种行为的后果直接触犯了法律；其次，在计算机犯罪中，犯罪者必然超越了由法律或者权利人所授予的权利范围，也就是说计算机犯罪的本身表现为越权操作。

3. 具有广泛性

这种犯罪是一类特殊的犯罪形态，其中包含有许多具体的罪名，有人曾经说过，"除了强奸罪，计算机可以犯一切罪"。当然，犯罪的只能是人而不是计算机，但是由此可见计算机犯罪的复杂性。事实上，除了有关人身的一些犯罪之外，大多数犯罪都可以通过计算机犯罪来进行。

4. 具有明确性

虽然计算机犯罪的范围很广，但是其内涵十分明确，即它一定是对计算机系统内部的数据进行未经许可的处理并且造成社会危害后果的行为。并非一切普通意义上有关计算机的犯罪都是计算机犯罪，例如盗窃或者毁损一台没有任何软件和资料的计算机的行为，在性质上和普通的盗窃或者毁损财物犯罪并无二致，这种行为就不属于计算机犯罪。

(二) 同传统犯罪相比，计算机犯罪的特殊性

具有智能型。与传统犯罪不同，计算机犯罪的直接目标，除了极少数针对计算机硬件外大多数是针对计算机中所存储的数据、信息及其运行系统，作案手段往往离不开计算机知识和技术。行为人大多是受过一定的教育和技术训练，具有相当技能的专业工作人员，他们往往受到信任或利用工作之便有机会接触计算机

进行作案，如计算机程序设计师、计算机维修工程师、计算机管理者、计算机操作员、计算机"爱好者"等。计算机犯罪分子职位越高，专业技术越强，犯罪手段就越隐蔽，其危害性就越重。由此可见，计算机犯罪具有明显的"智能型"特点。

社会危害严重。高科技本身具有高效率、高度控制能力，因此高科技犯罪的社会危害性往往要超出其他任何类型犯罪。在西方发达国家，计算机犯罪已造成巨大危害，成为一种严重的社会问题。比如，日本自动付款机的犯罪案十年间增长了90倍，其中立案的利用信用卡犯罪案高达10 108起，损失金额高达6.287亿日元。随着现代信息技术在政治、经济、军事等领域的广泛应用，计算机犯罪危害也将越来越严重。美国国家中央情报局局长约翰·多伊奇曾预言，到21世纪计算机犯罪将同核武器、生化武器一起成为美国国家安全系统中的三大潜在威胁。所以计算机犯罪如果得不到有效控制和严厉打击将会祸及整个社会，后果不堪设想。

极强的隐蔽性。计算机犯罪分子利用先进的计算机技术，通过窃取密码、口令，设置病毒，伪造假凭证等手段，并且不受时间、地点的限制进行作案，尤其经计算机网络入侵，远离现场，没有明显痕迹，难以察觉和侦破，有时即使在作案，你还以为他在正常工作。美国联邦调查局的一份报告指出，在硅谷计算机犯罪正以每年400%的速度上升，其中能破获的仅占10%，而且从有关管理机构的调查报告中可以看出，其中30%~40%的案件是被偶然发现的。

危害广泛性。第一，危害区域具有广泛性。由于不受时间、地点限制，在计算机联网的情况下，可以在任何时间和任何一个地点（终端）进行作案，甚至可以跨省、跨国作案；第二，危害领域具有广泛性。当初计算机犯罪领域主要是金融系统，现在已扩展到政治、文化、科技、教育、军事等几乎所有领域，受害的往往是整个单位、行业，乃至整个国家和社会。

作案时间短促。由于需要破译密码，窃取口令以及入网程序的缘故，计算机犯罪筹划阶段一般较长，但是一旦进入计算机系统（网络），执行一项犯罪指令，只需用秒甚至微秒来计算。目前，一些发达国家几乎一切金融交易都靠计算机进行，这样计算机犯罪者一旦得手，在短暂的瞬间就可以一次性获得上百万甚至上千万元的财产。

作案国际化。以前计算机犯罪主要集中在本国范围之内，现在由于计算机技术和通信技术的迅速发展和广泛应用，为跨国作案提供了便利条件。犯罪分子往往通过Internet（国际互联网），或利用计算机技术产品展示会、媒体交流会等方式进行跨国作案，成功率很高，并且发案率呈上升趋势。另外，犯罪分子利用Internet进行跨国赌博、贩毒、传播色情、反动宣传、政治颠覆等也呈大幅度增长趋势。

目的多样化。计算机信息系统已日益成为各个行业系统、各个地区或国家的核心机密的集中部位。以前作案，多以获取钱财为目的，现在各个政治集团、经济集团、军事集团等纷纷利用计算机来危害对方，以达到各自的目的。国外反华势力曾利用 Internet 对我国进行反动宣传，试图制造政治混乱，虽然阴谋尚未得逞，但应引起我们高度警惕和重视。

三、我国刑法对计算机犯罪的界定

在我国新修订的《刑法》(即《中华人民共和国刑法》) 的第 285 条、286 条、287 条中对计算机犯罪进行了一定的规定：

"第 285 条　违反国家规定，侵入国家事务、国防建设、尖端科学技术领域的计算机信息系统的，处三年以下有期徒刑或者拘役。"

"第 286 条　违反国家规定，对计算机信息系统功能进行删除、修改、增加、干扰，造成计算机信息系统不能正常运行，后果严重的，处五年以下有期徒刑或者拘役；后果特别严重的，处五年以上有期徒刑。

违反国家规定，对计算机信息系统中存储、处理或者传输的数据和应用程序进行删除、修改、增加的操作，后果严重的，依照前款的规定处罚。

故意制作、传播计算机病毒等破坏性程序，影响系统正常运行，后果严重的，依第 1 款的规定处罚。"

"第 287 条　利用计算机实施金融诈骗、盗窃、贪污、挪用公款、窃取国家秘密或者其他犯罪的，依照本法有关规定定罪处罚。"

从《刑法》的规定我们可以看到，我国《刑法》对计算机犯罪的规定采取了概括列举的方式。从这 3 个条文来看，《刑法》主要是将那些以计算机系统作为犯罪对象的行为划入了计算机犯罪中，而以计算机为工具的犯罪则按其他犯罪进行处罚。《刑法》的这些规定和我们对计算机犯罪定义界定基本是一致的，《刑法》强调的是针对计算机信息系统的犯罪才是计算机犯罪。

目前我国《刑法》只是在扰乱公共秩序罪中第 285 条、286 条、287 条这 3 条对计算机犯罪进行了规定，比较粗略简单，因此还很有必要在理论上对计算机犯罪进行进一步的探讨。

第二节　计算机犯罪的种类与构成

虽然《刑法》的规定比较简单，但是计算机犯罪是一类复杂的犯罪。这类犯罪花样繁多，手段新奇，涉及的刑法罪名较多，因此有必要对计算机犯罪进行分类研究。对计算机犯罪可以从不同的方面来进行分类，下面我们就从它的表现形式上来进行分类。一般而言，计算机犯罪主要可以分为以下几类：①

一、非法侵入计算机信息系统犯罪

非法侵入计算机信息系统是指行为人违反国家规定，以破解计算机安全系统为手段，非法进入自己无权进入的计算机系统的行为。该罪就是《刑法》第285条中规定的犯罪行为："违反国家规定，侵入国家事务、国防建设、尖端科学技术领域的计算机信息系统的，处三年以下有期徒刑或者拘役。"本条将犯罪对象限定为国家事务、国防建设、尖端科学技术领域的计算机信息系统。

本罪所侵犯客体是国家重要领域计算机信息系统的安全。所谓计算机信息系统，根据1994年2月18日国务院颁布的《计算机信息系统安全保护条例》第2条的规定，是指计算机及其相关的配套设备、设施（含网络）构成的，按照一定的应用目标和规则对信息进行采集、加工、存储、传输、检索等处理的人机系统。大多数的计算机系统都有一定的保密和安全要求，同时它们又必须和外界相联结，因此人们一般采取安全防护程序来维护系统的安全，这种程序可以防止非法用户和合法用户对系统的越权访问，保证系统数据只在授权范围内部可以接触。一旦安全系统遭到破坏，整个系统也就对罪犯彻底开放了。

本罪的主观方面是故意，即明知是特定的计算机信息系统而仍然故意实施入侵行为。至于侵入计算机系统犯罪的动机，则可能出于多种目的，一般犯罪人都是以窃取和篡改系统内部的数据为目的，但是也有相当一部分人是出于单纯破解安全系统的目的，通过对安全系统的破解来满足自己的好奇心和虚荣心。

侵入计算机系统犯罪，从表面上来看往往似乎仅仅是闯入了计算机系统而已，并没有造成直接损害，但在事实上其社会危害性也相当大。通常非法用户的侵入方式主要有冒充、技术攻击、通过后门（Back Door）或陷阱门（Trap Door）非法侵入。重要部门的计算机系统数据具有一定的保密性，一旦遭到非法侵入，这些数据就会处于失密状态，所产生的危害也相当严重。人们对侵害的系统中所有的数据还都需要进行安全认证，同时安全系统也需要重新设置，损失也就相当严重。

---

① 对于计算机犯罪的定义、类型及罪名在理论界争论颇大，歧义甚多。为了照顾本书的结构，在这里我们主要吸收了孙铁成先生的观点。因为我们认为其所持对计算机犯罪广义的看法及分类，更能集中地反映电子商务条件下的法律规范调整的现实。可参见：孙铁成. 计算机与法律. 第一版. 法律出版社，1998.

从刑法的规定来看，犯罪对象规定得过于狭窄，例如金融系统的计算机系统就没有规定进去，此外还有如民间的信息服务系统等，在社会生活中也具有相当重要的地位，一旦其安全处于不确定的状态的话，那么造成的损失也是惊人的。因此笔者认为很有必要将侵入计算机系统犯罪的对象范围适当扩大。另一方面，"侵入"一词难以科学地概括本罪的客观要件。

这种犯罪由于犯罪人大多具有相当高的计算机专业知识和技术，因此其潜在破坏力极大。再加上犯罪行为很难被察觉，在相当长的时间内可以频繁进行，其社会危害性也就更大。这种犯罪危害的对象不仅是被直接侵入的计算机系统的所有人，而且还包括所有与被侵计算机系统有直接联系的用户，他们都有可能遭受损失。

二、破坏计算机信息系统犯罪

破坏计算机信息系统，是指利用各种手段，通过对计算机系统内部的数据进行破坏，从而导致计算机系统被破坏的行为。这种行为会直接导致计算机系统不能正常运行，造成系统功能的瘫痪或者系统输出信息的错误。

这一类犯罪，从本质上来说是对数据进行的犯罪。虽然它也可以通过物理手段来实现，例如可以通过物理手段直接对计算机硬件连同其中的数据一并毁损，从而实现对计算机系统功能的破坏，但它不同于单纯针对计算机硬件的犯罪，事实上和针对普通财物的犯罪在本质上是一样的。从对计算机犯罪定义的讲座中我们可以知道：没有软件的计算机只是一种普通的机械，只有同软件结合起来它才能构成一个完整的计算机系统，才具有一般财物所不能具备的价值，也才具有法律上独特的性质。这也是我们要单独研究计算机犯罪的原因之一。

《刑法》第286条中所规定的内容事实上就是破坏计算机系统犯罪。这一条共分为三款，实际上包括三个罪名。

首先，该条第1款规定："违反国家规定，对计算机信息系统功能进行删除、修改、增加、干扰，造成计算机信息系统不能正常运行，后果严重的，处五年以下有期徒刑或者拘役；后果特别严重的，处五年以上有期徒刑。"

该款规定的是直接对计算机系统进行破坏的犯罪行为。犯罪人可以通过对计算机系统内部的系统软件等进行修改、删除、增加、干扰等手段，来改变计算机系统的运行构成，从而实现对计算机信息系统的破坏。本罪所侵犯的客体是社会管理秩序，犯罪对象是计算机信息系统，即计算机信息系统按照一定的应用目标和规则对信息进行采集、加工、存储、传输、检索等处理的能力。本罪的客观方面表现为实施了破坏计算机信息系统功能的行为，主要是指软破坏，包括删除、修改、增加、干扰等。本罪的主体是一般主体，主观方面只能是故意。

其次，该条第 2 款规定："违反国家规定，对计算机信息系统中存储、处理或者传输的数据和应用程序进行删除、修改、增加的操作，后果严重的，依照前款的规定处罚。"

该款所规定的内容有两个方面：一是利用该条款所述手段来对计算机系统造成破坏的行为；二是利用这些方法来实现其他犯罪目的，实践中不一定都对计算机系统本身造成破坏，这就涉及刑法的一罪与数罪的问题，而刑法是将它作为牵连犯来处理的，因此该款也是破坏计算机犯罪的规定。

本罪的所侵犯的直接客体是数据的安全性和应用程序的完整性，犯罪对象则是处于"存储、处理或传输"状态的数据和应用程序。客观方面表现为违反国家规定，对上述犯罪对象进行删除、修改、增加的操作行为。主体为一般主体，主观方面则是故意。

最后，该条第 3 款规定："故意制作、传播计算机病毒等破坏性程序，影响系统正常运行，后果严重的，依第一款的规定处罚。"该款规定的是利用计算机病毒等具有破坏性的程序来实现对计算机系统的破坏的行为。

所谓计算机病毒，是指这样一种程序，它能够抢占计算机系统资源，夺取 CPU 的控制权，并且在计算机系统的存储介质内部进行自我复制从而得以迅速传播，在外部条件满足预先的要求时就会自动执行其破坏性功能（这也被称为计算机病毒的发作）。由于这种程序传播机制和表现形式与自然界的病毒非常相似，因此人们称之为计算机病毒。计算机病毒轻则造成计算机系统的瘫痪，重则会使计算机系统内部的数据被破坏殆尽。而且它的传染速度快，传播范围广，传染的过程非常隐秘，难以被觉察，所以往往要等到它开始发作时人们才会发现，而这时系统已经被破坏得非常厉害了，因此其危害性相当大。

除了计算机病毒还有一些程序也对计算机系统具有很强的破坏性。例如"蠕虫"，这种程序往往被人们与计算机病毒相混淆。事实上两者的机理完全不同：蠕虫是一种能够在计算机系统存储空间内不断自我复制的程序，它一旦探测到计算机网络系统的空闲资源时，就将自身的拷贝定位到空闲的资源上去，从而逐步蔓延开来。由于这种程序的活动方式非常像在计算机网络内部爬来爬去的蠕虫因而得名。蠕虫本身对计算机系统是无害的，它只是占据计算机的空闲资源，有时人们还要利用蠕虫程序的特点来对网络进行诊断。但是当蠕虫程序出现预想不到的情况时，往往就会不由人们所控制而在网络中不断高速地自我复制，从而导致系统资源消耗殆尽，其他程序不能运行，或者由于网络通信信道被无数蠕虫所堵塞而造成网络的瘫痪。

虽然制造计算机病毒进行犯罪的人主观上可能出于各种目的，例如恶作剧、报复、警告等，但是行为人必然都知道自己的行为会带来的危害后果，因此也就具有主观上的恶意。而蠕虫程序的编制者则多半不具有主观恶意，对计算机系统的损害有可能是由于预想不到的原因导致蠕虫失控。

破坏计算机系统犯罪是一种严重的犯罪，由于现代社会越来越依赖于计算机，因此一旦银行之类重要部门的计算机系统遭到破坏而瘫痪的话，造成的损失将是难以估算的。

从理论上来说，破坏计算机系统除了以上所说的之外，还有其他手段可以完成，例如可以通过物理手段对运行中的计算机系统主机或是外部存储器进行破坏，从而破坏整个计算机系统的运作。这种行为并不属于《刑法》第286条的规定，但它同样也是破坏计算机系统的犯罪。

三、计算机财产犯罪

计算机财产犯罪是指犯罪人通过对计算机所处理的数据信息进行篡改和破坏的方式来影响计算机系统的工作，从而实现非法取得占有财产的目的的行为。

《刑法》第287条规定："利用计算机实施金融诈骗、盗窃、贪污、挪用公款、窃取国家秘密或者其他犯罪的，依照本法有关规定定罪处罚。"该条文是一个照应性的条文。

关于本条将计算机财产犯罪按其他犯罪进行定罪处罚的规定，笔者认为欠妥当。

计算机财产犯罪，是以计算机系统作为工具，以非法修改和伪造数据作为手段，因此又有人将它称为"滥用计算机"，还有以占有财产为目的，其次它必须是通过计算机系统来实现犯罪目的的，因此人们往往把它视为牵连犯。刑法也是从这个角度考虑，所以才作第287条的规定。

虽然在这种犯罪中，对计算机的侵害只是一种手段，但是在客观上它仍然造成了对计算机系统正常运作的威胁，即使没有直接的损害，仍然破坏计算机系统的安全。无论犯罪人对计算机系统是否希望造成威胁，但他至少是出于间接故意，因此这类犯罪在主观上具有两个故意。

在计算机财产犯罪当中，虽然对计算机系统的侵害的故意是因为犯罪人需要利用这种手段来完成财产犯罪，但是使用计算机这种工具与使用其他一般的工具进行的犯罪具有本质上的区别：

1. 对计算机系统数据的篡改必然导致计算机信息系统的安全性的破坏，从而危害计算机系统的所有者和合法使用者的利益，这种危害性是一般的工具犯所不具有的。

2. 计算机财产犯罪只能通过计算机系统来进行，只有针对计算机系统内部的数据进行犯罪，才可能达到犯罪人所希望达到的后果。而一般的工具犯则不同，不通过这种工具和手段，犯罪人仍然可以利用其他手段来实现其犯罪目的。这是因为计算机财产犯罪的标的多半表现为计算机系统内部的数据形式，只有针对数据进行犯罪才能实现犯罪目的。因此这种对数据的篡改和对财产的侵犯是统一的，数据就是财产，财产是以数据的形式来存在的。也就是说，计算机犯罪不仅是财产犯罪的手段，而且是和财产犯罪相统一的，这就和刑法上的牵连犯具有本质差别。如果非要将计算机犯罪作为财产犯罪的手段来看的话，那么我们只能将侵入计算机系统的行为看作手段。

3. 通过用计算机进行犯罪可以实现一般手段不能达到的目的，例如可以盗窃巨额财产而比较隐秘。

对于计算机财产犯罪，我们并不是把一切通过计算机进行的财产犯罪都视为计算机财产犯罪，例如那些通过修改计算机数据的手段来敲诈勒索犯罪，事实上是破坏计算机犯罪和其他犯罪的结合，应该构成两个单独的罪名。计算机财产犯罪就是针对以计算机系统内部数据形式存在的财产的犯罪，只要犯罪人完成了对计算机数据的篡改和清除，他对以计算机系统内部的数据形式存在的资产的侵犯也就完成了，他实际上就改变了财产的控制权甚至是所有权。但是这又不同于刑法上的想象竞合犯。

想象竞合犯是指行为人基于一个故意或过失，实施一个危害行为，而同时触犯两个以上罪名的犯罪。事实上在计算机财产犯罪中，整个犯罪过程应该为两个阶段，一是非法入侵阶段，二是非法篡改数据和窃取金融资产的阶段。严格说来，犯罪人的故意不是单一的，犯罪行为也不是单一的，因此不能按照想象竞合犯的理论来处理这种犯罪。

笔者认为，对于这类犯罪应当用结合犯的理论来加以规定，即在刑法中规定：通过非法侵入计算机系统并篡改和删除数据，直接窃取财产的行为为一个单一的罪名。这样就准确地提示这种犯罪的特征，并且能够根据其社会危害的大小来准确地量刑。此外对其他某些计算机犯罪的行为，笔者认为也应该按照这种方式来处理。

四、窃用计算机犯罪

窃用计算机犯罪是指无权使用计算机系统者擅自使用，或者计算机系统的合法用户在规定的时间以外以及超服务权限使用计算机系统的行为。

由于计算机系统具有丰富的功能，因此在现代社会由计算机系统所提供的服务也就成为一种商品，使用者只有向计算机系统的所有人支付一定的费用，才能获得由计算机系统提供的服务。例如在计算机网络的使用中，使用者只有交付入网费用及使用费之后才能合法地使用网络，而且如果要享受网络所提供的其他服务的话还必须交纳附加费用。因此就出现了通过非法手段来免费享受服务的犯罪行为。

窃用计算机服务与侵入计算机系统有相似之处，但它们有着本质的区别，侵入计算机系统犯罪是破坏了计算机系统内部数据的安全性，而窃用计算机服务只是免费享受计算机提供的服务，不一定要接触到系统内部相对封闭的数据；另外两者的主观目的不同，窃用计算机是为了非法获得计算机系统的使用权利，而侵入计算机犯罪是为了非法接触计算机系统内部的数据。当然由于窃用计算机所采取的手段，有时也可以构成侵入计算机系统犯罪。

由于窃用计算机行为的标的是计算机提供的服务，是一种无形的客体，因此传统刑法理论对这种行为是否构成犯罪一直有着争议。随着时代的发展，刑法理论也逐渐进步，许多以无形客体为对象的行为都逐渐被纳入刑法的规定中。例如《刑法》第 265 条："以牟利为目的，盗接他人通信线路、复制他人电信号码或者明知是盗接、复制的电信设备、设施而使用的，依照本法第 264 条的规定定罪处罚"，即是说对这些行为依照盗窃罪来处罚。这些行为盗窃的对象事实上也是一种服务，因此笔者认为，将窃用计算机服务的行为也规定为犯罪是合适的。

窃用计算机服务犯罪不仅是窃用了服务，而且由于窃用的同时也可能造成计算机系统的安全性问题，因此它同一般的窃用服务在社会危害性上还有着差别。

窃用计算机服务一般采用以下形式进行：

其一是窃取计算机分时系统的保护口令（安全密码）或是破解这一口令的方式来冒充合法的用户，取得系统的使用权。口令的取得或者破解对一个计算机专业人员来说并不是十分困难，因此采取这类方式来犯罪的比较多，合法用户的超时和越级使用也可以通过这种方式。

其二是合法的用户通过修改计算机系统时钟等手段，在规定时间以外非法使用计算机系统，这种方法也比较简单。

其三是窃线，即是利用一定的技术设备，犯罪人通过接入计算机系统的合法用户所使用的线路，就可以与合法用户一直经由同一线路来使用计算机网络设备。窃线者可以获得与合法用户同等的使用权限，而且当合法用户不使用时，窃线者几乎是完全自由的。窃线的实现在技术上也不是十分困难，只要拥有相应的设备和技术就可以轻易地对任何一台计算机进行窃用。

此外，不具有符合计算机系统使用权限的行为人利用机会，当系统合法用户不在场时，私自直接使用该用户正在系统中运行的终端同样也是对计算机系统的非法窃用。

这种犯罪由于实现比较简单，而且也比较隐秘，因此也发生得相当多。

五、盗窃计算机数据犯罪

盗窃计算机数据犯罪是指秘密窃取计算机系统内部数据的犯罪。这种犯罪是以非法侵入计算机系统为手段，以窃取计算机系统内部数据为目的的行为。

计算机系统内部的数据，有些是属于知识产权的软件，有些是属于商业秘密的资料，有些则是属于国家机密，窃取这些数据的行为，都可以在其他犯罪中来加以规定。

在计算机系统中还有相当一部分数据并不属于以上的内容，但对数据的所有人而言又具有非常大的价值，窃取这些数据的行为同样也应该规定为犯罪。

六、滥用计算机犯罪

所谓滥用计算机，是指在计算机系统中输入或者传播非法或虚假信息数据，造成严重后果的行为。一方面包括在计算机网络上传播非法信息，另一方面包括利用计算机系统制造非法虚假的资料。

我们这里使用的"滥用计算机"一词，同以前有人所说的该词有着意义上的本质区别。以前人们所说的"滥用计算机"是指计算机财产犯罪，由于在犯罪过程中违反了正常的计算机系统操作规程，因而有人这样使用。我们这里所说的滥用计算机，是行为人违反计算机信息系统的有关使用制度和规章，在计算机系统中引入非法或虚假信息，造成严重后果的行为。这种行为对计算机系统本身并没有危害，而是其中的非法信息会对社会造成一定的危害。

这种犯罪行为，在实践中可以同时触犯其他许多罪名，例如传授犯罪方法罪、诽谤罪等。这些行为大多按照牵连犯罪的理论来定罪和量刑，在这里计算机也的确只是单纯的犯罪工具，因此也可以比较简单地处理。

但是还有一些行为，例如在网络上散布不会构成其他犯罪的谣言，但又确定造成了社会不稳定等严重社会后果，这种行为应当规定为犯罪。

由于计算机网络的用户非常之多，而且信息在计算机网络中的传播速度也非常快。有些谣言本身对社会的危害性并不是很大，采取一般的方式来散布这些谣言造成的后果也不是很严重，然而一旦在网络上来扩散这些非法信息，就会造成非常严重的社会危害后果。这种行为，直接破坏了国家对计算机信息系统的管理规定，扰乱了社会秩序，因此也是一种犯罪。

滥用计算机也是利用计算机系统，针对信息所进行的犯罪行为，只是它是通过输入非法或者非法的信息来进行的。笔者认为，滥用计算机也是计算机犯罪的一种，在刑法中也应该对之加以规定。

第三节　对计算机犯罪的技术与法律防范

随着计算机的广泛应用，对计算机安全威胁最大的不是自然力和人为的暴力破坏，而是计算机技术被犯罪分子的掌握使用。由于计算机技术的迅速发展，对计算机攻击的手段日益巧妙和多样化，特别是计算机网络技术的广泛应用，使计算机趋向开放性、互连性、共存性，进网用户越来越多，网络覆盖的地域日益扩大，对资源的共享性日益提高，这些无疑给计算机系统的安全带来了潜在的巨大威胁。由于计算机犯罪具有特殊性，我们应该以"预防为主，综合治理"为原则，对计算机犯罪进行有效的预防和打击。防范计算机犯罪，主要依靠法律的威慑力和对计算机有效的安全管理和安全技术的使用。下面就从法制、技术、管理以及教育四个方面进行必要的阐述。

一、依法严打计算机犯罪

依法严厉打击的计算机犯罪行为，主要包括三个方面：一是违反国家规定，侵入国家事务、国防建设、尖端科学技术领域的计算机信息系统的犯罪行为；二是故意破坏计算机信息系统的犯罪；三是利用计算机实施的金融诈骗、盗窃、贪污、挪用公款等方面的犯罪。健全法律制度，制定法律是防治计算机犯罪的根本保证，只有不断健全法律制度，才能做到有法可依，违法必究，才能更好地威慑、打击计算机犯罪。1975 年美国制定了《联邦计算机系统保护法》，1984 年该国又通过了《电脑诈骗和滥用法案》，以打击计算机犯罪。继美国之后，日本、加拿大、英国、法国、德国等国家也制定了有关法律，对遏制和打击计算机犯罪起到了一定的作用。我国对计算机立法起步较晚。根据实际情况，我国颁布了《中华人民共和国计算机软件保护条例》、《中华人民共和国计算机信息系统安全保护条例》、《中华人民共和国计算机信息网络国际联网管理暂行规定》、《中国公用计算机互联网国际联网管理办法》、《专用网与公用网联网的暂行规定》等有关法规，为预防和打击计算机犯罪提供了法律依据和保障。

二、切实强化计算机安全控制

强化计算机安全控制包括以下几个方面：

1. 数据输入控制。确保输入数据的正确，无伪造，无非法输入。

2. 通信控制。一般用加密、用户鉴别和终端鉴别、口令等来保护数据不被侵害，对拨号系统要防止直接访问或一次访问成功。

3. 数据处理控制。比较重要的系统，都要在计算机程序中设专门的自动安全控制系统，使数据不被篡改，人工方式难以进入，以防止"病毒"的侵入。

4. 输出控制。必须对所有能够被存取的数据加以技术环节的限制，实行监控措施。

5. 对计算机系统应加设电磁屏蔽，防止电磁辐射而造成信息外窃或外部电磁场干扰计算机系统正常工作。在设计应用系统时，应该把系统的安全性和保密性放在首位，尽量使系统做到无懈可击；在数据处理过程中应不断提高加密性能，并有可能更多地开发各种加密软件和更可靠的密钥；在计算机联网过程中要层层加设密码或者口令，以便进行严格的用户鉴别和终端鉴别等。

三、加强计算机安全稽查与管理

加强计算机安全稽查与管理方法有三：

一是预先稽查。即对正在建立的系统或新的开发项目的每一步是否符合所规定的安全要求实施稽查。

二是事后稽查。即在系统建成后或应用开发项目完成后，看其是否符合安全要求。

三是系统周期稽查。即对系统数据进程和系统安全措施的效力进行稽查，发现并消除系统在运行过程中的不安全因素，同时应加强安全管理。现实中，大多数计算机犯罪是由于安全管理不严，造成犯罪分子有机可趁，因此加强安全管理，建立严格的规章制度是预防计算机犯罪的重要环节。第一，对计算机房、网络终端室等重要部门应加强安全保卫，对出、入人员进行严格控制和审查，并完善登录制度，必要时安装电视监视系统和自动报警系统。第二，对工作人员要进行严格识别和验证，也可以借助于对指纹、声音、照片等能够进行自动识别的先进电子系统。计算机系统或工作人员所使用的密码、口令应经常不定期地进行更换，以防被破解、泄露、窃取。第三，建立"三查"制度，即事先检查、事后检查和系统周期检查，主要是针对安全措施进行严格检查，以便及时排除隐患，完善技术管理。

第八章　法律适用与电子商务诉讼

第一节　电子商务中的法律解释与适用

一、电子商务条件下法规范的僵化与缺失

在一系列法律活动中，法的实施有着十分重要的意义。任何一个国家的法律制定后，重要的在于能够得到切实的贯彻执行，成为人们普遍遵守和执行的行为规则，确立和维护起稳定和谐的社会秩序。法的实施是指法律在社会实际生活中的具体运用和实现。它主要包括两个方面：一方面是国家执法、司法机关及其公职人员严格执行法律、适用法律，保证法律的实现；另一方面，是一切国家机关、社会组织和个人，即凡行为受到法律调整的个人和组织都要遵守法律。也就是说，法律实施的含义包括执法、司法和守法。其中法的适用无疑地位非同一般。法的适用，通常是指国家司法机关根据法定职权和法定程序，具体应用法律处理案件的专门活动。可以看出，法的适用是保障法律运行的重要环节，也是当事人在发生权益纠纷后寻求公力救济的重要途径。

对法的适用是以法的存在和可适用性为前提的。而法总是一定社会生活条件的反映，当社会基本的经济形态发生新的变化时，与之相适应的法规范也会随之发生变化。当然法与经济的发展并不总是同步的，相反，法规范对现实调整的滞后却是法律发展的常态。特别是在经济的剧烈转型时期，大量新的社会关系会游离于传统法律调整的范围之外。在电子商务逐渐崛起并向传统经济发出挑战的今天，这一现象显得尤为突出。

电子商务产生了许多前所未有的新概念、新形式，而这些新的社会现实在传统的法律规范中找不到恰当的反映，甚至完全无迹可循。如前面讲过的"暂时复制"、"机器作品"、"电子代理人"等，传统法律对此的规定完全是空白。但任何法律适用机关不能以法律有无规定而回避对权益纠纷的处理。法律规范的某

种程度上的缺失与现实的需要使法的适用陷入一种茫然无助的境地。电子商务案件在我国已开始出现，为数不多的案例都引发了激烈的争论，从程序操作到实体权利义务的最后判定也总难以获得较为普遍的支持。这显然是传统法律在电子商务条件下面临的窘境。

二、法的解释与漏洞补充

从另一个角度来看，法的适用也是将法律规范适用于具体案件以获得判决的全过程。按照概念法学的理解，法适用过程为三段论法的逻辑推论获得判决的过程。但法律的适用也并非简单的三段论推理。在能够作三段论逻辑推理之前，首先必须探寻适用的法律规范，即所谓"找法"。找法的结果有三种可能：其一，有可以适用的法律规范；其二，没有可以适用的法律规范，这种情况即存在法律漏洞；其三，虽有规定，却因过于抽象，须加以具体化。若出现第一种可能，即存在可适用的法律规范，则应进行作业：通过各种解释方法，确定该法律规范的意义内容；将该法律规范区分为构成要件及法律效果；再将构成要件区分为若干具体要素；审查待决案件事实是否符合该法律规范构成要件之全部要素，若符合，方可依形式逻辑推理得出判决。若出现第二种可能，即存在法律漏洞的情形，则应进行漏洞补充。若出现第三种可能，即属于不确定法律概念或一般条款，则应进行价值补充。待漏洞补充或价值补充得到可适用之后，方可继续进行区分构成要件及法律效果等作业。以上从法律规范的探寻即找法开始，直到可依形式逻辑进行三段论推演之前的整个活动过程，属于广义的法律解释，而确定法律规范意义之前内容的作业属于狭义法律解释，即广义法律解释包括狭义法律解释、漏洞补充和价值补充。

法律解释是法律适用的不可欠缺的前提，要得到妥当的法适用，必须有妥当的法律解释。同时法的解释并非单纯对法的理解活动，也具有一定的创造性，具有造法的作用。特别是在20世纪这个剧烈动荡和变革的世纪，法解释的这种创造性更是发挥得淋漓尽致。20世纪里，人类社会经历了世界性的严重经济危机，两次世界大战，及科学技术的飞速发展，机械化、电气化工业交通事业的勃兴，大型企业及跨国企业的出现，伴随而来的是严重的企业事故、交通事故、产品缺陷致损、医疗事故、环境污染公害及核子损害等层出不穷的新问题。这就要求承认成文法的局限性，要求赋予法官较大的裁量权，要求弹性解释法律，要求承认法解释的创造性，在不违背法的基本精神的前提下充分发挥法解释的造法作用。

法律的目的，在于规范人际关系，协调各种利益冲突，维护社会公平正义及法律秩序。但当法律对新的社会现实保持沉默，法律就达不到这一目的。法解释的造法作用就集中体现在对法律漏洞的补充上。法院在适用法律之时，阐明其疑义，补充其漏洞，创造新的制度，必要时有意识地改变现行法律规定。最终使原来存有空白的法律能将触角延伸到新的社会现实，防止法律与现实脱节时间过长。

由此可见，在社会转型期，社会各方面经历着巨大的变革，但与此同时，特别是成文法显示出其僵硬与滞后的一面。面对不断翻新、层出不穷的新问题、新事物，缺乏预见性的成文法只能是捉襟见肘、左支右绌。这时在立法尚未跟进的情况下，在保持法的稳定性、连续性的前提下，必须充分挖掘法解释的创造性，才能赋予旧法新的活力，发挥法的规范功能。

第二节　电子商务诉讼的司法管辖

网络上的法律问题虽然在形态上千奇百怪，但一般都具有如下特征：双方当事人、网络服务器往往不在同一地区，甚至身处不同的国家。在这个高度网络化的世界中，将各方联系在一起的，就是贯通全球、不受国界束缚的网络空间。正是由于网络特性，使得一旦发生法律问题，就不可避免地产生管辖权的问题，即：究竟哪一个国家哪一个地区的法院有权审理该争议，如果有两个以上的法院主张有管辖权，谁权力优先？电子商务案件的管辖已成为我国司法实践中一个颇具挑战性的难题。

一、传统司法管辖权基础

根据传统法律理论，法院对诉讼案件具有管辖权的基础可以大致分为以下四类：

首先，以地域为基础。诉讼所涉及的法律关系的要素，无论是主体、客体还是法律事实，总是与某一国的管辖权具有空间上的关联，这种空间就构成该国行使管辖权的地域基础。具体表现为如下形式：

①被告住所地。被告住所地被多数国家确认为管辖基础。如德国、瑞士、荷兰、日本、中国等传统大陆法系国家均采用该原则。这一原则被欧共体在《布鲁塞尔公约》和《罗迦诺公约》中加以确认，英美等普通法系国家也把被告住所地作为管辖权基础之一。我国民事诉讼法第 22 条也规定了此原则。

②原告住所地。原告住所地作为管辖权基础也被一些国家所采用。例如我国民事诉讼法第 23 条第 1 款规定：对不在中华人民共和国领域居住的人提起的有关身份关系的诉讼，由原告住所地人民法院管辖。

③诉讼原因发生地。这包括侵权行为实施地、侵权结果发生地、合同签订

地、合同履行地等。

④诉讼标的物所在地。诉讼标的就是诉讼当事人诉争的财产。诉讼标的物处于一国领域内的事实是该国行使管辖权的重要基础。因不动产产生的纠纷由不动产所在地专属管辖是各国普遍承认的原则。

其次，以当事人国籍为基础。国籍使当事人具有一国国民的资格，从而使个人和国家具备了某种联系，它可以脱离二者空间关系存在，具有相对稳定的特点。

再次，以当事人的协议为基础。双方当事人就诉讼管辖法院达成协议，把他们之间的争议提交给约定的某一国法院审理，该国法院便可行使管辖权。例如我国民事诉讼法第 244 条规定：涉外合同或者涉外财产权益纠纷的当事人，可以用书面协议选择与争议有实际联系的地点的法院管辖。

最后，以被告接受管辖为基础。一国法院对接受管辖的被告享有管辖权，这是国际上承认的原则。如我国民事诉讼法第 245 条规定：涉外民事诉讼的被告对人民法院管辖不提出异议，并应诉答辩的，视为承认该人民法院为有管辖权的法院。

综上所述，传统法院管辖权的基础是当事人的住所、国籍、财产、行为、协议等，而当事人的住所又是这些管辖基础中的基础。在传统各国法律中，法院的管辖区域是确定的，有着明确的地理边界，或称物理边界。

二、因特网对管辖权基础的动摇

网络空间本身则无边界可言，它是一个全球性的系统，无法将它像物理空间那样分割成许多领域。对传统司法管辖权来说，要在这样一个性质完全不同的空间中划定界限是十分困难的。由于网络空间的全球性，使得在网络空间中发生的网民的纠纷具有以下几个特征：

一是当事人的接触是瞬间的、随机的，具有不确定性。在传统法律冲突中，当事人之间往往具有某种现实的、物理的联系。但在网络空间，这种关系则因身份的虚拟化、空间感的淡化而缺乏固定性。

二是当事人的接触是多方的。在传统法律关系中，由于当事人行为联系"必须现实联系"的局限性，使得当事人的数量除特殊情况下能达到三方甚至更多外，一般都是两方。但在互联网上，由于访问网址的随意性，使得在网络上一个法律纠纷往往涉及众多的当事人，甚至可以达到成千上万。

三是网络空间的非中心化倾向和新主权理论也试图从根本上否定国家司法管辖权。非中心化倾向和新主权理论都强调网络空间的新颖性和独立性，对现实的国家权力持怀疑态度，并试图以网络的自律性管理来代替传统的法院管辖，以自我的判断和裁决代替国家的判断和救济。

四是网络空间的全球性使司法管辖区域的界线变得模糊。虚拟空间与现实空间之间的最大区别就是地理界线的消失。判断网上活动发生的具体地点和确切范围是很难的，将其对应到某一特定的司法管辖区域就更难了。管辖总是以某种相对稳定联系作为基础，网络空间的不确定性使得网络没有任何与网络活动者有稳定联系的传统因素。传统法律当中对管辖权划分的基础在网络空间的诸多领域中受到了挑战。

虽然传统的司法管辖基础已受到诸多挑战，但各国法院仍旧步履沉重地对网络空间发生的种种争端继续实施管辖。在新的司法实践中，依靠对旧规则的灵活创新，对新规律的发现来解决现实问题。

三、网络侵权行为管辖权的确定

案例：在原告瑞得公司诉被告东方信息公司网页侵权案中，原告瑞得公司向瑞得公司 ISP（服务器）所在地人民法院——北京市海淀区人民法院起诉。被告东方信息公司对海淀区法院的管辖权提出异议，被告称，被告住所地在四川宜宾市，北京市海淀区不是被控侵权行为的实施地和结果发生地，故北京市海淀区人民法院对此案无管辖权。北京市第一中级人民法院受理被告的上诉后认为，被指控的侵权行为必须接触原告的 ISP（服务器）才能实施，因此，侵权行为的侵权实施地应包括 ISP（服务器）所在地，因此驳回被告的上诉，裁定北京市海淀区人民法院有管辖权。由这个案例我们可以看出，法院认为，因特网 ISP（服务器）所在地和用户终端计算机所在地均视为侵权行为地，当事人有权选择 ISP 所在地或者用户终端计算机所在地的人民法院起诉。

对于侵权行为的管辖权，我国民事诉讼法第 29 条规定："因侵权行为提起的诉讼，由侵权行为地或者被告住所地人民法院管辖。"《最高人民法院关于适用〈中华人民共和国民事诉讼法〉若干问题的意见》第 28 条更进一步规定："民事诉讼法第 29 条规定的侵权行为地，包括侵权行为实施地、侵权结果发生地。"在《大学生》杂志社诉北京京讯公众信息技术有限公司一案中，原告于 1998 年 9 月出版了《考研胜经》一书。其后，原告发现被告所开办的首都在线网站已将该书的部分内容上网发布。故原告向北京市海淀区人民法院提起著作权侵权诉讼。被告以公司注册地、网站、服务器及经营地点均不在海淀区（被告住所地及侵权行为地均不在管辖区域）为由提出管辖异议。海淀法院将此案移送北京市第二中级人民法院审理。

但在网络空间中，由于网络空间的虚无性，使得人们之间的交往都是借助于网络语言而在看不见的网络高速公路上进行。因此在网络空间中并没有某个实际的地点，以及某种身体的位移变化，所以网络空间中的侵权行为与具体的物理场所之间的联系更具有偶然性，这使得在许多场合中适用侵权行为地法非常困难。而且，网络上某个侵权地点或范围有时很难确定。所以，适用侵权行为地法所带来的僵硬和单一在网络空间中会变得更为明显。

尽管传统法律对侵权行为管辖权的规定在对网络侵权纠纷适用中产生了不协调的现象，但在美国由于其网络的发达在这方面的司法实践却是不少。下面有两个内容大致相近，判决结果却大相径庭的网络侵权案。

案例：在加利福尼亚州的麦克道纳夫向加州南区法院起诉，控告法龙公司在广告中使用了他的体育照片，侵犯版权。法龙公司是一家在明尼苏达州注册的公司，在因特网上有一个网点，这一网点上的广告可以被包括加州人在内的所有人进入网络中看到。1996 年 8 月 5 日，加州南区法院以管辖权不充分为由驳回此案。法院认为，在因特网上保留一个可以被加州人使用的网址的事实本身不足以构成足够的联系从而构成对外州公司的司法管辖权，"因为全世界共享网络，同意网上访问构成足够联系从而建立管辖权的做法会削弱当前的管辖权要件，本法院不走到这一步。"

案例：英赛特公司诉英思科申公司一案中法院的立场与上述一案完全背道而驰。位于马萨诸塞州的被告在因特网上做广告，使用一个被位于康涅狄格州的原告认为侵犯了其商标权的域名，原告遂在康州法院起诉。1996 年 4 月 17 日，康州法院裁决认为自己拥有管辖权，因为被告故意将广告发往康州（虽然也发往其他各州），而康州有 10 000 个因特网用户可能进入该网址。法院甚至没有考虑实际访问该网址的康州居民的数量。

由上述网上侵权案件，可以看出有人试图确立一种思路：即把原告所在地看作网络侵权行为地（结果发生地）。将原告所在地看作网络侵权行为地的好处在于方便原告诉讼，有利于保障权利人的利益，同时在涉外案件中便于国内原告的诉讼，维护国家的主权。从理论上也可以理解为：由于网络的可交互性，被告可以比传统的侵权行为更方便地指向原告所在地，被告的商业行为试图进入原告所在地，侵害原告权利，可以表明其愿意接受原告所在地法院的管辖。但这种做法麻烦也不少，特别在开放性的网络上侵犯为数众多的原告时，管辖权的确立则困难很大，同时过大扩大涉外管辖权所遇阻力不小。

因此，对于此问题的解决，也有人提出网络侵权行为的管辖权问题应当摒弃侵权行为地主义，而采用最密切联系主义，即一旦发生网络侵权纠纷，与网络侵权有最密切联系地的法院对该案享有管辖权。这种解决方法似乎更能准确地反映网络侵权行为的特征。但何谓"最密切联系"，立法应拿出一个规范标准。

四、网络合同纠纷管辖权之确定

根据我国民事诉讼法的规定，因合同纠纷提起的诉讼，由被告住所地或者合同履行地法院管辖。合同双方当事人也可以在书面合同中协议选择被告住所地、合同履行地、合同签订地、原告住所地、标的物所在地法院管辖。在涉外民事诉讼中，因合同纠纷对我国领域内没有住所的被告提起的诉讼，如果合同在我国领域内签订或者履行，可以由合同签订地、合同履行地法院管辖。我国合同法第34条也承袭了联合国国际贸易法委员会1996年12月《电子商务示范法》第15条的规定，它规定："承诺生效的地点为合同成立的地点。采用数据电文订立合同的收件人的主营业地为合同成立的地点；没有主营业地的，其经常居住地为合同成立的地点。当事人另有约定的，按照其约定。"

这种传统的法律规定在适用网络电子合同中产生了困难：因为网络交易电子合同的签订地究竟应该如何确定十分困难；当事人往往也不知道对方的住所地或标的物所在地；网络交易中的标的物的交付，有些是以下载的方式完成的（例如线上购买软件），在这种情况下确定合同的履行地更为困难。

为解决网络交易的这种实际困难，目前当事人普遍采用的方法就是在电子合同中明确规定管辖权的归属。如果发生争议，就可以把纠纷提交到约定的法院审理。如果当事人双方并未在电子合同中就管辖权的问题作出规定，目前对网络交易的管辖还是可以适用现有的法律规定的，只要将网络交易割裂为若干部分即可。例如把网络看作一个传递信息的工具，从而将软件传送到的地点视为合同的履行地，那么根据我国民事诉讼法第243条的规定，国内法院就可取得网络的管辖权。

但我们也必须看到，在所有网络交易中都套用传统法律规定的过程是比较困难的。例如在网络交易中电子合同的订立地究竟应该如何确定就十分困难。再如电子合同的履行地，虽然可以将软件传送的目的地视为电子合同履行地，但是将软件发送地看作电子合同履行地也未尝不可。由此我们发现，网络交易的管辖权问题的特殊性总是与网络自身的特点紧密相联。问题的关键在于我们是把网络看作一个整体还是视为连接各国的一个工具。如果把网络看作是一个整体，进而采用签订国际公约的形式解决法律管辖权的问题，比把它作为各个部分看待更容易避免因各个国家法律冲突所带来的不便。

五、网址与 ISP 的法律地位：能否作为新的管辖基础

上述司法实践与理论分析总和一个问题纠缠不清，那就是网址能否最终成为新的管辖基础，而网址也总与一定的 ISP 相连。

　　与当事人有关的任何因素如果能成为法院行使管辖权的根据必须具备两个条件：一是该因素自身有时间和空间上的相对稳定性，至少是可以确定的；二是该因素与管辖区域之间存在着一定的关联度。传统的管辖基础都满足了这两个条件。要判断网址是否可以成为新的管辖基础，必须对它能否满足这两个条件进行考察。

　　首先，网址存在于网络空间之中，它在网络空间中位置是可以确定的，它的变更要通过服务提供商来进行，需要一定的程序，所以在特定的时间段内，它是可以确定的。网址在网络空间中的地位类似于居所在物理空间中的地位。同一个人可以有多个居所，也可以有多个网址。网址和人之间的联系是紧密的，网址拥有人有权利通过网址收发信息，也有权利允许别人利用自己的网址收发信息。住处、网址和拥有人之间的关系也具有相对稳定性，是可以查明的。所以，网址基本满足关于稳定性的要求。

　　其次，网址与物理空间的关联有两个途径。一是受制于网址的 ISP 所在的管辖区域，这是网址存在的静态事实就能决定的关联，并且是充分的关联，正像居所和居所地的关联一样。二是网址活动涉及其他网络参加者时，与其他参加者所在管辖区域的接触。这两个途径实际上是交织在一起的，这两种关联能否使该管辖区域的法院获得管辖则不乏疑问。网址活动可以是静态的消极活动，如维持一个 BBS，也可以是动态的积极活动，如向他人发送电子邮件。网址与其他网络参与者的接触也由此分为消极接触和积极接触，二者所体现的主观上的关联程度是不同的。将信息放在网址上任人读取，与读取者构成放任的关联；信息发送给人读取，则与接收者构成故意的关联。后者显然比前者更为充分。但这两种客观的关联在实践中得到证明却困难多多，并且两者的区别也并非一目了然。也正因为此，无论是理论界还是司法实践界对此歧义颇大。在各国针对网络空间的管辖权制度达成新的国际公约之前，任何利用网址单方面进行的管辖扩张只会导致司法实践的混乱。

　　综上所述，我们认为关于网络法律纠纷的管辖权问题，应当摆脱传统地域管辖的观念，因为网络空间本身就是一个特殊的地域，它与传统的物理地域相比有许多自身的特殊性。在这方面，应当加强国际交流与合作，制定出统一的国际公约，使公民一旦进入网络世界便受制于统一的国际网络公约之规定的约束。这样，才能较好地解决网络法律冲突的管辖权问题。

　　同时，即使有可能达成这样的国际公约，其真正实现距离现在应该尚有一段时间。但目前我国和世界范围网络贸易的发展十分迅速，且美国等国家的法院都将其对网络纠纷的管辖范围扩至域外。因此，我国的企业很有必要在网上交易时采取一些防范措施以降低在其他国家中被诉的风险。在这里我们建议企业在网上交易时：一是尽量在电子合同中约定解决争议的法院和法律，以避免外国法院主张管辖权的风险；二是在从事互动性较高的网上交易（例如通过网络付款购买软件、进行网上证券交易等）时，要考虑到对方的所处地区，有可能被置于对方法院管辖的范围之内；三是要考虑在进行网上广告时，避免网络以外的广告促销活动，进行网络以外的广告或促销活动可能会成为美国法院对其境外的网站主张管辖权的理由；四是要注意提高防范意识，在广告中尽量标明免责事由，限制被其他地域公民起诉的风险。

第三节　电子商务案件的证据规则

证据在司法证明中的作用是毋庸置疑的，它是法官准确认定事实、正确适用法律的标准。发生纠纷时，借以查明案件真情的手段有两种：证据和推理，其中证据是主要手段。证据是争议解决机制的核心内容。假若证据缺乏或不完整，就无以澄清案件纠纷发生的因果关系，也就难以正确地解决纠纷。电子商务蓬勃发展的同时，与网络有关的纠纷也纷纷出现，给传统的证据制度带来了尖锐的课题。

一、电子证据概述

这里所言的电子证据是指计算机系统运行过程中产生的或储存的以其记录的内容证明案件事实的电、磁、光记录物，该电磁记录物具有多种输出表现形式。

电子证据是现代高科技发展的重要产物和先进成果，是现代科学技术在诉讼证据上的体现，它与其他证据相比主要有以下特点：

1. 电子证据具有数字技术性，技术含量高，具有高度的科学技术性。电子证据的物质载体是电脉冲和磁性材料等。从技术上说，电子证据具有数字信息的准确性、精密性、迅速传递性等特点。

2. 电子证据具有脆弱性，易被伪造、篡改。由于电子证据均以电磁浓缩的形式储存，电子数据和信息的无形性使得其易被毁灭与变更，而其真实性也大打折扣。

3. 电子证据具有复合性、表现形式的多态性与丰富性。由于多媒体技术的出现，信息在电脑屏幕上的表现形式是多样的，其呈现出图、文、声并茂形态，甚至人机交互处理，与其他证据相比，更具表现力。

4. 电子证据具有间接性。在现阶段由于电子证据的公信力有限，在很多情况下，电子证据常常作为间接证据来使用，并不能单独、直接地证明待证事实，必须结合其他证据。

此外，电子证据由其本身的特性决定了它具有无形性、易收集性、易保存性、可反复重现等特性。

二、电子证据的法律效力

（一）数据电文作为证据的形式与可采性

我国三部诉讼法对电子证据未作明确规定，大致将证据规定为七种，即书证、物证、视听资料、证人证言、当事人陈述（或被害人陈述、犯罪嫌疑人和被告人供述和辩解）、鉴定结论、勘验和检查笔录。在上述诸种形式中，电子证据似乎与视听资料更为接近。有许多学者也认为，数字电文应归入"视听资料"的范畴，应对"视听资料"作扩大解释，不应限于录音带、录像带之类的资料，还应把电子数据资料也包括在内，因为电子数据同样是可以显示为"可读的形式"（Readable Form），因而它也是"可视的"。但民事诉讼法第69条又明文规定："人民法院对视听资料，应当鉴别真伪，并结合本案的其他证据，审查确定能否作为认定事实的根据。"这就把电子证据的可采性和确定力置于模棱两可中，并对电子证据的效力作了苛刻的限制。这对电子合同的保护和推广是十分不利的。因为电子合同是一种"无纸合同"，合同的载体为电脑（计算机），故通常条件下的书证、物证为电子数字所代替，所以，电子证据要与物证、书证等法定证据相印证在司法实践的操作中非常困难。

针对这种情况，一条可行的思路是：修改民事诉讼法关于视听资料必须与其他证据相印证的规定，只要视听资料能够证明案件事实，就不必要求其与其他证据相印证。何况，电子数据可以作为证据使用以及电子证据的可采性目前已得到世界上大多数国家的认可，一些西方国家甚至还将其作为档案保存。如英国公共档案局已制定计划，准备将政府中往来的重要电子函件作为档案保存，以保证其中一些有价值的材料不至湮灭。新加坡更是正式通过立法规定：电子数据能够具有法律效力并可以作为法律诉讼的依据；任何贸易数据都要保存11个备查等等。一些重要的国际性组织也纷纷颁发文件、法案认可电子数据、电子证据的法律效力。如联合国国际贸易法委员会秘书处在第18届会议上提出的《计算机记录的法律价值》的报告建议各国政府：重新审查涉及使用计算机记录作为诉讼举证的法律规则，以便消除对其使用所造成的不必要的障碍，确保这些规则符合技术的发展，并为法律提供适当的办法来评价这些记录中的资料的可靠性。联合国国际贸易法委员会第29届会议通过《贸易法委员会电子商业示范法草案》第5条对数据电文的法律承认也作了如此规定：不得仅仅以某项信息采用数据电文形式为理由而否定其法律效力、有效性或执行性。该《草案》第9条对数据电文的证据进一步规定：在任何法律诉讼中，任何方面均不得以任何理由而否定一项数据电文作为证据的可接受性。我国是国际社会的重要一员，是联合国安理会常任理事国，应当遵循联合国颁布的带有普遍性约束力的文件、法案，故必须认可电子数据、电子证据的法律效力，并用法律来保护、规范它们。为此，必须对民诉法作必要的修改和完善，以确立电子证据应有的法律地位和法律效力。必须指出的是，电子数据容易被篡改、删除，故签订合同的双方当事人可以约定电子合同除由双方的电脑保存外，还由中间商或网络服务商或具有公证作用的其他第三者的电脑网络来储存记录。这样，不但有利于纠纷的解决，而且还可起到预防纠纷发生的作用。

从一定意义上看，数据电文在并未明确取得证据法上的地位时，也可对书证作宽泛解释，将数据电文视作书证。数据电文是否构成书证，其实是一个关于"书面"形式的解释问题。新合同法第 11 条明确规定："书面形式是指合同书、信件及数据电文（包括电报、电传、传真、电子数据交换和电子邮件）等可以有形地表现所载内容的形式。"显然，该法对"书面"作了扩大解释，使之涵盖了数据电文，从而给数据电文作为书证营造了良好的法律环境。

（二）数据电文的证据力

联合国国际贸易法委员会在 1985 年第 18 届会议上，在审查了秘书长关于《计算机记录的法律价值》的报告的基础上，建议各国政府：审查涉及使用电子计算机记录作为诉讼证据的法律规则，以便消除对其使用所造成的不必要的障碍，确保这些规则符合技术的发展，并为法院提供适当的方法来评价这些记录中数据的可靠性。数据电文作为证据来使用，必须能被法院认可具有证明案件事实的证据力。在评估一项数据电文的证据力时，应考虑到生成、储存或传递该数据电文的办法的可靠性，保持信息完整性的办法的可靠，用以鉴别发端人的办法，以及任何其他相关因素。具体说来，一项数据电文要具有充分证据力，必须符合法律所规定的如下要求：

1. 客观性，又称实质性，证据必须是客观存在的事实。数据电文的客观性在于其内容必须是可靠的，非法虚构、篡改的数据电文没有客观性，必须保证信息的来源和信息的完整性是可靠的。因此 必须证明：计算机的操作有严格的规程，包括操作者处于严格控制之下，系统未被非法人员操作；操作者的操作是合法的，符合系统本身的设计；系统的维护和调试也处于严格控制之下，未被随意修改，以便于日后核查数据与原始资料是否一致。数据电文内容的可行性还涉及数据电文的储存问题。必须严格保证数据电文存储介质的安全，防止数据的遗失和未经授权的接触。为保证储存的公正性，可由具有较强公信力的第三方机构提供服务。

2. 相关性，又称关联性或者证明性，即证据同事实具有一定的联系并且对证明事实有实际意义。这就必须对诉讼有关的诸多数据进行重组与取舍，而要保证重组后的数据与诉讼事实具有本质上联系，也必须保证重组方法和过程的客观科学性和合法性，只有紧密围绕事实严格按照操作程序进行的重组才能符合这一要求。

3. 合法性，又称有效性或者法律性，即证据必须是依法收集和查证属实的事实。对数据的固定、收集、存储、转移、搜查等行为必须依法进行。

三、电子商务案件的举证责任

所谓举证责任，就是当事人对自己提出的主张提供证据加以证明的责任。根据我国民事诉讼法有关规定，举证责任一般来说是"谁主张谁举证"，即当事人对自己提出的主张有责任提供证据。所以，原告必须就其诉讼请求以及有关事实提供相关证据，被告反驳原告的诉讼请求、提出反诉也要举证加以说明，第三人对自己提出的主张或请求也应承担举证责任。但是有一个特别情况值得注意，那就是举证责任的倒置。在一些特殊类型侵权案件和某些技术性、专业性较强的案件中，权利主张人限于客观原因很难举证证明自己的主张，民事诉讼法规定由造成侵害的一方承担举证责任来证明自己无过错或损害是对方造成，如不能举证就要负担民事责任。根据法律规定和审判实践，适用这种情况的案件共有六种，但并没有包括电子商务纠纷等新型的以计算机与网络为基础的案件。由于电子证据的科技含量很高，一般人员很难取证，有必要考虑将此类案件也作为特殊情况，由造成侵害的一方承担责任来证明自己无过错或损害是对方造成的，以此来减轻原告的负担。

四、电子证据的收集、保全、审查、出示

（一）电子证据的收集

证据收集是指法院审判人员为了查明案件事实，按照法定程序调查取证的行为。对于电子证据的收集，必须严格按照其特点与规律办事，保证其真实可靠性。

在刑事诉讼中收集证据是公安司法人员为查明案件事实真相，依照法定程序调查、发现、取得和保全一切与案件有关的情况和材料的活动。法律赋予公安司法机关进行勘验、检查、搜查、扣押等各项专门调查工作和采取拘留、逮捕等各种强制措施和广泛权力，是收集证据的法律保障。

其中计算机证据的搜查是指侦查人员对犯罪嫌疑人、被告人以及可能隐藏罪证的人的身体、物品、住处和有关地方进行检查、搜索并对于和犯罪有关的证据材料封存的一种侦查活动。进行计算机证据的搜查，首先必须取得法律上的许可，需取得搜查证。在搜查过程中必须把握搜查对象明确，搜查过程合法，对搜查的过程做好详细记录。对网络进行搜查主要是针对同犯罪事实有紧密联系并且为侦查工作所需要的有关的计算机储存记录。在对网络搜查的过程中，只能严格地在授权范围内对有关的服务器和终端的存储器进行搜查，同时检索的内容也只能是和案件本身有联系的资料信息，而不能随心所欲地利用搜查中的便利在网络中任意查询其他内容，那样会造成越权和侵权的后果。

刑事诉讼法规定，在勘验、搜查中发现的可用以证明犯罪嫌疑人有罪或者无罪的各种物品和文件，应当扣押。在有关计算机的侦查活动中，我们需要扣押的主要是计算机内部的数据（如果计算机本身要作为物证则例外）。由于计算机数据的特点，复制的数据同原始数据是完全相同的，因此我们可以通过对计算机系统内部的有关资料进行复制的方法来将其固定，这种行为同样也可以视为对有关资料进行的扣押。对数据进行复制之后，只要我们始终能够有效地证明这些数据同原始数据完全一致，就可以说扣押已经完成。而在对个人计算机资料进行扣押的时候，事实上我们只要对其中的存储扣押即可，同时可以采取对存储器的内容进行复制的办法来对其进行固定。当然，如果直接拷贝系统存储器中的数据并封存的话，也是对数据的扣押。对于服务器等网络上的核心设备，一般我们只需复制其中有关的数据来完成扣押，但如果核心服务器遭受了致命性的破坏，我们就必须完整地保留现场，即将该服务器整个扣押。

此外，还可以采用电子监测的手段来收集计算机证据，即由计算机信息系统的所有者和使用者出于信息系统的安全性管理，以及在犯罪行为涉及计算机信息系统时，由侦查部门、系统所有者、使用者利用技术手段对计算机信息系统及通信系统进行监测、记录，包括电子监控、电子识别、电子侦收、通信监听、秘密录音及录像等方法手段。

（二）电子证据的固定与保全

证据的固定，直接关系到能否保障证据的证据力与证明力。我国刑事诉讼法第114条规定："对于扣押的物品、文件，要妥善保管或者封存，不得使用或者损毁。"结合证据固定保全的一般规则，根据计算机证据的特点，对于搜查、扣押单位和个人提供的可以证明犯罪嫌疑人有罪或无罪的计算机证据，保管这些电磁数据的载体时应当遵循以下几个原则：①多备份原则。即对于计算机证据的媒体起码要制作两个副本。原本存在专门的保管室，由专门的保管员负责。副本用于犯罪侦查中侦查人员审查证据时使用。②环境安全原则。电磁媒体对环境要求相对较高，差错或人为的故意都可能使计算机证据的真实性发生变化。③严格管理过程原则。媒体的移交、保管、开封、拆卸的过程必须由侦查人员和保管员共同完成。对于移动媒体包装上的封印，必须每个环节都检查封印的真实性和完整性，并制作详细的笔录，由行为人共同签名。④责任原则。法律应规定保管人员有义务真实可靠地保管好证据并且应司法机关的要求提交证据，如果违反义务，将受到相应的法律制裁。并且保管人有义务在法庭上就证据保管作证并提供笔录，以协助法庭判断保管过程中证据的真实性。

（三）电子证据的审查判断

电子证据的审查判断，指司法人员对收集的电子证据进行分析研究，鉴别其真伪，找出它们与案件事实的客观联系，确定其证明力。对电子证据的审查判断分为两个阶段：一是对单个电子证据的审查判断，二是结合全案其他证据的综合判断。

对单个电子证据的审查判断，除遵守审查判断视听资料的一般规则外，还应当注意到其证明对象的复杂性和证明过程的特殊性等特点，注意系统或过程可靠的证明以及收集与固定过程可靠性的证明，并分析研究电子证据的内容。除了从电子证据的来源和其本身的内容进行分析外，要确定每一个证据的客观性和相关性，还要注意将它与案内其他证据联系起来进行综合分析，从证据与证据的相互印证、相互联系上去考察，看它们所反映的情况是否一致，是否协调，以便比较容易地发现问题，判明真伪。

（四）电子证据的法庭出示程序

在法庭审理阶段，对于电子证据有时根据法律规定的程序需要在庭上出示，但在出示范围上应有所限制。根据我国诉讼法的相关规定，有关国家秘密和个人隐私的案件一般不公开审理，有关商业秘密的案件，当事人申请的也可以不公开审理。因此，计算机存储信息如果包含有国家秘密、商业秘密或者个人隐私，法庭就行使自由裁量权。如果该证据对于诉讼证明至关重要，在诉讼中需要作为证据采纳时，原则上应当在法庭上出示。倘若该证据对于诉讼证明不属于关键证据可以裁量不引用该证据。但是，应当在程序上作适当限制，以防止国家秘密、商业秘密被泄露。对于故意或过失泄露者，甚至利用商业秘密达到商业上的目的，要依法追究法律责任，触犯刑律的，应受刑事制裁。

电子证据必须以某种形式提交给法庭，才能听取双方当事人的意见，才能成为定案的根据。涉及电子证据的判例表明，计算机打印输出是最常规的出示方式。计算机存储的业务记录或者收集到的计算机记录都可以采取这种方式。根据计算机证据表现形式的多样性，可以用声音、图像、显示等不同的表现方式将相同的证据内容在法庭上显示出来，被对方当事人和司法人员感知、了解，从而发挥证明作用。此外，还可根据需要，将计算机存储载体以及计算机系统本身作为证据在法庭上出示。

第四节 网络空间的冲突法规则

一、因特网对传统冲突法的挑战

在因特网中，传统的地缘上或政治上的国界不复存在。只要用户将其计算机连接到一个 Web 站点，就表明已经与因特网连接，旅游可以非常轻松地跨越"国界"——只要在键盘上敲击几下就够了。发一份电子邮件给邻居与给在美国的友人并无二样，访问一个在美国的站点与访问一个在英国的站点一样容易。如果无意中点了连接到国外网站的工具栏，用户一不小心就"出国"了。人们只能从站点的最后两个英文缩写判断国别，如中国是 cn，法国是 fr，日本是 jp。但这种识别的意义并不大，因此，因特网是不以国界为界限的网络世界，"跨国"交往非常容易。从事网上活动的人、法律关系的主体处于不同国家的控制之下；许多网上活动的标的、法律关系的客体位于不同的国家；随着网上活动的日益频繁，极大地影响到各个国家的利益。美国等发达国家已经审理了一些电子商务案件，如 Playboy Enterp risev Chuckleberry 案等，亦有报道表明我国法院也审理了一些涉及因特网的案件。但由于各国的科技水平不同，对因特网的态度不同，法律传统不同，频繁的跨国网上活动已经产生了大量的法律冲突，对传统冲突法提出了严重挑战，其主要表现为①：

（一）连接点的改造

传统的冲突法是建立在一种以地缘区分国家主权范围基础上的法律体系。连接点是把冲突规范中范围所指的法律关系与一定地域的法律联系起来的纽带和媒介，体现了该法律关系与一定的地域法律之间存在着实质性的联系或隶属关系。连接点的选用在冲突法中有着重要意义，经过几百年的发展，冲突法中形成了一些以连接点为标志的系属公式，如属人法、物之所在地法、行为地法等。传统冲

---

① 以下论述着重参考了李臣的《略论 Internet 对传统冲突法的挑战》一文，载《法学》1999 年第 11 期，在此表示谢意。

突法不外是在法律的属人优先权和属地优先权之间进行妥协，寻求利益平衡。体现属地优先权的连接点大多与一定的位置有关，如合同履行地、合同缔结地、侵权行为地、物之所在地、婚姻缔结地等。体现属人优先权的连接点则往往强调国家与当事人之间的法律关系，如国籍等。

但因特网是一个虚拟的世界，地理因素在因特网中并无太大的意义。以网上诽谤为例，只要某个用户在网上散布这种言论，则世界任何地方都可以看到，亦即这些地方都可能成为侵权行为地，但对于受害者而言绝非这些地方都有着同样的意义。而有些时候要在网上确定一个地点即使并非不可能，至少也是非常困难的。如在网上缔结合同就难于确定合同缔结地位于何方。如果网上交易不涉及现实的交付，如一方将另一方提供的图像，数据汇编成软件而共享权利的交易，其合同履行地亦很难确定。因此，基于地缘因素选择的连接点很难套用到因特网上。人们可能会转而借助国籍这种体现国家与当事人之间的法律关系的连接因素，但事实证明在因特网中这种关系是相当偶然的。因为因特网是一种面向任何国家任何人开放的一种独立的自主的网络，任何国家都难以有效地对网上活动进行监管。随便到任何一台联网的计算机上都能够从事所有的网上活动，因此国家与当事人之间的联系是相当弱的。正如随着人员跨国流动的日益频繁，国籍作为连接点的作用大不如前一样，因特网中以国籍为连接因素意义不大。另一方面因特网的出现，使一些传统的连接因素的意义发生了变化。传统的连接因素总是与一定的地域相联系，因而拍卖应适用拍卖地法。但在因特网中有一些自发的拍卖场所，它独立于任何国家和地区之外，只虚拟地存在于因特网中，如果适用拍卖地法实际等于无法可依。因此，就总体而言由于因特网是一个虚拟的世界，许多客观的连接因素难于有效地运用于因特网中，人们将不得不转而借助于主观的连接因素，让当事人的主观选择发挥更大的作用。而因特网本身的构造也为主观连接因素的运用埋下了伏笔。我们知道，因特网是由无数个局域网连接起来的"网络的网络"。较小的网络如果要加入较大的网络，就必须接受其预先设定的条件。同时，用户在网上随时都可以看到"如果你同意，请按这里"的提示栏，而点击提示栏的行为就构成了一种合意，表明完全接受其要约。而在其要约中，可能就包含了法律选择条款。由于因特网是一个高度自治的网络空间，用户自主的选择是开展网上活动的前提，因此，主观连接因素，特别是当事人意思自治日益显出其重要性。

（二）对传统法律选择方式的检讨

本世纪以来，冲突法领域经历了一场"革命"，其矛头所向是对传统冲突法的法律选择方式进行批判，强调要用更加灵活、开放的法律选择方式取代僵硬、封闭的法律选择方式，在进行法律选择时应当考虑到相关国家的利益、政策和法律适用的结果等。应该说，这些学说对于克服传统法律选择方式的不足，更好地平衡各种利益，更加圆满地解决法律冲突而言有其合理性，但是这并不意味着这些革命成果可以自动地套用到因特网中来。如最密切联系原则即是如此。最密切联系原则由于可以使法官结合个案的具体情况，充分考虑各种连接因素的重要性，有利于软化传统硬性连接点，增强法律适用的灵活性，而备受学者好评，也为许多国家立法司法实践所采用，如美国《第二次冲突法重述》、奥地利国际私法等。但凡事都具有两面性，灵活性固然是最密切联系原则的优点，但法律同时还必须具有稳定性、明确性和可预见性的价值取向。传统的冲突法一般仅限于在有限的几个国家法律中进行选择，相对而言比较容易确定哪一个国家有更为密切的联系。

但因特网使国际交往如此地方便，每一个涉及法律关系的形成都只要在计算机上轻轻敲击几下就可以了；它的影响范围是如此广泛，面向世界任何国家和地区；这些国家与地区都可能与一定的网上活动发生联系，因此，在解决因特网法律冲突时，要求冲突规范简单明了，便于操作。这似乎是对传统的法律选择方式的回归，实际上这是对传统法律选择方式的扬弃。因为传统法律选择方式之所以封闭，主要原因是从维护本国法律的效力出发，而在因特网上追求简明易行的冲突规范是从便利当事人、迅速快捷地解决法律纠纷出发，这两者的价值取向是完全不同的。利益分析学说也是如此。由于因特网相互依赖性非常大，只要其中的某一部分出了问题，整个网络都不能与之连接，无疑会极大地阻碍网络科技的发展。因此在因特网中不但要考虑国家利益，而且要从有利于整个人类文明的进步出发。因此如果单纯从某个国家或地区的利益出发是不恰当的。而且，在因特网中适用利益分析的方法也是非常困难的，因为在很多情况下，几乎所有的国家都或多或少地存在一定利益，很难衡量。因此我们需要对传统的法律选择方法进行反思，评价其在因特网中的可适用性。

（三）对准据法的改造

传统冲突法认为准据法是经冲突规范指引用来确定国际民事关系当事人的权利与义务的特定国家的法律。但在因特网中，准据法的内涵和外延都会产生相当大的变化。由于因特网是80年代后期才发展到应用阶段的，是最新的科技成果，许多国家尚未来得及对之加以法律调整，即使像电子贸易这样急迫的领域也只有澳大利亚等少数国家通过了有关立法，而且这些立法往往仅就电子贸易的证据效力作了规定，未涉及其他方面。而许多国家出于保护科技发展的考虑，不愿过早下结论，因此有关因特网的立法许多国家都是空白。所以尽管我们适用了冲突规范，确定了应适用哪一国法作为准据法，最后却发现这一切都是徒劳的，因为该国根本就无相应的立法。而在很多情况下，适用冲突规范根本找不出准据法。由是观之，冲突法似乎很难完成其任务，最终解决当事人之间的法律纠纷。但好在因特网是网络的网络，用户只有进入一个服务商的网络才能上网，而该服务商只有将其网络连到局域网，由局域网再连接到全球网上，才能真正开展网上活动。这种连接网络的行为一般都伴有协议，该协议类似附和合同。服务商在屏幕上列出一些条件，在下方用一滚动条写着如同意则点出"下一步"，亦即用户在开始网上活动之前已经存在某种约定。因此因特网是一个高度自主的以合意为基础的网络，它的使用者必须遵守一套共同的规则。这些规则成为处理当事人之间争议，确定当事人权利义务的准则。但它并非法律，而且其适用亦非依据冲突规范的指引，而且具有直接适用的性质。我们或许可以套用"现代商人法"称之为"现代因特网法"，因为两者确实有许多共同之处，如两者都是全球文明进步的需要；远比一般的法律冲突复杂，适用传统的冲突法将导致法律成本过高；很强的专业性，不能套用一般的法律概念等。所有这些都需要我们认真思考因特网的共同规则的地位和作用，以及它和冲突法之间的关系。但无论如何，这都意味着传统的冲突法中准据法的重大突破。

二、电子商务案件的识别与"网络空间法"

管辖权影响案件的审理结果，是通过法律适用来实现的。法律适用是指有管辖权的法院对具有涉外因素的民商事案件适用哪一国的法律。法律适用的过程就是准据法的确定过程，它决定于案件所涉法律关系的类别（categoies）和联系因素（connecting factors）。类别就是指案件的问题属于哪一类法律问题。联系因素则指案件事实和法律体系之间的联系点。可见对类别的归摄是法律适用的前提。而识别正是在适用冲突规范时，依据一定的法律观念，对有关的事实构成作出"定性"或"分类"，将其归入一定的法律范畴，并对有关的冲突规范进行解释，从而确定应援用哪一冲突规范的过程。

要确定电子商务案件的准据法，有两种选择：一是将具体的电子商务案件通过识别归入既有法律体系中，如确定为合同案件、侵权案件、婚姻案件、著作权案件等；二是各国通过国内立法与判例，以及国际条约与公约制定"网络空间法"，形成一个独立的法律部门，专门适用于电子商务案件。而因特网能否成为一个新的类别，取决于独立的"网络空间法"是否能够最终产生。网络空间的全球性使可能出现的"网络空间法"也具有全球性，但要求各国在每一细小的规则上保持一致是不现实的，即使能够一致，法院地的公共秩序也必须得到尊重，原有的利益上和价值标准上的冲突仍会起作用。尤其是仅仅针对因特网上信息内容的规则，很难成为"网络空间法"的一部分。网络空间是由物理空间延伸、衍生而成的，无论如何不同，它所体现的仍然是人类社会的标准。

一个法律部门的形成，有赖于立法和司法的实践。"网络空间法"的形式，更有赖于全球范围的立法和司法实践。在实践未足够充分发达之前，电子商务案件尚构不成独立的类别，必须在原有的法律体系内寻找自己的准据法。

三、最密切联系原则与网址及 ISP 的法律地位

即使解决了电子商务案件中的识别问题，根据传统的联系因素去确定准据法仍然十分困难。当事人的住所、国籍、侵权行为地、合同履行地等因素或者难以在网上查明，或者对网络空间毫无意义。能否在网络空间内部找一个新的联系因素呢？

在侵权行为的法律适用方面，最有影响的莫过于起源于美国的最重要的关系理论，该理论反映在合同案件的法律适用上，称为最密切联系原则。它提供了一种兼顾灵活性和确定性的利益分析方法。用以考察某一因素对特定法律关系的价值颇为实用。

ISP 在网络空间的地位显然举足轻重。Internet 核心技术本身决定了网络空间在管理上的非中心化倾向，因特网上的每一台机器都可以作为其他机器的服务器，所以在网络空间里没有中心，没有集权，所有机器都是平等的。目前也还没有任何一个国家能彻底地控制和有效管理因特网。非中心化倾向还表现在每个因特网用户只服从他的服务商的规则，ISP 之间以协议的方式来协调和统一各自的规则，而用户与服务商联系外在地表现为网址。ISP 扮演的这种服务者、组织者以及管理者的角色，使其成为与电子商务案件具有最密切联系的因素。

正是这种现实为构建这样一种理想模式提供了基础：网络空间的法律适用将取决于 ISP 的选择。在电子商务案件中，最容易确定的就是当事人属于哪一个 ISP 的用户，而该 ISP 选择的法律已经在其与用户的协议中写明，而且用户在该 ISP 服务所及的网上社区内是一直以该法律作为自己的"本座"法的。所以，针对具体的电子商务案件，与当事人具有最重要关系或最密切联系的乃是双方的 ISP，通过 ISP，进而可以指向 ISP 的住所和适用的，从而使用户能辨别自己在传递信息的过程中，进入了哪种法律区域，应遵守什么社区标准。

不过，这种模式的实现仍需要多边合作，需要各国的共同参与，通过制定国际条约与公约来共同构建解决法律冲突的框架机制。还是那句话，任何单方面的通过国内立法来扩张效力的行为只能造成混乱，这显然对于发展中国家尤为不利。

第五节　计算机及其网络对法律运用的辅助

计算机及其网络虽然给法学研究及法律适用造成很大的困扰，但它也为两者提供了非常方便而迅速的服务。判例的搜集、储存及数据的提供，法学研究资料的沟通与交流，图书的分类等，都因计算机的发明而节省了不少时间与精力。而且，法学判例的查询，利用计算机分析案情来预测审判结果，使用计算机输出的统计资料作为辩论依据，以计算机程序协助陪审员的选择，这些在美国法律界都是非常普遍的情形。至于利用套装软件进行文书处理、档案存储及费用计算等，更是司空见惯。

目前计算机及其网络在法律工作中的应用主要体现在以下几个方面：（1）利用计算机可以完成文书制作，并且比传统的方法效率要高得多，同时各种资料的存储和利用也就更方便；（2）运用计算机数据库技术，可以为人们检索资料提供便利，为法律研究工作打下良好的基础；（3）随着计算机的专家系统的逐渐完善，各种专家系统能够为法律工作提供良好的参考意见，同时能够为广大公众提供咨询；（4）运用计算机，可以对犯罪侦查起到良好的辅助作用，对于计算机犯罪和那些利用计算机进行的犯罪，就更需要在侦查中运用计算机技术；（5）利用互联网络，有助于资料的广泛收集与文书的远程传输，甚至可以利用网络建立起虚拟法庭，克服时空的阻碍，完成案件的审理。

一、文书制作、档案管理与数据库

（一）计算机辅助文书处理

计算机带来了办公自动化，其中最主要的就是计算机文书处理。利用计算机进行文字处理，可以使人们在很大程度上从繁重的抄写工作中得以解脱出来，同时电子文书使日常的文件处理焕然一新，进入了一个新的时代。现在有许多法院系统已经建立起专门的通讯网，法院内部的文件都可以用计算机来传递，检察院系统的专门网络也在建设当中，此外法律档案的计算机化也在不断地推进。随着各种局域网和专业网的逐步建立和普及，在各系统内部可以真正实现无纸办公，人们只需要在自己的办公计算机前面进行工作，进行各种资料的处理，而信息的交流可以通过计算机来进行。计算机的强大功能与网络的诸多优点给办公工作带来了巨大的方便，提高了工作效率与活动效益。

（二）计算机档案管理

作为一种现代的办公工具，计算机也不仅是用于单纯的文字处理，重要的是利用它能够将资讯电子化，方便人们对资料的储存管理，同时各种资料也可以方便地得到充分的利用。在将种种资料储存入计算机系统内部之后，可以根据需要对其进行检索，并且可以直接在这些资料的基础上进行编辑和利用，制造需要的文件资料。计算机收集资料可通过打字、扫描、设备转换等手段输入。计算机在档案处理上具有表现形式多样、资料丰富、信息容量大，而文档处理自动化，效率高。

（三）法律法规计算机数据库

计算机作为一种特殊的工具，其最重要的应用就是计算机数据管理系统。通过计算机将数据方便地输入计算机系统当中，并且能够按照使用者的要求重新组织这些数据或是输出各种资料。计算机资料库不仅是一个资料库，而且它可以根据人们的需要，自动地搜寻、编排种种资料，完成许多研究工作的基础性工作。现在国内外均已开发出多种法律专业数据库，并且采用联机检索。国内目前的计算机法律数据库主要有两种形式，一种是专门的法律法规数据，另一种是法律咨询专家系统。

二、计算机辅助量刑

在法律科学方面，人们设计编制出一些计算机专家系统，目前主要有计算机咨询系统、计算机辅助量刑系统等。其中计算机辅助量刑系统是为了在司法实践中为量刑提供一个科学的参照，避免审判人员由于主观随意性过大而造成量刑失当的弊端，而根据专家的经验建立起来的计算机专家系统软件。这种专家系统的设计和编制，是综合运用现代的控制论、系统论和信息论的理论成果，将法律有关规定、专家和审判人员的经验、司法实践中的大量的正确定罪量刑的案例结合在一起，建立科学的数字模型，最后运用计算机技术而设计出来的。

计算机辅助量刑系统能够根据审判人员提供的案情事实信息，运用系统内部存储的法律及有关知识进行推理判断，从而提出一个最佳的量刑方案，为审判人员审理案件提供一个科学的参考方案，同时也可以为律师及公众提供有关的咨询。武汉大学法学院的赵廷光教授就曾经开发了一个"刑法专家系统"，其中一个重要的部分就是电脑辅助量刑系统。

当然，计算机辅助量刑系统在量刑过程中也只能起到辅助的作用，不可能完全替代人的作用。根本原因是计算机只能模拟专家的思维过程，从而对问题提出一个参考的解决方案。另外，计算机对自然语言的理解还没有达到实用的地步，因此关于案件的有关情况只能在概括后输入计算机内部，这就不可能真正准确地把不同个案的情况都描述清楚，因此也就存在着局限。但计算机辅助量刑系统的处理结果仍然具有巨大的参考价值。

三、计算机辅助侦查与计算机犯罪技术防范

计算机作为一种有力的工具，在传统的侦查工作中也发挥了作用，例如计算机指纹检索鉴别、颅骨成像技术、交通事故分析等。在很多方面计算机都表现出巨大的潜力，特别是在辅助侦查利用计算机犯罪方面，更是起着无可替代的作用。

在计算机犯罪一节中我们已经对计算机犯罪进行了详细的介绍，我们知道它具有许多传统犯罪所不具有的特点。计算机犯罪的类型比较多，手段和特点也不尽相同，因此对各种计算机犯罪的侦查都必须结合其特点来进行。

大部分计算机犯罪的完成，一般首先都要对计算机系统进行侵入。计算机可以通过系统的记录来查找侵入者有关行为的记录，可以根据这些记录在网络服务器上去寻找有关的资料，这样逐渐地找寻可以大致确定犯罪嫌疑人的位置。同时修补程序的漏洞，并用某些特殊的工具软件对入侵行为进行定位和跟踪。在网络上还可建立固定的共同监督网点。不过，由于计算机犯罪的技术含量高，做法隐蔽，在实践中侦查工作相当复杂，因此对付计算机犯罪，计算机系统必须有严密周到的保护与防范措施才行，预防在这类犯罪中是至关重要的。

防范计算机犯罪，主要依靠法律、安全管理和技术从各个环节保护计算机系统不被侵害，而计算机也在信息的安全控制方面起着重要作用：①数据输入控制：即确保输入之前和输入过程中的数据的正确，无伪造，无非法输入，与国际互联网相连的局域网要设置专门的"防火墙"。②通信控制：一般用加密、用户鉴别和终端鉴别、口令等来保护数据不被侵害，对拨号系统要防止非法访问。③数据处理控制：设置专门的安全控制计算机或安全专家系统，控制处理过程中数据的完整性和正确性不被篡改，防止"电脑病毒"等犯罪程序，因为这些工作靠人工进行是困难的。④数据存储控制：用完善的管理和规章来保证数据不被破坏，特别要加强对媒体管理。⑤输出控制：必须对所有能够存取的数据严加限制，实行监控。⑥信用卡、磁卡、存折控制：保证卡上图案的唯一性和密码的不可更改性；制卡、密码分配及发卡要分不同渠道进行，最好使用安全卡。

由于在现代社会中，许多资料和档案都是采用计算机数据方式来记录的，例如会计账目等。利用计算机来进行经济犯罪就比较方便，同时也要隐蔽得多，因此很多财产类犯罪嫌疑人都选择以计算机来作为犯罪工具，例如贪污犯罪等。这

些犯罪并不属于计算机犯罪的范畴。对这类犯罪，计算机在侦查工作中仍扮演着重要的角色，可以针对性地进行查找搜集证据。比如，对于电子账目，运用计算机来核查账目既准确又迅速。对于这类犯罪，关键在于在各个计算机系统中建立起严密的操作记录制度，运用高科技手段加强对资料的存储、保密、搜集及检查。

四、网上审判、仲裁

在环球上网"淘金"的时代，司法活动及其争议解决活动也开始借助于网络这一新兴媒体。在这方面，仲裁无疑走在前面。环球仲裁协会（GAMA）充当了网上国际商事仲裁的先锋，它率先在网上提供国际商事仲裁的服务（网址为：http：//www.gama.com/）。从实践和技术可行性来看，网上仲裁包括仲裁程序的各个主要环节，诸如仲裁协议提交、开庭审理、提供证据、作出仲裁裁决等，所使用的技术包括电子邮件、交谈组、电子或可视会议等。从目前看来，环球仲裁协会是使用最先进通讯手段的唯一记录。在国际法庭对前南战犯的审判程序中也采用了因特网技术。不难想象，在不久的将来，因特网将以其安全和低廉的成本融入到法律程序中去，并由此导致新的法律规则的产生。

但同时应该看到，对于网上仲裁这一新的法律活动形式，现有的法律在很大程度上是空白。比如对于因特网国际商事仲裁，由于网络空间形式的出现，传统的形式要件（书面要求与签字要求）、仲裁地的含义发生很大变化，这时如何认定与处理将是这一新仲裁形式所面临的困难。一个比较可行的解决方法，是在联合国国际贸易法委员会、国际私法协会或其他国际机构参与下制定国际网上仲裁统一规则。

联合国电子商务示范法

(联合国国际贸易法委员会 1996 年通过)

第一部分　电子商务总则

第一章　一　般　条　款

第 1 条　适　用　范　围①

本法②适用于在商务③活动方面④使用的、以一项数据电文为形式的任何种类的信息。

第 2 条　定　义

为本法的目的：

(a) "数据电文" 系指经由电子手段、光学手段或类似手段生成、储存或传递的信息，这些手段包括但不限于电子数据交换（EDI）、电子邮件、电报、电

---

① 国际贸易法委员会建议，凡欲使本法只适用于国际数据电文的国家似可采用下述案文：

"本法适用于第 2 条 a 款所界定的涉及国际商务的数据电文。"

② 本法并不废止旨在保护消费者利益的任何法律规则。

③ 对 "商务" 一词应作广义解释，使其包括不论是契约性或非契约性的一切商业性质的关系所引起的种种事项。商业性质的关系包括但不限于下列交易：供应或交换货物的任何贸易交易；分销协议；商业代表或代理；客账代理；租赁；工厂建造；咨询；工程设计；许可贸易；投资；融资；银行业务；保险；开发协议或特许；合营或其他形式的工业或商业合作；空中、海上、铁路或公路的客、货运输。

④ 联合国国际贸易法委员会建议，凡欲扩大本法使用范围的国家似可采用下述案文：

"本法适用于以一项数据电文为形式的任何种类的信息，但下述情况除外：[……]。"

传或传真；

(b) "电子数据交换"（EDI）系指电子计算机之间使用某种商定标准来规定信息结构的信息电子传输；

(c) 一项数据电文的"发端人"系指可认定是由其或代表其发送或生成该数据电文然后或许予以储存的人，但不包括作为中间人来处理该数据电文的人；

(d) 一项数据电文的"收件人"系指发端人意欲由其接收该数据电文的人，但不包括作为中间人来处理该数据电文的人；

(e) "中间人"，就某一特定数据电文而言，系指代表另一人发送、接收或储存该数据电文或就该数据电文提供其他服务的人；

(f) "信息系统"系指生成、发送、接收、储存或用其他方法处理数据电文的一个系统。

第3条　解　　释

1. 对本法作出解释时，应考虑到其国际渊源以及促进其统一适用和遵守诚信的必要性。

2. 对于由本法管辖的事项而在本法内并未明文规定解决办法的问题，应按本法所依据的一般原则解决。

第4条　经由协议的改动

1. 在参与生成、发送、接收、储存或以其他方式处理数据电文的当事方之间，除另有规定外，第三章的条款可经由协议作出改动。

2. 本条第 1 款并不影响可能存在的、以协议方式对第二章内所述任何法律规则作出修改的权利。

第二章　对数据电文适用法律要求

第5条　数据电文的法律承认

不得仅仅以某项信息采用数据电文形式为理由而否定其法律效力、有效性或可执行性。

第6条　书面形式

1. 如法律要求信息须采用书面形式，则假若一项数据电文所含信息可以调取以备日后查用，即满足了该项要求。

2. 无论本条第 1 款所述要求是否采取一项义务的形式，也无论法律是不是仅仅规定了信息不采用书面形式的后果，该款均将适用。

3. 本条的规定不适用于下述情况：〔……〕。

第 7 条 签　字

1. 如法律要求要有一个人签字，则对于一项数据电文而言，倘若情况如下，即满足了该项要求：

（a）使用了一种方法，鉴定了该人的身份，并且表明该人认可了数据电文内含的信息；和

（b）从所有各种情况看来，包括根据任何相关协议，所用方法是可靠的，对生成或传递数据电文的目的来说也是适当的。

2. 无论本条第 1 款所述要求是否采取一项义务的形式，也无论法律是不是仅仅规定了无签字时的后果，该款均将适用。

3. 本条的规定不适用于下述情况：〔……〕。

第 8 条 原　　件

1. 如法律要求信息须以其原始形式展现或留存，倘若情况如下，则一项数据电文即满足了该项要求：

（a）有办法可靠地保证自信息首次以其最终形式生成，作为一项数据电文或充当其他用途之时起，该信息保持了完整性；和

（b）如要求将信息展现，可将该信息显示给观看信息的人。

2. 无论本条第 1 款所述要求是否采取一项义务的形式，也无论法律是不是仅仅规定了不以原始形式展现或留存信息的后果，该款均将适用。

3. 为本条第 1 款（a）项的目的：

（a）评定完整性的标准应当是，除加上背书及在通常传递、储存和显示中所发生的任何变动之外，有关信息是否保持完整，未经改变；和

（b）应根据生成信息的目的并参照所有相关情况来评定所要求的可靠性标准。

4. 本条的规定不适用于下述情况：〔……〕。

第 9 条 数据电文的可接受性和证据力

1. 在任何法律诉讼中，证据规则的适用在任何方面均不得以下述任何理由否定一项数据电文作为证据的可接受性：

（a）仅仅以它是一项数据电文为由；或

（b）如果它是举证人按合理预期所能得到的最佳证据，以它并不是原样为由。

2. 对于以数据电文为形式的信息，应给予应有的证据力。在评估一项数据电文的证据力时，应考虑到生成、储存或传递该数据电文的办法的可靠性，保持信息完整性的办法的可靠性，用以鉴别发端人的办法，以及任何其他相关因素。

第 10 条　数据电文的留存

1. 如法律要求某些文件、记录或信息须予留存，则此种要求可通过留存数据电文的方式予以满足，但要符合下述条件：

（a）其中所含信息可以调取，以备日后查用；和

（b）按其生成、发送或接收时的格式留存了该数据电文，或以可证明能使所生成、发送或接收的信息准确重现的格式留存了该数据电文；和

（c）如果有的话，留存可据以查明数据电文的来源和目的地以及该电文被发送或接收的日期和时间的任何信息。

2. 按第 1 款规定留存文件、记录或信息的义务不仅是为了使电文能够发送或接收而使用的任何信息。

3. 任何人均可通过使用任何其他人的服务来满足第 1 款所述的要求，但要满足第 1 款（a）、（b）和（c）项所列条件。

第三章　数据电文的传递

第 11 条　合同的订立和有效性

1. 就合同的订立而言，除非当事各方另有协议，一项要约以及对要约的承诺均可通过数据电文的手段表示。如使用了一项数据电文来订立合同，则不得仅仅以使用了数据电文为理由而否定该合同的有效性或可执行性。

2. 本条的规定不适用于下述情况：［……］。

第 12 条　当事各方对数据电文的承认

1. 就一项数据电文的发端人和收件人之间而言，不得仅仅以意旨的声明或其他陈述采用数据电文形式为理由而否定其法律效力、有效性或可执行性。

2. 本条的规定不适用于下述情况：［……］。

第 13 条　数据电文的归属

1. 一项数据电文，如果是由发端人自己发送，即为该发端人的数据电文。

2. 就发端人与收件人之间而言，数据电文在下列情况下发送时，应视为发端人之数据电文：

（a）由有权代表发端人行事的人发送；或

（b）由发端人设计程序或他人代为设计程序的一个自动运作的信息系统发送。

3. 就发端人与收件人之间而言，收件人有权将一项数据电文视为发端人的数据电文，并按此推断行事，如果：

（a）为了确定该数据电文是否为发端人的数据电文，收件人正确地使用了一种事先经发端人同意的核对程序；或

（b）收件人收到的数据电文是由某一人的行为而产生的，该人由于与发端人或与发端人之任何代理人的关系，得以动用本应由发端人用来鉴定数据电文确属源自其本人的某一方法。

4. 第3款自下列时间起不适用：

（a）自收件人收到发端人的通知，获悉有关数据电文并非该发端人的数据电文起，但收件人要有合理的时间相应采取行动；或

（b）如属第3款（b）项所述的情况，自收件人只要适当加以注意或使用任何商定程序便知道或理应知道该数据电文并非发端人的数据电文的任何时间起。

5. 凡一项数据电文确属发端人的数据电文或视为发端人的数据电文，或收件人有权按此推断行事，则就发端人与收件人之间而言，收件人有权将所收到的数据电文视为发端人所要发送的电文，并按此推断行事。当收件人只要适当加以注意或使用任何商定程序便知道或理应知道所收到的数据电文在传送中出现错误，即无此种权利。

6. 收件人有权将其收到的每一份数据电文都视为一份单独的数据电文并按此推断行事，除非它重复另一数据电文，而收件人只要加以适当注意或使用任何商定程序便知道或理应知道该数据电文是一份复本。

第14条 确认收讫

1. 本条第2至4款适用于发端人发送一项数据电文之时或之前，或通过该数据电文，要求或与收件人商定该数据电文需确认收讫的情况。

2. 如发端人未与收件人商定以某种特定形式或某种特定方法确认收讫，可通过足以向发端人表明该数据电文已经收到的

（a）收件人任何自动化传递或其他方式的传递；或

（b）收件人的任何行为

来确认收讫。

3. 如发端人已声明数据电文须以收到该项确认为条件，则在收到确认之前，数据电文可视为从未发送。

4. 如发端人并未声明数据电文须以收到该项确认为条件，而且在规定或商

定时间内，或在未规定或商定时间的情况下，在一段合理时间内，发端人并未收到此项确认时：

（a）可向收件人发出通知，说明并未收到其收讫确认，并定出必须收到该项确认的合理时限；

（b）如在（a）项所规定的时限内仍未收到该项确认，发端人可在通知收件人之后，将数据电文视为从未发送，或行使其所拥有的其他权利。

5. 如发端人收到收件人的收讫确认，即可推定有关数据电文已由收件人收到。这种推断并不含有该数据电文与所收电文相符的意思。

6. 如所收到的收讫确认指出有关数据电文符合商定的或在适用标准中规定的技术要求时，即可推定这些要求业已满足。

7. 除涉及数据电文的发送或接收外，本条无意处理源自该数据电文或其收讫确认的法律后果。

第 15 条　发出和收到数据电文的时间和地点

1. 除非发端人与收件人另有协议，一项数据电文的发出时间以它进入发端人或代表发端人发送数据电文的人控制范围之外的某一信息系统的时间为准。

2. 除非发端人与收件人另有协议，数据电文的收到时间按下述办法确定：

（a）如收件人为接收数据电文而指定了某一信息系统：

（一）以数据电文进入该指定信息系统的时间为收到时间；或

（二）如数据电文发给了收件人的一个信息系统但不是指定的信息系统，则以收件人检索到该数据电文的时间为收到时间；

（b）如收件人并未指定某一信息系统，则以数据电文进入收件人的任一信息系统的时间为收到时间。

3. 即使设置信息系统的地点不同于根据第 4 款规定所视为的收到数据电文的地点，第 2 款的规定仍然适用。

4. 除非发端人与收件人另有协议，数据电文应以发端人设有营业地的地点视为其发出地点，而以收件人设有营业地的地点视为其收到地点。就本款的目的而言：

（a）如发端人或收件人有一个以上的营业地，应以对基础交易具有最密切关系的营业地为准，又如果并无任何基础交易，则以其主要的营业地为准；

（b）如发端人或收件人没有营业地，则以其惯常居住地为准。

5. 本条的规定不适用于下述情况：［……］。

第二部分 电子商业的特定领域

第一章 货 物 运 输

第 16 条 与货运合同有关的行动

在不减损本法第一部分各项条款的情况下，本章适用于与货运合同有关或按照货运合同采取的任何行动，包括但不限于：

(a)（一）提供货物的标记、编号、数量或重量；

（二）指明或申报货物的性质或价值；

（三）开出货物收据；

（四）确认货物已装运；

(b)（一）将合同条件与规定通知某人；

（二）向承运人发出指示；

(c)（一）提货；

（二）授权放行货物；

（三）发出关于货物损失或损坏的通知；

(d) 就履行合同的情况发出任何其他通知或作出任何其他陈述；

(e) 承诺将货物交付给有名有姓的人或交付给获授权提货的人；

(f) 给予、获取、放弃、交出、转移或转让对货物的权利；

(g) 获取或转移合同权利和义务。

第 17 条 运 输 单 据

1. 在本条第 3 款的限制下，如法律要求以书面形式或用书面文件来执行第 16 条所述的任何行动，则如果使用一项或多项数据电文来执行有关行动，即满足了该项要求。

2. 无论本条第 1 款所述要求是否采取一项义务的形式，也无论法律是不是仅仅规定了不以书面形式或不用书面文件执行有关行动的后果，该款均将适用。

3. 如需将一项权利授予一人而不授予任何其他人，或使一项义务由一人而不是任何其他人获得，又如法律要求，为了做到这一点，必须传送或使用一份书面文件，向该人移交权利或义务，则如果使用了一项或多项数据电文移交有关权利或义务，只要采用了一种可靠的方法使这种数据电文独特唯一，即满足了该项要求。

4. 为本条第 3 款的目的，应根据移交权利或义务的目的并参照所有各种情况，包括任何相关协议，评定所要求的可靠性标准。

5. 如果用一项或多项数据电文来实施第 16 条（f）项和（g）项所述的任何行动，除非数据电文的使用已被书面文件的使用所终止和替代，否则用来实施任何这种行动的书面文件均属无效。在这种情况下发出的书面文件应含有一项关于终止使用数据电文的陈述。用书面文件替代数据电文不得影响有关当事各方的权利或义务。

6. 如一项法律规则强制适用于作成书面文件或以书面文件为证据的货运合同，则不得以一份此种合同系以一项或多项数据电文而不是以一份书面文件作为证据为由而使该项规则不适用于由此种数据电文作为证据的合同。

7. 本条的规定不适用于下述情况：[……]。

联合国电子签名示范法

（联合国国际贸易法委员会 2001 年通过）

第 1 条　适用范围

本规则适用于商务①活动过程中②电子签名的使用，并不优于旨在保护消费者的任何法律规则。

第 2 条　定　义

在本法中：

（a）"电子签名"系指在数据电文中，以电子形式所含、所附或在逻辑上与数据电文有联系的数据，它可用于鉴别与数据电文相关的签名人和表明签名人认可数据电文所含信息；

（b）"证书"系指确认签名人与签名制作数据之间关系的某一数据电文或其他记录；

（c）"数据电文"系指经由电子手段、光学手段或类似手段生成、发送、接收或储存的信息，这些手段包括但不限于电子数据交换、电子邮件、电报、用户电报或传真；

（d）"签名人"系指持有签名制作数据的人，代表本人或所代表的人行事；

（e）"认证服务提供人"系指签发证书和可能提供与电子签名有关的其他服

---

①　对"商务"一词应作广义解释，使其包括不论是契约型或非契约型的一切商务性质的关系所引起的种种事项。商务性质的关系包括但不限于下列交易：供应或交换货物或服务的任何贸易交易；分销协议；商务代表或代理；客账代理；租赁；工厂建造；咨询；工程设计；许可贸易；投资；融资；银行业务；保险；开发协议或特许；合营或其他形式的工业或商务合作；空中、海上、铁路或公路的客货运输。

②　委员会建议或可扩大本规则适用范围的国家采用下列案文：

"本规则适用于电子签名的使用，但下列情况除外：〔……〕。"

务的人。

(f)"依赖方"系指可能根据某一证书或电子签名行事的人。

第3条 签名技术的平等对待

除第5条外,本法任何条款的适用概不排除、限制或剥夺可生成满足本规则第6条第1款所述要求或符合适用法律要求的电子签名的任何方法的法律效力。

第4条 解 释

1. 对本法作出解释时,应考虑到其国际渊源以及促进其统一适用和遵守诚信的必要性。

2. 由本法管辖的事项而在本法内未明文规定解决办法的问题,应按本法所依据的一般原则解决。

第5条 经由协议的改动

本法的规定可经由协议加以删减或改变其效力,除非根据适用法律,该协议无效或不产生效力。

第6条 符合签名要求

1. 凡法律规定要求有一人的签名时,如果根据各种情况,包括根据任何有关协议,使用电子签名既适合生成或传送数据电文所要达到的目的,而且也同样可靠,则对于该数据电文而言,即满足了该项签名要求。

2. 无论第1款所述要求是否作为一项义务,或者法律只规定了无签名的后果,第1款均适用。

3. 就满足第1款所述要求而言,符合下列条件的电子签名视作可靠的电子签名:

(a)签名制作数据在其使用的范围内与签名人而不是还与其他任何人相关联;

(b)签名制作数据在签名时处于签名人而不是还处于其他任何人的控制之中;

(c)凡在签名后对电子签名的任何更改均可被觉察;以及

(d)如果签名的法律要求目的是对签名涉及的信息的完整性提供保证,凡在签名后对该信息的任何更改均可被觉察。

4. 第3款并不限制任何人在下列任何方面的能力:

(a)为满足第1款所述要求的目的,以任何其他方式确立某一电子签名的

可靠性；或

(b) 举出某一电子签名不可靠的证据。

5. 本条规定不适用于下列情形：〔……〕。

第7条　第6条的满足

1. 〔颁布国指定的任何主管个人、公共或私人机关或机构〕可确定哪些电子签名满足本法第6条的规定。

2. 依照第1款作出的任何决定应与公认的国际标准相一致。

3. 本条中任何规定概不影响国际私法规则的适用。

第8条　签名人的行为

1. 签名制作数据可用于制作具有法律效力签名的，各签名人应当做到：

(a) 采取合理的谨慎措施，避免他人未经授权使用其签名制作数据；

(b) 在发生下列情况时，毫无不应有的迟延，利用认证服务提供人依照本法第9条提供的手段，或作出合理的努力，向签名人可以合理预计的依赖电子签名或提供支持电子签名服务的任何人发出通知：

(一) 签名人知悉签名制作数据已经失密；或

(二) 签名人知悉签名制作数据很有可能已经失密的情况；

(c) 在使用证书支持电子签名时，采取合理的谨慎措施，确保签名人作出的关于证书整个有效期的或需要列入证书内容的所有实质性表述均精确无误和完整无缺。

2. 签名人应当对其未能满足第1款的要求承担法律后果。

第9条　认证服务提供人的行为

1. 认证服务提供人提供服务，以支持可用作具有法律效力的签名而使用的电子签名的，应当做到：

(a) 按其所作出的关于其政策和做法的表述行事；

(b) 采取合理的谨慎措施，确保其作出的关于证书整个有效期的或需要列入证书内容的所有实质性表述均精确无误和完整无缺；

(c) 提供合理可及的手段，使依赖方得以从证书中证实下列内容：

(一) 认证服务提供人的身份；

(二) 证书中所指明的签名人在签发证书时拥有对签名制作数据的控制；

(三) 在证书签发之时或之前签名制作数据有效；

(d) 提供合理可及的手段，使依赖方得以在适当情况下从证书或其他方面

证实下列内容:

（一）用以鉴别签名人的方法;

（二）签名制作数据或证书的可能用途或使用金额上的任何限制;

（三）签名制作数据有效，且未发生失密;

（四）认证服务提供人规定的责任范围或程度上的任何限制;

（五）是否存在签名人依照本法第 8 条第 1 款（b）发出通知的途径;

（六）是否开设及时的撤销服务;

（e）在开设（d）项（五）所述服务的情况下，提供签名人依照第 8 条第 1 款（b）发出通知的途径;在开设（d）项（六）所述服务的情况下，确保提供及时的撤销服务;

（f）使用可信赖的系统、程序和人力资源提供其服务。

2. 认证服务提供人应当对其未能满足第 1 款的要求而承担法律后果。

第 10 条　可信赖性

就本法第 9 条第 1 款（f）而言，在确定认证服务提供人使用的任何系统、程序和人力资源是否可信赖以及在何种程度上可信赖时，可以注意下列因素:

（a）财力和人力资源，包括是否存在资产;

（b）硬件和软件系统的质量;

（c）证书及其申请书的处理程序和记录的保留;

（d）是否可向证书中指明的签名人和潜在的依赖方提供信息;

（e）由独立机构进行的审计的经常性和审计的范围;

（f）是否存在国家、资格鉴定机构或认证服务提供人作出的关于上述条件的遵守情况或上述条件是否存在的声明;或

（g）其他任何有关因素。

第 11 条　依赖方的行为

依赖方应当对其未能做到如下各项承担法律后果:

（a）采取合理的步骤查验电子签名的可靠性;或

（b）在电子签名有证书支持时，采取合理的步骤:

（一）查验证书的有效性、证书的暂停或撤销;以及

（二）遵守对证书的任何限制。

第 12 条　对外国证书和电子签名的承认

1. 在确定某一证书或某一电子签名是否具有法律效力或在多大程度上具有

法律效力时，不应考虑：

（a）签发证书或制作或使用电子签名的地理位置；或

（b）签发人或签名人营业地的地理位置。

2. 在［颁布国］境外签发的证书，具有实质上同等可靠性的，在［该颁布国］境内具有与在［该颁布国］境内签发的证书同样的法律效力。

3. 在［颁布国］境外制作或使用的电子签名，具有实质上同等可靠性的，在［该颁布国］境内具有与在［该颁布国］境内制作或使用的电子签名同样的法律效力。

4. 在确定某一证书或某一电子签名是否为第2款或第3款之目的而具有实质上同等的可靠性时，应当考虑到公认的国际标准或其他任何有关的因素。

5. 当事各方之间约定使用某些类别的电子签名或证书的，即使有第2款、第3款和第4款的规定，仍应承认该协议足以成为跨国境承认的依据，除非根据适用法律该协议无效或不产生效力。

国际商会电子订约指南

(国际商会 2004 年)

第一部分　如何适用《国际商会 2004 年电子商务术语》

在讨论《国际商会 2004 年电子商务术语》的法律效力时，我们即可从下文第二部分看到，在某些情形下，某一法域的强制性法律规则构成了影响电子订约的障碍。然而，在大多数情形下，订约方明确表示其愿意通过交换电文而形成有约束力的关系，即为向裁决当事人纠纷的仲裁员或法官有效地明其自愿通过这一媒介订立合同。因此，在大多数情况下，适用法律没有理由仅仅因为合同使用电子手段订立而宣布其无效。

这就是为什么《国际商会 2004 年电子商务术语》以下述论点为出发点：当事人约定，使用电文应产生具有约束力的合同：见第 11 条。必须明确告知仲裁员和法官当事人同意《国际商会 2004 年电子商务术语》的这一基本原则，而且表明这一意图的责任完全在当事人。

订约方可以用三种方式表示其同意《国际商会 2004 年电子商务术语》的意图：

[a] 当事人只需在适用法律的任何强制性规则允许的限度（关于此类限度见下文第二部分）内以提及方式将《国际商会 2004 年电子商务术语》纳入其通过电子邮件或万维网通信等电子手段商定的任何合同；

[b] 当事人可以签署并交换纸质《国际商会 2004 年电子商务术语》，以此表明适用《国际商会 2004 年电子商务术语》的合同种类和适用《国际商会 2004 年电子商务术语》的期限（例如，当事人之间订立的为期两年的所有货物销售合同）；

[c] 当事人只需交换可表明其同意《国际商会 2004 年电子商务术语》的电文，然后通过电子手段订约，以此通过交易过程推定这正是其所希望的商业交往方式。

如果当事人对其同习惯于电子订约的对应方订约并适用易于顾及电子订约的法律放心，则建议采用办法［a］。

如果当事人对根据某些适用法律与某些对应方进行电子订约的效力特别不放心，则建议采用办法［b］。

在大多数法域，选择［c］和选择［a］将具有同等效力；但是与选择［a］相比，更有可能引起争议。当事人应根据交易的各方面情况选择可适用的办法。

应当强调的是，即使未纳入《国际商会 2004 年电子商务术语》，但如果当事人已开始履行其通过电子手段而订立的合同，大多数法域的仲裁员和法官通常仍会对此类合同的存在予以认定。

第二部分　《国际商会 2004 年电子商务术语》的法律效力

尽管电子合同具有普遍的法律效力，但在有些情况下适用法律要求在纸面上记录合同并按一定的格式签名。如果此类法域的法律是适用于当事人之间合同的法律，则《国际商会 2004 年电子商务术语》是否具有效力？

难免会夸大这种担心。有一点是肯定的，电子订约的使用有增无减以及由此节省的费用表明大多数法域不是积极地赞成就是至少消极地允许使用电子手段进行订约。即使有些地方法律似乎以当事人之间交换纸质文件作为假设的前提，但这些法律可能不具有强制性，因此，在当事人有约定的情况下，《国际商会 2004 年电子商务术语》的效力依然受到订约自由这一基本原则的保护。

尽管如此，在有些法律制度中，某些无法通过简单的合意约定而归于无效的规则等强制性规则，因要求合同的效力取决于交换签过字的纸质文件而实际上将电子订约排除在外。

如果是在这种情况下订约，不要简单地以为你无法进行电子订约：说服你的对应方相信电子订约在经济上的好处，同时，不仅就法律是否允许电子订约而且就法律是否实际上禁止电子订约在当地征求法律咨询意见。如果当地的法律明文禁止电子订约，则可能确有理由按你的对应方的意见将合同交给包容性更强的法域管辖。

第三部分　《国际商会 2004 年电子商务术语》的局限性

强调《国际商会 2004 年电子商务术语》的意义固然重要，但认识到它的局限性同样重要。首先也是最明显的一点是，这些术语本身并不是当事人之间的合同，只是阐明了根据销售货物或提供服务等安排在当事人之间存在的实体法权利和义务。因此，举例来说，传输电文发生故障的风险将取决于当事人之间的约定和适用的法律。这些术语将载入合同本身，但《国际商会 2004 年电子商务术语》只是便利合同的订立，而不是取而代之。

其次，《国际商会 2004 年电子商务术语》未解决在订立合同方面可能出现的各种问题。因此，举例来说，如果当事人各有一套自己的标准条款和条件，各方打算按照自己的而不是对方的标准条款和条件订约，那么，适用哪一方的标准条款和条件的问题，不应由《国际商会 2004 年电子商务术语》来解答，而应由合同所适用的法律来解决。

此处的关键问题是，《国际商会 2004 年电子商务术语》的目的是提供一套统一的术语，使各方当事人能够进行电子订约，而不会出现其中一方事后以其合同的电子性为由提出合同无效的风险。

第四部分　谁代表你订约？

尽管电子订约因其性质而造成的法律问题比最初想象的要少，但伴随新技术的好处，即快捷和方便，必然同时产生一些风险。如果电子订约既方便又快捷，一公司是否很容易在实际做好承诺的准备之前就受到合同的约束？这个问题可能尤其关系到中小型企业和不习惯电子订约的公司。

这个问题引起三个相关的问题，即：（1）公司内部谁将负责电子订约；（2）电子系统能否使公司受合同的约束；（3）摁错按钮（即一当事人在订约过程中出了差错）会发生什么情况。

对电子订约的权力

在没有可代表公司行事的自然人参与的情况下，公司不受一项合同的约束，每家公司都应对本公司管理人员或雇员当中彼此谁有权使公司受第三方的约束订立内部规则。

然而，必须认识到

（一）在许多法域，如果在对应方看来代表某公司行事的管理人员或雇员拥有如此行事的权力，即使该人根据该公司的内部规则实际上并不拥有该权限，该公司仍可能对对应方负有法律义务；及

（二）是否属于此种情况，也就是表面权力是否足以使公司受到约束，取决于所适用的代理法。

因此，自然人进行电子订约的便捷，可能增加因管理人员或雇员在其权限范围之外行事而使公司受合同的约束的风险。在某种意义上，其中有些风险与纸质环境下的风险没有什么不同；雇员也可能擅自使用印有公司抬头的信笺，在代表

公司订约时越权行事。只不过键盘更容易被擅自使用，因此，公司还是采取下述防范步骤为妥：

[a] 必须定期提醒雇员注意其享有的签名特权，内部政策和程序也应明确解释谁能够进行电子订约以及订约的限额；

[b] 必须定期提醒雇员注意其电子通信可能给公司带来权利和义务，因此他们应谨慎行事，在发送可能被解释为表明公司对某一合同作出承诺的电子邮件之前应听取内部建议。

自动化电子订约

现有技术使公司得以在每一项交易中相互进行电子通信，几乎不需要或根本不需要人的干预，这种互动方式有时称作为"自动化订约"。我们早已习惯使用机器订约（例如，使用自动售货机的交易）。"自动化订约"更进一步，涉及对应双方在"及时式"安排等情况下借助机器行事。

再强调一点，有的观念认为电子订约相对于有形环境下的订约风险更大，其实，现实情况没有那么糟，因为通过精心设计的专业化软件可以确保计算机无法进行未编入程序的（即"未经授权的"）交易，而只有责任、权力和专长达到足够程度的管理人员和雇员才能批准和修改这些软件的设计。

意外造成的电子订约

上述步骤在防范未经授权的电子订约的同时也可防范意外造成的电子订约，即防范个人（或甚至机器）错摁确认按钮。保持谨慎始终有益于消除颇以乱按键盘为乐或喜欢用鼠标点击的风险。

为此，对认真设计网站的重要性再强调都不为过。模糊不清的网站对粗心者来说即为陷阱，希望利用电子订约所带来的好处的公司在设计其网站时必须使网站上所载的术语对欲订立合同的用户清楚无误。使用具有"法律"特征的明确语言（例如"要约"和"承诺"）有助于提醒用户注意他们正在进入"承诺"区，因此他们应当认真考虑是否真正打算受合同的约束。举例来说，在你的网站上设立一个最终步骤，提醒你的对应方他即将作出承诺，例如要求他在订立合同之前点击标有"我同意"的按钮。

第五部分 你的订约方是谁？

如果说提醒内部管理人员和雇员注意电子订约的权限问题很重要，那么提醒其注意辨明似乎在与其进行通信的对应方就更为重要了。电子订约经常是在不同的法域跨时区进行的，在这种环境下，雇员可能不大熟悉查明对应方的方式；而且，网站可以是假造的，电子邮件地址也可以是冒充的。

再有一点是，不要夸大这种风险，因为在纸质环境下也需要使用常识来辨明谁看上去是开出带抬头信笺的当事人。然而，电子订约的便捷的确可能使你的雇员放松警惕，产生一种虚假的安全感。因此，有必要经常采取诸如下列防范步骤：

［a］向被授权进行电子订约的雇员简要介绍核对电子邮件真实性的基本技能，例如，通过其他手段与当事人进行联系、在其他媒体上核对联系细节、核实电子签名等。

［b］确立公认的认证程序，例如指定的格式、辨明身份的短语、特定用途的电子邮件地址、加密和电子签名。

显然，为此而确立的程序的类型和规模将根据可利用的资源和技术专长、当事人承受的风险以及所订立交易的数量和类型而有所区别。

第六部分　编制电子合同

在上文第三部分中论及《国际商会 2004 年电子商务术语》的局限性时，我们看到电子商务术语本身并未给当事人提供其希望订立的交易的合同条款：这些术语只是为使用电子手段订立该交易提供了方便。在同意用电子手段订约之后，当事人接下来必须考虑他们实际希望进行什么交易以及交易的条件。从实际操作来看，这与当事人在纸质环境下所做的事情没有什么不同：例如，通过一系列面对面的会谈并最后通过交换签过名的纸面文件，当事人作出进行交易的决定，在此之后，当事人将草拟一份合同，写入他们要做出承诺的条款、权利和义务。这些条款有时载于一次性特定格式合同，有时则载于可多次使用的标准合同。

同样，在电子环境中，企业将考虑的是，如何预先估计它们有可能例行使用的条款，如何草拟因合同而异条款，如何"建造"顾及这两种情况的电子工具或网站。究竟具体怎么做，因企业的情况而有所不同，但显然取决于可利用的资源，而且也取决于公司的交易通常是常规交易还是一次性交易。对于影响电子合同订立的网站、软件和业务程序，如果在其设计的早期阶段就备加关心和注意，则更有可能实现新技术带来的快捷和节省。

无论是在网站上还是通过一系列电文订约，大多数设计周密的电子合同通常都应载有以下一些条款：

- 企业的身份（法律名称）和可以作准的地理位置，
- 相关的登记或身份证号码等，
- 企业指定代表的联系细节（包括邮件、电子邮件、电话和传真细节），
- 所使用的任何代理人的类似联系细节，
- 协议和相关信息的一种或多种语文，拟就合同交换的通信所使用的一种或

多种语文，

- 通信费用的分配以及是否不按基本费率计算此种费用，
- 要约或价格的有效期，
- 对于长期或经常履行的产品或服务供应合同，酌情载明合同的最低期限，
- 说明拟提供的货物或服务的主要特点，
- 货物或服务的价格，包括各种税款，
- 酌情列出交付条件和费用，例如选定的国际商务术语，
- 付款条件，
- 与条件、保证、担保、售后服务、补偿和补救有关的条款，例如，退货和/或退款政策、撤销或终止办法、退货、交换、损害赔偿等，
- 与购买限制、期限或条件、地理限制或时间限制、产品或服务使用说明，包括安全和保健警告有关的条款，
- 与当事人之间传送信息的保密和违反保密规定的赔偿责任有关的条款，
- 通信/交换的技术/安全要素，
- 加入任何协会或自律安排的有关陈述的核实方式，
- 适用法律和法域，
- 纠纷的其他解决办法。

纸面订约和电子订约的实际区别之一是，从实际情况来看电子媒介就是电文：举例来说，网站既是营销工具，又是订约手段。因此，以上信息的设计和编排必须专业化、清晰明了并且便于使用。在设计用于电子订约的网站或其他机制时务必注意以下几点：

[a] 确保信息易于查找：网站或电子服务的用户应当能够毫不费力地查找和搜寻重要的法律术语，而不必在每次查找时都浏览整个合同；

[b] 确保相关术语集中归入一处，结构编排合乎逻辑：例如，你将注意到以上术语已经作了分门别类的处理，从而便于用户在合同的不同部分对其权利和责任能够一目了然；

[c] 确保网站尽早载列便于使用的关于合同和订约过程的流程图：网站首页或尽可能接近首页的页面应载列合同总的结构，设有方便使用的有关某一领域的超级链接，以便于参考具体术语。

第七部分 技 术 规 格

在设计网站或用于电子订约的其他机制时应注意与文件格式有关的一些技术问题，例如，文件长度、稳定性、完整性和可复制性。

[a] 文件长度在传送和存档方面都很重要。如果文件格式使内存费用大量增加，则必须考虑这可能对（宽带）传送和存档产生的影响。在使用图像文档捕捉文件图像时情况可能就是如此。

[b] 文件图像使文件格式和外观具有稳定性。由于用来建立、检索或查看文件的程序版本不一，其他文件类型（文字处理文件）可能会修改或变更格式。此处最为重要的是向后兼容问题及是否能继续支持程序和媒体格式。

[c] 出于法律、财政或商业上的原因，你可能须将电子合同保留一段时期。鉴于此，必须考虑到格式的稳定性，如何证明文件的完整性及其格式的编排，如何确保有能力对这两者加以复制。新的 XML（可扩展标记语言）样式/格式页和其他技术进步可能有助于解决这些问题，但当事人也必须考虑这些技术进步是否适用于任何特定的情形以及当事人是否有能力利用和支持这一技术。由于技术日趋复杂，一些第三方正在开发网页寄存和存储/存档办法，以协助企业达到这些要求。文件成像以及文件或文件图像的数字签名也在使用。

第八部分 保 密

知识就是力量，这句古老的格言在电子订约环境下具有特殊的意义。个人识别资料等信息经常具有商业敏感性，或在法律上受到限制，需要加以保密处理，然而其电子生境并不设防，其脆弱性可能甚于一般情况。因此，在设计网站等用于电子订约的应用程序时，必须认真考虑保密问题。

首先，高级管理层必须在设计阶段作出下述决定：

[a] 什么样的信息可以张贴在网站上；

[b] 需要对应方提供什么样的信息；

[c] 该信息是否可在网站上自由访问，还是只出现在限制访问区，如系后一种情况，如何对访问加以限制和监督。

这些决定不但要适用于最初订立合同时传送和收到的信息，而且还要适用于在合同存续期内传送和收到的信息。

其次，必须提醒公司内部管理人员和雇员注意擅自传播信息可能给公司、公司合伙人和客户带来的赔偿责任。而且在某些情形下，对于这种赔偿责任（及其数额），不是适用合同法，而是适用另一国的法律。因此，为谨慎起见，公司应制订明确的内部程序，对通过电子订约应用程序张贴和获取的信息的交换加以限制。

最后，合同本身须涉及保密问题和违反保密规定的赔偿责任。在对信息加以适当保护方面不存在适用于一切情形的条款：保密条款必须针对有关信息的性质和重要性以及当事方所处的法律体制来制订。然而，在草拟适当的保密条款时考虑到以下事项或许有些帮助：

[a] 合同涉及什么类型的信息：敏感信息、机密信息、个人识别信息还是对任务至关重要的信息？

[b] 你对该信息提出什么样的安全要求，合同是否创设了对保护该信息的同等义务？

[c] 该信息是否来自第三方，如果是的话，是否对该第三方承担任何义务？

[d] 如果涉及知识产权或商业机密权，是否存在着适当的保护？

[e] 是否存在有关这一信息的具体法律要求或对在当事双方的法域中转让该信息是否有任何限制？如果有的话，你是否符合这些要求？

第九部分　技术故障和风险管理

企业长期以来通过一套明智的综合办法来管理风险，即评估风险、尽可能降低风险、通过赔偿或保险来冲抵风险以及确定可以承受的风险——这一套风险管理的复杂做法早在电子技术问世以前就已存在。因此，认识到新技术特有的风险固然重要，但不应夸大这些风险，也不应认为无法使用同样的风险管理办法来对付这些风险，因为这些办法长期以来使得商界利用早先的挑战和机遇得到迅速发展。

一般来说，高层管理人员应当参与有关风险及降低风险的决策，应将与信息通信技术有关的风险纳入公司总体风险评估，以确保适当重视这些风险。在评估此类风险时仔细注意下列问题将是有帮助的：

- 使用某类技术会给公司带来什么样的风险？举例来说，丢失、损坏或泄露某种信息会发生什么情况，包括对对应方的赔偿责任和不利的对外影响？
- 其中哪一类风险是可以承受的？
- 其中哪一类风险是无法避免的？
- 可采取哪些步骤通过技术、程序或合同等手段或通过投保将风险降至最低程度？应考虑采取可能比较简单的步骤：例如，可否仅通过要求确认收到来防范传送故障？
- 此类步骤涉及多少费用？
- 某些风险存在的可能性极低或由此造成的损害极轻，是否不值得为对付这些风险而花钱采取措施？

高层管理人员应当寻求并提供这些问题的答案，必要时可以由那些不仅在电子技术上而且在风险评估上都配备齐全和训练有素的工作人员给予协助。这方面的决定及其理由也需记录在案并定期审查。

联合国国际合同使用电子通信公约

（联合国贸法会 2005 年通过，供签署）

本公约各缔约国，

重申相信平等互利基础上的国际贸易是促进各国之间友好关系的一个重要因素，

注意到电子通信的使用增多提高了商业活动的效率，加强了贸易联系，并为过去相距遥远的当事人和市场提供了新的准入机会，从而对促进国内、国际贸易和经济发展发挥着极其重要的作用，

考虑到国际合同中使用电子通信的法律效力不确定性所产生的种种问题构成了对国际贸易的障碍，

深信采用统一规则消除对国际合同使用电子通信的障碍，包括消除现有国际贸易法文书在执行上可能产生的障碍，将加强国际合同的法律确定性和商业上的可预见性，有助于各国获得现代贸易途径，

认为统一规则应当尊重当事人在其所选择的手段符合相关法律规则的目的的限度内选择适当媒介和技术的自由，同时顾及不偏重任何技术和功能等同的原则。

原则以法律制度、社会制度和经济制度不同的国家所能接受的方式对消除电子通信使用中的法律障碍提供一个共同解决办法，

兹商定如下：

第一章 适 用 范 围

第 1 条 适 用 范 围

一、本公约适用于与营业地位于不同国家的当事人之间订立或履行合同有关的电子通信的使用。

二、当事人营业地位于不同国家，但这一事实只要未从合同或当事人之间的任何交往中或当事人在订立合同之前任何时候或订立合同之时披露的资料中显示

出来，即不予以考虑。

三、在确定本公约是否适用时，既不考虑当事人的国籍，也不考虑当事人和合同的民事或商务性质。

第 2 条　不适用情形

一、本公约不适用于与下列情形有关的电子通信：

（一）为个人、家人或家庭目的订立的合同；

（二）1. 受管制交易所的交易；2. 外汇交易；3. 银行间支付系统、银行间支付协议或者与证券或其他金融资产或票据有关的清算和结算系统；4. 对中间人持有的证券或其他金融资产或票据的担保权的转让、出售、出借或持有或回购协议。

二、本公约不适用于汇票、本票、运单、提单、仓单或任何可使持单人或受益人有权要求交付货物或支付一笔款额的可转让单证或票据。

第 3 条　当事人意思自治

当事人可以排除本公约的适用，亦可减损或更改其中任何一项规定的效力。

第二章　总　　则

第 4 条　定　义

在本公约中：

（一）"通信"系指当事人在一项合同的订立或履行中被要求作出或选择作出的包括要约和对要约的承诺在内的任何陈述、声明、要求、通知或请求；

（二）"电子通信"系指当事人以数据电文方式发出的任何通信；

（三）"数据电文"系指经由电子手段、电磁手段、光学手段或类似手段生成、发送、接收或存储的信息，这些手段包括但不限于电子数据交换、电子邮件、电报、电传或传真；

（四）电子通信的"发件人"系指亲自或由他人代表而发送或生成了可能随后备存的电子通信的当事人，但不包括作为中间人处理该电子通信的当事人；

（五）电子通信的"收件人"系指发件人意图中的接收该电子通信的当事人，但不包括作为中间人处理该电子通信的当事人；

（六）"信息系统"系指生成、发送、接收、存储或用其他方法处理数据电文的系统；

（七）"自动电文系统"系指一种计算机程序或者一种电子手段或其他自动

手段,用以引发一个行动或者全部或部分地对数据电文或执行生成答复,而无须每次在该系统引发行动或生成答复时由自然人进行复查或干预;

(八)"营业地"系指当事人为了从事一项经济活动,但并非从某一处所临时提供货物或服务而保持一非短暂性营业所的任何地点。

第 5 条 解 释

一、在解释本公约时,应当考虑到其国际性以及促进其适用上的统一和在国际贸易中遵守诚信的必要性。

二、涉及本公约所管辖事项的问题,未在本公约中明确解决的,应当按照本公约所依据的一般原则加以解决,在无此种原则时,应当按照国际私法规则指定的适用法律加以解决。

第 6 条 当事人的所在地

一、就本公约而言,当事人的营业地推定为其所指明的所在地,除非另一方当事人证明该指明其所在地的当事人在该所在地无营业地。

二、当事人未指明营业地并且拥有不止一个营业地的,就本公约而言,与有关合同关系最密切的营业地为其营业地,但须考虑到双方当事人在合同订立之前任何时候或合同订立之时所知道或所设想的情况。

三、自然人无营业地的,以其惯常居所为准。

四、一所在地并不仅因以下两点之一而成为营业地:(一)系一方当事人订立合同所用信息系统的支持设备和技术的所在地;(二)系其他当事人可以进入该信息系统的地方。

五、仅凭一方当事人使用与某一特定国家相关联的域名或电子信箱地址,不能推定其营业地位于该国。

第 7 条 对提供情况的要求

本公约中的规定概不影响适用任何可能要求当事人披露其身份、营业地或其他情况的法律规则,也不免除当事人就此作出不准确、不完整或虚假说明的法律后果。

第三章 国际合同使用电子通信

第 8 条 对电子通信的法律承认

一、对于一项通信或一项合同,不得仅以其为电子通信形式为由而否定其效力或可执行性。

二、本公约中的规定概不要求当事人使用或接收电子通信，但可以根据当事人的作为推断其是否同意使用或接收电子通信。

第 9 条　形 式 要 求

一、本公约中的规定概不要求一项通信或一项合同以任何特定形式作出、订立或证明。

二、凡法律要求一项通信或一项合同应当采用书面形式的，或规定了不采用书面形式的后果的，如果一项电子通信所含信息可以调取以备日后查用，即满足了该项要求。

三、凡法律要求一项通信或一项合同应当由当事人签名的，或法律规定了没有签名的后果的，对于一项电子通信而言，在下列情况下，即满足了该项要求：

（一）使用了一种方法来鉴别该当事人的身份和表明该当事人对电子通信所含信息的意图；而且

（二）所使用的这种方法：

1. 从各种情况来看，包括根据任何相关的约定，对于生成或传递电子通信所要达到的目的既是适当的，也是可靠的；或者

2. 其本身或结合进一步证明事实上被证明已履行以上第（一）项中所说明的功能。

四、凡法律要求一项通信或一项合同应当以原件形式提供或保留的，或规定了缺少原件的后果的，对于一项电子通信而言，在下列情况下，即满足了该项要求：

（一）该电子通信所含信息的完整性自其初次以最终形式——电子通信或其他形式——生成之时起即有可靠保障；而且

（二）要求提供电子通信所含信息的，该信息能够被显示给要求提供该信息的人。

五、在第四款第（一）项中：

（一）评价完整性的标准应当是，除附加任何签注以及正常通信、存储和显示过程中出现的任何改动之外，信息是否仍然完整而且未被更改；而且

（二）所要求的可靠性标准应当根据生成信息的目的和所有相关情况加以评估。

第 10 条　发出和收到电子通信的时间和地点

一、电子通信的发出时间是其离开发件人或代表发件人发送电子通信的当事人控制范围之内的信息系统的时间，或者，如果电子通信尚未离开发件人或代表

发件人发送电子通信的当事人控制范围之内的信息系统，则为电子通信被收到的时间。

二、电子通信的收到时间是其能够由收件人在该收件人指定的电子地址检索的时间。电子通信在收件人的另一电子地址的收到时间是其能够由该收件人在该地址检索并且该收件人了解到该电子通信已发送到该地址的时间。当电子通信抵达收件人的电子地址时，即应推定收件人能够检索该电子通信。

三、电子通信将发件人设有营业地的地点视为其发出地点，将收件人设有营业地的地点视为其收到地点，营业地根据第六条确定。

四、即使支持电子地址的信息系统的所在地可能不同于根据本条第三款而认定的电子通信的收到地点，本条第二款依然适用。

第 11 条 要 约 邀 请

通过一项或多项电子通信提出的订立合同提议，凡不是向一个或多个特定当事人提出，而是可供使用信息系统的当事人一般查询的，包括使用交互式应用程序通过这类信息系统发出订单的提议，应当视作要约邀请，但明确指明提议的当事人打算在提议获承诺时受其约束的除外。

第 12 条 自动电文系统在合同订立中的使用

通过自动电文系统与自然人之间的交互动作或者通过若干自动电文系统之间的交互动作订立的合同，不得仅仅因为无自然人复查或干预这些系统进行的每一动作或由此产生的合同而被否定效力或执行性。

第 13 条 合同条款的备查

一方当事人通过交换电子通信的方式谈判部分或全部合同条款的，本公约中的规定概不影响适用任何可能要求其以某种特定方式向另一方当事人提供含有合同条款的电子通信的法律规则，也不免除一方当事人未能这样做的法律后果。

第 14 条 电子通信中的错误

一、一自然人在与另一方当事人的自动电文系统往来的电子通信中发生输入错误，而该自动电文系统未给该人提供更正错误的机会，在下列情况下，该人或其所代表的当事人有权撤回电子通信中发生输入错误的部分：

（一）该自然人或其所代表的当事人在发现错误后尽可能立即将该错误通知另一方当事人，并指出其在电子通信中发生了错误；而且

（二）该自然人或其所代表的当事人既没有使用可能从另一方当事人收到的

任何货物或服务所产生的任何重大利益或价值，也没有从中受益。

二、本条中的规定概不影响适用任何可能就除了第一款中所提到的错误之外的任何错误的后果作出规定的法律规则。

第四章 最后条款

第15条 保存人

兹指定联合国秘书长为本公约保存人。

第16条 签署、批准、接受或认可

一、本公约自 2006 年 1 月 16 日至 2008 年 1 月 16 日在纽约联合国总部开放供各国签署。

二、本公约须经签署国批准、接受或认可。

三、自开放供签署之日，本公约对所有未签署国开放供加入。

四、批准书、接受书、认可书和加入书应送交联合国秘书长保存。

第17条 区域经济一体化组织的参与

一、由主权国家组成并对本公约管辖的某些事项拥有管辖权的区域经济一体化组织同样可以签署、批准、接受、认可或加入本公约。在此情况下，区域经济一体化组织享有的权利和负有的义务应与缔约国相同，但仅限于本组织对本公约管辖的事项具有管辖权的范围。当本公约须考虑缔约国的数目时，除一区域经济一体化组织中已成为本公约缔约国的成员国之外，该组织不应算作一个缔约国。

二、区域经济一体化组织在签署、批准、接受、认可或加入时应向保存人提出一项声明，指明对本公约所管辖的哪些事项的管辖权已由其成员国转移给本组织。根据本款提出的声明中所指明的管辖权分配如发生任何变化，包括管辖权的新的转移，区域经济一体化组织应迅速通知保存人。

三、在情况需要时，本公约中对"一缔约国"或"各缔约国"的任何提及均同等适用于区域经济一体化组织。

四、对于任何区域经济一体化组织的规则，凡适用于其各自营业地位于根据第二十一条作出的声明所列出的任何此种组织的成员国的当事人的，在与本公约发生冲突时，本公约不得优先。

第18条 对本国领土单位的效力

一、一缔约国拥有两个或多个领土单位，各领土单位对本公约所涉事项适用不同法律制度的，该国得在签署、批准、接受、认可或加入时声明本公约适用于本国的全部领土单位或仅适用于其中的一个或数个领土单位，并且可以随时提出另一声明来修改其所做的声明。

二、此种声明应通知保存人，并且明确指明适用本公约的领土单位。

三、由于按本条规定作出一项声明，本公约适用于缔约国的一个或数个领土单位但不是全部领土单位，而且一方当事人的营业地位于该国之内的，为本公约之目的，除非该营业地位于本公约适用的领土单位内，否则该营业地视为不在缔约国内。

四、一缔约国未根据本条第一款作出声明，本公约适用于该国的所有领土单位。

第 19 条　关于适用范围的声明

一、任何缔约国均可根据第二十一条声明本国仅在下述情况下适用本公约：

（一）第一条第一款中提及的国家是本公约的缔约国；或者

（二）当事人约定适用本公约。

二、任何缔约国均可将其在根据第二十一条所作的声明中指明的事项排除在本公约的适用范围之外。

第 20 条　根据其他国际公约进行的通信往来

一、本公约的规定适用于与订立或履行本公约缔约国已加入或可能加入的下列任何国际公约所适用的合同有关的电子通信的使用：

《承认及执行外国仲裁裁决公约》（1958 年 6 月 10 日，纽约）；

《国际货物销售时效期限公约》（1974 年 6 月 14 日，纽约）及其议定书（1980 年 4 月 11 日，维也纳）；

《联合国国际货物销售合同公约》（1980 年 4 月 11 日，维也纳）；

《联合国国际贸易运输港站经营人赔偿责任公约》（1991 年 4 月 19 日，维也纳）；

《联合国独立担保和备用信用证公约》（1995 年 12 月 11 日，纽约）；

《联合国国际贸易应收款转让公约》（2001 年 12 月 12 日，纽约）。

二、本公约的规定还适用于与订立或履行本公约一缔约国已加入或可能加入但未在本条第一款中具体提及的另一国际公约、条约或协定所适用的合同有关的电子通信，除非该国已根据第二十一条声明其将不受本款的约束。

三、根据本条第二款作出声明的国家也可声明，对于与订立或履行该国已加入或可能加入的已指明的国际公约、条约或协定所适用的任何合同有关的电子通信的使用，本国仍将适用本公约的规定。

四、任何国家均可声明，对于与订立或履行该国已加入或可能加入的而且在该国的声明中指明的任何国际公约、条约或协定，包括本条第一款中提及的任何公约所适用的合同有关的电子通信的使用，本国将不适用本公约的规定，即使该国尚未通过根据第二十一条作出声明的方式排除本条第二款的适用亦如此。

第 21 条　声明的程序和效力

一、任何时候均可根据第十七条第四款、第十九条第一款和第二款以及第二十条第二、第三和第四款作出声明。在签署时作出的声明须在批准、接受或认可时加以确认。

二、声明及其确认，应以书面形式提出，并应正式通知保存人。

三、声明在本公约对有关国家开始生效时同时生效。但是，保存人于此种生效后收到正式通知的声明，应于保存人收到该项声明之日起满六个月后的下一个月第一日生效。

四、根据本公约的规定作出声明的任何国家，可以在任何时候以书面形式正式通知保存人更改或撤回该项声明。此种更改或撤回于保存人收到通知之日起满六个月后的下一个月第一日生效。

第 22 条　保　　留

不得对本公约提出保留。

第 23 条　生　　效

一、本公约于第三件批准书、接受书、认可书或加入书交存之日起满六个月后的下一个月第一日生效。

二、一国在第三件批准书、接受书、认可书或加入书交存之后才批准、接受、认可或加入本公约的，本公约于该国交存其批准书、接受书、认可书或加入书之日起满六个月后的下一个月第一日对该国生效。

第 24 条　适　用　时　间

本公约和任何声明仅适用于在本公约或该声明对每一缔约国生效或产生效力之日后所进行的电子通信。

第 25 条　退　　约

一、缔约国得以书面形式正式通知保存人，宣布其退出本公约。

二、退约于保存人收到通知之日起满十二个月后的下一个月第一日起生效。凡通知内订明退约的生效需更长期限的，退约于保存人收到通知后该段更长期限届满时生效。

2005 年 ［……］月 ［……］日订于纽约，正本一份，其阿拉伯文本、中文本、英文本、法文本、俄文本和西班牙文本具有同等效力。

下列署名全权代表，经各自政府正式授权，在本公约上签字，以昭信守。

《中华人民共和国电子签名法》

（2004 年 8 月 28 日第十届全国人民代表大会常务委员会
第十一次会议通过）

目　　录

第一章　总　　则

第 1 条　为了规范电子签名行为，确立电子签名的法律效力，维护有关各方的合法权益，制定本法。

第 2 条　本法所称电子签名，是指数据电文中以电子形式所含、所附用于识别签名人身份并表明签名人认可其中内容的数据。

本法所称数据电文，是指以电子、光学、磁或者类似手段生成、发送、接收或者储存的信息。

第 3 条　民事活动中的合同或者其他文件、单证等文书，当事人可以约定使用或者不使用电子签名、数据电文。

当事人约定使用电子签名、数据电文的文书，不得仅因为其采用电子签名、数据电文的形式而否定其法律效力。

前款规定不适用下列文书：

（一）涉及婚姻、收养、继承等人身关系的；

（二）涉及土地、房屋等不动产权益转让的；

（三）涉及停止供水、供热、供气、供电等公用事业服务的；

（四）法律、行政法规规定的不适用电子文书的其他情形。

第二章　数　据　电　文

第4条　能够有形地表现所载内容，并可以随时调取查用的数据电文，视为符合法律、法规要求的书面形式。

第5条　符合下列条件的数据电文，视为满足法律、法规规定的原件形式要求：

（一）能够有效地表现所载内容并可供随时调取查用；

（二）能够可靠地保证自最终形成时起，内容保持完整、未被更改。但是，在数据电文上增加背书以及数据交换、储存和显示过程中发生的形式变化不影响数据电文的完整性。

第6条　符合下列条件的数据电文，视为满足法律、法规规定的文件保存要求：

（一）能够有效地表现所载内容并可供随时调取查用；

（二）数据电文的格式与其生成、发送或者接收时的格式相同，或者格式不相同但是能够准确表现原来生成、发送或者接收的内容；

（三）能够识别数据电文的发件人、收件人以及发送、接收的时间。

第7条　数据电文不得仅因为其是以电子、光学、磁或者类似手段生成、发送、接收或者储存的而被拒绝作为证据使用。

第8条　审查数据电文作为证据的真实性，应当考虑以下因素：

（一）生成、储存或者传递数据电文方法的可靠性；

（二）保持内容完整性方法的可靠性；

（三）用以鉴别发件人方法的可靠性；

（四）其他相关因素。

第9条　数据电文有下列情形之一的，视为发件人发送：

（一）经发件人授权发送的；

（二）发件人的信息系统自动发送的；

（三）收件人按照发件人认可的方法对数据电文进行验证后结果相符的。

当事人对前款规定的事项另有约定的，从其约定。

第10条　法律、行政法规规定或者当事人约定数据电文需要确认收讫的，应当确认收讫。发件人收到收件人的收讫确认时，数据电文视为已经收到。

第11条　数据电文进入发件人控制之外的某个信息系统的时间，视为该数据电文的发送时间。

收件人指定特定系统接收数据电文的，数据电文进入该特定系统的时间，视为该数据电文的接收时间；未指定特定系统的，数据电文进入收件人的任何系统的首次时间，视为该数据电文的接收时间。

当事人对数据电文的发送时间、接收时间另有约定的，从其约定。

第 12 条 发件人的主营业地为数据电文的发送地点，收件人的主营业地为数据电文的接收地点。没有主营业地的，其经常居住地为发送或者接收地点。

当事人对数据电文的发送地点、接收地点另有约定的，从其约定。

第三章 电子签名与认证

第 13 条 电子签名同时符合下列条件的，视为可靠的电子签名：

（一）电子签名制作数据用于电子签名时，属于电子签名人专有；

（二）签署时电子签名制作数据仅由电子签名人控制；

（三）签署后对电子签名的任何改动能够被发现；

（四）签署后对数据电文内容和形式的任何改动能够被发现。

当事人也可以选择使用符合其约定的可靠条件的电子签名。

第 14 条 可靠的电子签名与手写签名或者盖章具有同等的法律效力。

第 15 条 电子签名人应当妥善保管电子签名制作数据。电子签名人知悉电子签名制作数据已经失密或者可能已经失密时，应当及时告知有关各方，并终止使用该电子签名制作数据。

第 16 条 电子签名需要第三方认证的，由依法设立的电子认证服务提供者提供认证服务。

第 17 条 提供电子认证服务，应当具备下列条件：

（一）具有与提供电子认证服务相适应的专业技术人员和管理人员；

（二）具有与提供电子认证服务相适应的资金和经营场所；

（三）具有符合国家安全标准的技术和设备；

（四）具有国家密码管理机构同意使用密码的证明文件；

（五）法律、行政法规规定的其他条件。

第 18 条 从事电子认证服务，应当向国务院信息产业主管部门提出申请，并提交符合本法第十七条规定条件的相关材料。国务院信息产业主管部门接到申请后经依法审查，征求国务院商务主管部门等有关部门的意见后，自接到申请之日起四十五日内作出许可或者不予许可的决定。予以许可的，颁发电子认证许可证书；不予许可的，应当书面通知申请人并告知理由。

申请人应当持电子认证许可证书依法向工商行政管理部门办理企业登记手续。

取得认证资格的电子认证服务提供者，应当按照国务院信息产业主管部门的规定在互联网上公布其名称、许可证号等信息。

第 19 条 电子认证服务提供者应当制定、公布符合国家有关规定的电子认证业务规则，并向国务院信息产业主管部门备案。

电子认证业务规则应当包括责任范围、作业操作规范、信息安全保障措施等事项。

第 20 条 电子签名人向电子认证服务提供者申请电子签名认证证书，应当提供真实、完整和准确的信息。

电子认证服务提供者收到电子签名认证证书申请后，应当对申请人的身份进行查验，并对有关材料进行审查。

第 21 条 电子认证服务提供者签发的电子签名认证证书应当准确无误，并应当载明下列内容：

（一）电子认证服务提供者名称；

（二）证书持有人名称；

（三）证书序列号；

（四）证书有效期；

（五）证书持有人的电子签名验证数据；

（六）电子认证服务提供者的电子签名；

（七）国务院信息产业主管部门规定的其他内容。

第 22 条 电子认证服务提供者应当保证电子签名认证证书内容在有效期内完整、准确，并保证电子签名依赖方能够证实或者了解电子签名认证证书所载内容及其他有关事项。

第 23 条 电子认证服务提供者拟暂停或者终止电子认证服务的，应当在暂停或者终止服务九十日前，就业务承接及其他有关事项通知有关各方。

电子认证服务提供者拟暂停或者终止电子认证服务的，应当在暂停或者终止服务六十日前向国务院信息产业主管部门报告，并与其他电子认证服务提供者就业务承接进行协商，作出妥善安排。

电子认证服务提供者未能就业务承接事项与其他电子认证服务提供者达成协议的，应当申请国务院信息产业主管部门安排其他电子认证服务提供者承接其业务。

电子认证服务提供者被依法吊销电子认证许可证书的，其业务承接事项的处理按照国务院信息产业主管部门的规定执行。

第 24 条 电子认证服务提供者应当妥善保存与认证相关的信息，信息保存期限至少为电子签名认证证书失效后五年。

第 25 条 国务院信息产业主管部门依照本法制定电子认证服务业的具体管理办法，对电子认证服务提供者依法实施监督管理。

第 26 条 经国务院信息产业主管部门根据有关协议或者对等原则核准后，中华人民共和国境外的电子认证服务提供者在境外签发的电子签名认证证书与依照本法设立的电子认证服务提供者签发的电子签名认证证书具有同等的法律效力。

第四章 法 律 责 任

第 27 条 电子签名人知悉电子签名制作数据已经失密或者可能已经失密未及时告知有关各方、并终止使用电子签名制作数据，未向电子认证服务提供者提供真实、完整和准确的信息，或者有其他过错，给电子签名依赖方、电子认证服务提供者造成损失的，承担赔偿责任。

第 28 条 电子签名人或者电子签名依赖方因依据电子认证服务提供者提供的电子签名认证服务从事民事活动遭受损失，电子认证服务提供者不能证明自己无过错的，承担赔偿责任。

第 29 条 未经许可提供电子认证服务的，由国务院信息产业主管部门责令停止违法行为；有违法所得的，没收违法所得；违法所得三十万元以上的，处违法所得一倍以上三倍以下的罚款；没有违法所得或者违法所得不足三十万元的，处十万元以上三十万元以下的罚款。

第 30 条 电子认证服务提供者暂停或者终止电子认证服务，未在暂停或者终止服务六十日前向国务院信息产业主管部门报告的，由国务院信息产业主管部门对其直接负责的主管人员处一万元以上五万元以下的罚款。

第 31 条 电子认证服务提供者不遵守认证业务规则、未妥善保存与认证相关的信息，或者有其他违法行为的，由国务院信息产业主管部门责令限期改正；逾期未改正的，吊销电子认证许可证书，其直接负责的主管人员和其他直接责任人员十年内不得从事电子认证服务。吊销电子认证许可证书的，应当予以公告并通知工商行政管理部门。

第 32 条 伪造、冒用、盗用他人的电子签名，构成犯罪的，依法追究刑事责任；给他人造成损失的，依法承担民事责任。

第 33 条 依照本法负责电子认证服务业监督管理工作的部门的工作人员，不依法履行行政许可、监督管理职责的，依法给予行政处分；构成犯罪的，依法追究刑事责任。

第五章 附 则

第 34 条 本法中下列用语的含义：

（一）电子签名人，是指持有电子签名制作数据并以本人身份或者以其所代表的人的名义实施电子签名的人；

（二）电子签名依赖方，是指基于对电子签名认证证书或者电子签名的信赖从事有关活动的人；

（三）电子签名认证证书，是指可证实电子签名人与电子签名制作数据有联系的数据电文或者其他电子记录；

（四）电子签名制作数据，是指在电子签名过程中使用的，将电子签名与电子签名人可靠地联系起来的字符、编码等数据；

（五）电子签名验证数据，是指用于验证电子签名的数据，包括代码、口令、算法或者公钥等。

第35条　国务院或者国务院规定的部门可以依据本法制定政务活动和其他社会活动中使用电子签名、数据电文的具体办法。

第36条　本法自2005年4月1日起施行。

《电子认证服务管理办法》

中华人民共和国信息产业部令

第 35 号

《电子认证服务管理办法》已经于 2005 年 1 月 28 日中华人民共和国信息产业部第十二次部务会议审议通过，现予发布，自 2005 年 4 月 1 日起施行。

第一章 总 则

第 1 条 为了规范电子认证服务行为，对电子认证服务提供者实施监督管理，依照《中华人民共和国电子签名法》和其他法律、行政法规的规定，制定本办法。

第 2 条 本办法所称电子认证服务，是指为电子签名相关各方提供真实性、可靠性验证的公众服务活动。

本办法所称电子认证服务提供者，是指为电子签名人和电子签名依赖方提供电子认证服务的第三方机构（以下称为"电子认证服务机构"）。

第 3 条 在中华人民共和国境内设立电子认证服务机构和为电子签名提供电子认证服务，适用本办法。

第 4 条 中华人民共和国信息产业部（以下简称"信息产业部"）依法对电子认证服务机构和电子认证服务实施监督管理。

第二章 电子认证服务机构

第 5 条 电子认证服务机构，应当具备下列条件：

（一）具有独立的企业法人资格；

（二）从事电子认证服务的专业技术人员、运营管理人员、安全管理人员和客户服务人员不少于三十名；

（三）注册资金不低于人民币三千万元；

（四）具有固定的经营场所和满足电子认证服务要求的物理环境；

（五）具有符合国家有关安全标准的技术和设备；

（六）具有国家密码管理机构同意使用密码的证明文件；

（七）法律、行政法规规定的其他条件。

第 6 条　申请电子认证服务许可的，应当向信息产业部提交下列材料：

（一）书面申请；

（二）专业技术人员和管理人员证明；

（三）资金和经营场所证明；

（四）国家有关认证检测机构出具的技术设备、物理环境符合国家有关安全标准的凭证；

（五）国家密码管理机构同意使用密码的证明文件。

第 7 条　信息产业部对提交的申请材料进行形式审查，依法作出是否受理的决定。

第 8 条　信息产业部对决定受理的申请材料进行实质审查。需要对有关内容进行核实的，指派两名以上工作人员实地进行核查。

第 9 条　信息产业部对与申请人有关事项书面征求中华人民共和国商务部等有关部门的意见。

第 10 条　信息产业部自接到申请之日起四十五日内作出许可或者不予许可的书面决定。不予许可的，说明理由并书面通知申请人；准予许可的，颁发《电子认证服务许可证》，并公布下列信息：

（一）《电子认证服务许可证》编号；

（二）电子认证服务机构名称；

（三）发证机关和发证日期。

电子认证服务许可相关信息发生变更的，信息产业部应当及时公布。

《电子认证服务许可证》的有效期为五年。

第 11 条　取得电子认证服务许可的，应当持《电子认证服务许可证》到工商行政管理机关办理相关手续。

第 12 条　取得认证资格的电子认证服务机构，在提供电子认证服务之前，应当通过互联网公布下列信息：

（一）机构名称和法定代表人；

（二）机构住所和联系办法；

（三）《电子认证服务许可证》编号；

（四）发证机关和发证日期；

（五）《电子认证服务许可证》有效期的起止时间。

第 13 条　电子认证服务机构在《电子认证服务许可证》的有效期内变更法人名称、住所、注册资本、法定代表人的，应自完成相关变更手续之日起五日内按照本办法第十二条的规定公布变更后的信息，并自公布之日起十五日内向信息产业部备案。

第14条 《电子认证服务许可证》的有效期届满要求续展的，电子认证服务机构应在许可证有效期届满三十日前向信息产业部申请办理续展手续，并自办结之日起五日内按照本办法第十二条的规定公布相关信息。

第三章 电子认证服务

第15条 电子认证服务机构应当按照信息产业部公布的《电子认证业务规则规范》的要求，制定本机构的电子认证业务规则，并在提供电子认证服务前予以公布，向信息产业部备案。

电子认证业务规则发生变更的，电子认证服务机构应当予以公布，并自公布之日起三十日内向信息产业部备案。

第16条 电子认证服务机构应当按照公布的电子认证业务规则提供电子认证服务。

第17条 电子认证服务机构应当保证提供下列服务：

（一）制作、签发、管理电子签名认证证书；

（二）确认签发的电子签名认证证书的真实性；

（三）提供电子签名认证证书目录信息查询服务；

（四）提供电子签名认证证书状态信息查询服务。

第18条 电子认证服务机构应当履行下列义务：

（一）保证电子签名认证证书内容在有效期内完整、准确；

（二）保证电子签名依赖方能够证实或者了解电子签名认证证书所载内容及其他有关事项；

（三）妥善保存与电子认证服务相关的信息。

第19条 电子认证服务机构应当建立完善的安全管理和内部审计制度，并接受信息产业部的监督管理。

第20条 电子认证服务机构应当遵守国家的保密规定，建立完善的保密制度。

电子认证服务机构对电子签名人和电子签名依赖方的资料，负有保密的义务。

第21条 电子认证服务机构在受理电子签名认证证书申请前，应当向申请人告知下列事项：

（一）电子签名认证证书和电子签名的使用条件；

（二）服务收费的项目和标准；

（三）保存和使用证书持有人信息的权限和责任；

（四）电子认证服务机构的责任范围；

（五）证书持有人的责任范围；

（六）其他需要事先告知的事项。

第22条 电子认证服务机构受理电子签名认证申请后，应当与证书申请人签订合同，明确双方的权利义务。

第四章 电子认证服务的暂停、终止

第23条 电子认证服务机构在《电子认证服务许可证》的有效期内拟终止电子认证服务的，应在终止服务六十日前向信息产业部报告，同时向信息产业部申请办理证书注销手续，并持信息产业部的相关证明文件向工商行政管理机关申请办理注销登记或者变更登记。

第24条 电子认证服务机构拟暂停或者终止电子认证服务的，应在暂停或者终止电子认证服务九十日前，就业务承接及其他有关事项通知有关各方。

电子认证服务机构拟暂停或者终止电子认证服务的，应当在暂停或者终止电子认证服务六十日前向信息产业部报告，并与其他电子认证服务机构就业务承接进行协商，作出妥善安排。

第25条 电子认证服务机构拟暂停或者终止电子认证服务，未能就业务承接事项与其他电子认证服务机构达成协议的，应当申请信息产业部安排其他电子认证服务机构承接其业务。

第26条 电子认证服务机构被依法吊销电子认证服务许可的，其业务承接事项的处理按照信息产业部的规定进行。

第27条 电子认证服务机构有根据信息产业部的安排承接其他机构开展的电子认证服务业务的义务。

第五章 电子签名认证证书

第28条 电子签名认证证书应当准确载明下列内容：

（一）签发电子签名认证证书的电子认证服务机构名称；

（二）证书持有人名称；

（三）证书序列号；

（四）证书有效期；

（五）证书持有人的电子签名验证数据；

（六）电子认证服务机构的电子签名；

（七）信息产业部规定的其他内容。

第29条 有下列情况之一的，电子认证服务机构可以撤销其签发的电子签名认证证书：

（一）证书持有人申请撤销证书；

（二）证书持有人提供的信息不真实；

（三）证书持有人没有履行双方合同规定的义务；

（四）证书的安全性不能得到保证；

（五）法律、行政法规规定的其他情况。

第30条 有下列情况之一的，电子认证服务机构应当对申请人提供的证明身份的有关材料进行查验，并对有关材料进行审查：

（一）申请人申请电子签名认证证书；

（二）证书持有人申请更新证书；

（三）证书持有人申请撤销证书。

第31条 电子认证服务机构更新或者撤销电子签名认证证书时，应当予以公告。

第六章 监督管理

第32条 信息产业部对电子认证服务机构进行年度检查并公布检查结果。

年度检查采取报告审查和现场核查相结合的方式。

第33条 取得电子认证服务许可的电子认证服务机构，在电子认证服务许可的有效期内不得降低其设立时所应具备的条件。

第34条 电子认证服务机构应当按照信息产业部信息统计的要求，按时和如实报送认证业务开展情况及有关资料。

第35条 电子认证服务机构应当对其从业人员进行岗位培训。

第36条 信息产业部根据监督管理工作的需要，可以委托有关省、自治区和直辖市的信息产业主管部门承担具体的监督管理事项。

第七章 罚 则

第37条 电子认证服务机构向信息产业部隐瞒有关情况、提供虚假材料或者拒绝提供反映其活动的真实材料的，由信息产业部依据职权责令改正，并处警告或者五千元以上一万元以下罚款。

第38条 信息产业部和省、自治区和直辖市的信息产业主管部门的工作人员，不依法履行监督管理职责的，由信息产业部或者省、自治区和直辖市的信息产业主管部门依据职权视情节轻重，分别给予警告、记过、记大过、降级、撤职、开除的行政处分；构成犯罪的，依法追究刑事责任。

第 39 条　电子认证服务机构违反本办法第十六条、第二十七条的规定的，由信息产业部依据职权责令限期改正，并处警告或一万元以下的罚款，或者同时处以以上两种处罚。

第 40 条　电子认证服务机构违反本办法第三十三条的规定的，由信息产业部依据职权责令限期改正，并处三万元以下罚款。

第八章　附　　则

第 41 条　本办法施行前已从事电子认证服务的机构拟继续从事电子认证服务的，应在 2005 年 9 月 30 日前依照本办法取得电子认证服务许可；拟终止电子认证服务的，应当对终止业务的相关事项作出妥善安排。自 2005 年 10 月 1 日起，未取得电子认证服务许可的，不得继续从事电子认证服务。

第 42 条　经信息产业部根据有关协议或者对等原则核准后，中华人民共和国境外的电子认证服务机构在境外签发的电子签名认证证书与依照本办法设立的电子认证服务机构签发的电子签名认证证书具有同等的法律效力。

第 43 条　本办法自 2005 年 4 月 1 日起施行。

《商务部关于网上交易的指导意见（暂行）》

【发布单位】商务部
【发布文号】公告 2007 年第 19 号
【发布日期】2007-03-06

为贯彻落实国务院办公厅《关于加快电子商务发展的若干意见》（国办发〔2005〕2 号）文件精神，推动网上交易健康发展，逐步规范网上交易行为，帮助和鼓励网上交易各参与方开展网上交易，警惕和防范交易风险，商务部现发布《关于网上交易的指导意见（暂行）》。

请参照本指导意见内容，积极开展网上交易活动，依法维护各方权益，创造和维护网上交易良好环境，不断总结经验，共同推动我国电子商务发展。

特此公告

中华人民共和国商务部
二○○七年三月六日

附件：

商务部关于网上交易的指导意见（暂行）

网上交易是信息技术与经济发展相结合的产物，是一种新的交易方式，是电子商务的一种重要模式。鼓励开展网上交易有助于提高交易效率，降低交易成本，拉动消费，促进商品和各种生产要素的自由流动，为促进国民经济又好又快发展提供服务。

当前，网上交易正在我国城乡市场普及，发展速度快，社会潜力大。为贯彻落实国务院办公厅《关于加快电子商务发展的若干意见》，维护网上交易参与方的合法权益，促进网上交易健康有序发展，特提出以下指导意见。

一、网上交易及其参与方

（一）网上交易

网上交易是买卖双方利用互联网进行的商品或服务交易。常见的网上交易主要有：企业间交易、企业和消费者间交易、个人间交易、企业和政府间交易等。

（二）网上交易参与方

网上交易参与方包括网上交易的交易方和网上交易服务提供者。

1. 网上交易的交易方，具体指：

（1）卖方，利用互联网出售商品或服务。

（2）买方，利用互联网购买或获得商品或服务。

现行法律制度规定从事商品和服务交易须具备相应资格的，交易方应当符合其规定。

2. 网上交易服务提供者，根据其服务内容可以分为：

（1）网上交易平台服务提供者，从事网上交易平台运营并为买卖双方提供交易服务。网上交易平台是平台服务提供者为开展网上交易提供的计算机信息系统，该系统包括互联网、计算机、相关硬件和软件等。

（2）网上交易辅助服务提供者，为优化网上交易环境和促进网上交易，为买卖双方提供身份认证、信用评估、网络广告发布、网络营销、网上支付、物流配送、交易保险等辅助服务。

生产企业自主开发网上交易平台，开展采购和销售活动，也可视为网上交易服务提供者。

网上交易平台服务提供者可以同时提供网上交易辅助服务。

二、网上交易的基本原则

（一）遵守国家法律法规

网上交易具有特殊性，可以利用互联网和信息技术订立合同和履行合同，但网上交易的参与各方必须遵守国家相关法律法规，遵守国家信息安全等级保护制度的相关规定和标准。

（二）遵守互联网技术规范和安全规范

网上交易以互联网环境为基础。为保证交易的正常进行，网上交易参与各方，特别是网上交易服务提供者，必须遵守国家制定的互联网技术规范和安全规范。

（三）诚实守信，严格自律

网上交易各参与方必须遵守诚实守信的基本原则，严格自律，健康有序地开展网上交易，不得利用网上交易从事违法犯罪活动。

三、网上交易参与方规范行为

（一）网上交易的交易方

1. 认识网上交易的特点

网上交易通过现代信息技术和互联网进行信息交流、洽谈、签订合同乃至履行，效率高，成本低。但交易方在了解对方真实身份、信用情况、履约能力等方面有一定难度，存在一定的违约和欺诈风险。交易方应认识网上交易的特点，谨慎交易，积极防范风险。

2. 了解交易相对方的真实身份

交易各方在交易前要尽可能多地了解对方的真实身份、信用状况、履约能力等交易信息，可以要求对方告知或向交易服务提供者询问，必要时也可以向有关管理、服务机构查询。

交易各方应在适当的时间将自身与交易有关的真实信息告知对方，如：营业执照和特殊业务许可证的有关信息，实体经营地址和真实有效的联系方式。

如果一方拒绝提供基本身份信息，另一方要谨慎对待，慎重交易，警惕和防范利用网上交易进行欺诈的行为。

3. 遵守合同订立的各项要求

交易各方采用电子邮件、网上交流等方式订立合同，应当遵守合同法、电子签名法的有关规定，注意下列事项：

（1）与数据电文确认收讫有关的事项；

（2）以数据电文形式发送的要约的撤回、撤销和失效以及承诺的撤回；

（3）自动交易系统形成的文件的法律效力；

（4）价款的支付，标的物和有关单据、凭证的交付；

（5）管辖法院或仲裁机构的选择，准据法的确定；

（6）法律、法规规定的其他事项。

交易方采用格式合同的，制定合同的一方应遵守法律、法规关于格式合同的规定，并注意适应网络特点，相对方要仔细阅读合同条款，谨慎操作。

4. 依法使用电子签名

交易各方通过电子签名签订合同的，要遵守电子签名的法律规定，使用可靠的电子签名，选择依法设立的电子认证服务提供者提供的认证服务。

5. 注意支付安全

交易各方选择网上支付方式的，要通过安全可靠的支付平台进行，及时保存支付信息，增强网上支付的安全意识。交易各方进行网下支付的，要充分考虑货到付款、预付货款等方式的特点，注意资金的使用安全。

6. 依法发布广告，防范违法广告

交易各方发布的网络广告要真实合法。浏览广告的一方要增强警惕性和鉴别能力，注意识别并防范以新闻或论坛讨论等形式出现的虚假违法广告。

7. 注意保护知识产权

交易各方要尊重知识产权，依法交易含有知识产权的商品或服务，不得利用网上交易侵犯他人知识产权。

8. 保存网上交易记录

交易各方可以自行保存各类交易记录，以作为纠纷处理时的证据。大宗商品、贵重商品与重要服务的交易，可以生成必要的书面文件或采取其他合理措施留存交易记录。

（二）网上交易服务提供者

1. 具备合法的主体资格

服务提供者提供网上交易相关服务，应遵守国家有关法律规定；需要办理相关审批和登记注册手续的，应依法办理；需要具备一定物质条件的，包括资金、设备、技术管理人员等，应符合要求的条件。

2. 规范服务，完善制度

服务提供者应提供规范化的网上交易服务，建立和完善各项规章制度，如：

（1）用户注册制度；

（2）平台交易规则；

（3）信息披露与审核制度；

（4）隐私权与商业秘密保护制度；

（5）消费者权益保护制度；

（6）广告发布审核制度；

（7）交易安全保障与数据备份制度；

（8）争议解决机制；

（9）不良信息及垃圾邮件举报处理机制；

（10）法律、法规规定的其他制度。

3. 信息披露

服务提供者应以合理方式向用户公示各项协议、规章制度和其他重要信息，提醒用户注意与其自身合法权益有密切关系的内容，从技术上保证用户能够便利、完整地阅读和保存。

4. 维护交易秩序

服务提供者应采取合理措施，保证网上交易平台的正常运行，提供安全可靠的交易环境和公平、公正、公开的交易服务，维护交易秩序，建立并完善网上交易的信用评价体系和交易风险警示机制。

5. 维护用户利益，保护消费者权益

服务提供者应采取合理措施保护用户的注册信息、隐私和商业秘密。交易各方发生争议时，应依照法律和约定协商解决或协助有关部门处理。

服务提供者应尊重和保护消费者的合法权益，尽可能为消费者提供必要的卖方信用信息查询服务，方便消费者选择可靠的卖方。

网上支付服务的提供者应根据网上交易的特点，采取合理措施保障交易资金的安全，保障使用人的身份信息和账号信息的安全。

6. 保存交易记录，保证数据安全

服务提供者应特别注意保存网上交易的各类记录和资料，采取相应的技术手段保证上述资料的完整性、准确性和安全性。

7. 监督平台信息

服务提供者应注意监督用户发布的商品信息、公开论坛和用户反馈栏中的信息，依法删除违反国家规定的信息，减少垃圾邮件的传播。

8. 维护系统安全

服务提供者应按照国家信息安全等级保护制度的有关规定和要求建设、运行、维护网上交易平台系统和辅助服务系统，落实互联网安全保护技术措施，提高网上交易的安全性。

四、网上交易促进

（一）加强网上交易的环境建设

各级商务主管部门要建立范围广、层次高的电子商务工作体系，完善电子商务发展的政策环境、法制环境和促进机制。

鼓励企业通过技术引进和自主创新，不断发展网上交易技术，构建有利于网上交易发展的技术支撑体系。

鼓励行业协会、交易社区建设有利于网上交易的各类机制，包括预警、欺诈投诉、争议处理、信用评估、行业与交易社区联动机制等。

鼓励企业、行业协会等参与、协助相关主管部门研究、规范网上银行和第三方支付平台的行为，规范物流配送行为，促进电子签名应用，提高网上支付的安全性和物流配送的准确性。

鼓励企业、行业协会等参与制定网上交易的标准和规范，参与建设网上交易的安全认证体系、信用体系、网络仲裁和网络公证体系等。

（二）促进全国网上交易的协调发展

各级商务主管部门要引导网上交易发达地区与不发达地区的合作，特别注意促进中西部地区网上交易的发展。

各级商务主管部门要引导城市网上交易向农村扩展，提高农产品网上交易的比例。

各级商务主管部门要扶持第三方网上交易平台建设，引导中小企业通过网上交易走出国门，参与国际竞争。

（三）参与电子商务的国际交流与合作

鼓励企业、行业协会参加电子商务国际组织，参与电子商务国际交流与合作。

鼓励大专院校、研究机构参与电子商务相关国际规则、条约和示范法的研究和制定。

（四）倡导网上交易理论研究和案例研究

鼓励大专院校、研究机构开展网上交易模式、交易平台建设、交易主体行为分析、网上营销、网络广告、网上支付、物流配送、交易安全、纠纷解决、统计标准等方面的理论研究，为促进网上交易发展提供必要的理论基础。

鼓励企业、行业协会等与政府相关部门、大专院校、研究机构合作，总结网上交易的经验教训，形成具有推广价值的网上交易模式和操作规程。

《中华人民共和国合同法》明确涉及
电子合同的部分条款

(1999 年 3 月 15 日第九届全国人民代表大会第二次会议通过，
现予公布，自 1999 年 10 月 1 日起施行)

第 11 条　书面形式是指合同书、信件和数据电文（包括电报、电传、传真、电子数据交换和电子邮件）等可以有形地表现所载内容的形式。

第 16 条　要约到达受要约人时生效。

采用数据电文形式订立合同，收件人指定特定系统接收数据电文的，该数据电文进入该特定系统的时间，视为到达时间；未指定特定系统的，该数据电文进入收件人的任何系统的首次时间，视为到达时间。

第 26 条　承诺通知到达要约人时生效。承诺不需要通知的，根据交易习惯或者要约的要求作出承诺的行为时生效。

采用数据电文形式订立合同的，承诺到达的时间适用本法第 16 条第 2 款的规定。

第 33 条　当事人采用信件、数据电文等形式订立合同的，可以在合同成立之前要求签订确认书。签订确认书时合同成立。

第 34 条　承诺生效的地点为合同成立的地点。

采用数据电文形式订立合同的，收件人的主营业地为合同成立的地点；没有主营业地的，其经常居住地为合同成立的地点。当事人另有约定的，按照其约定。

主要参考文献

1. 韩德培，黄进．国际私法．高等教育出版社，2000.

2. 李昌麒，许明月．消费者保护法．法律出版社，1997.

3. 马俊驹，余延满．民法原论．法律出版社，1998.

4. 齐爱民，徐亮．电子商务法原理与实务．武汉大学出版社，2001.

5. 齐爱民，万暄，张素华．电子合同的民法原理．武汉大学出版社，2002.

6. 齐爱民，陈文成．网络金融法．湖南大学出版社，2002.

7. 齐爱民，刘颖．网络法研究．法律出版社，2003.

8. 齐爱民．个人资料保护法原理及其跨国流通法律问题．武汉大学出版社，2003.

9. 齐爱民．网络金融法原理与国际规则．武汉大学出版社，2004.

10. 齐爱民，等．网上证券交易法律问题研究．武汉大学出版社，2004.

11. 欧阳武，齐爱民，张海龙．中华人民共和国电子签名法原理与条文解析．最高人民法院出版社，2005.

12. 齐爱民，催聪聪．电子金融法．北京法学出版社，2007.

13. 齐爱民．电子化政府与政府信息公开法律问题研究．武汉大学出版社，2008.

14. 齐爱民．拯救信息社会中的人格．北京大学出版社，2008.

15. 齐爱民．捍卫信息社会中的财产．北京大学出版社，2008.

16. 齐爱民．信息法本论．北京大学出版社，2008.